運動支援の心理学
知覚・認知を活かす

著者●樋口貴広

Psychology

三輪書店

はじめに

本書の3つのコンセプト

　本書は，リハビリテーション従事者やスポーツ指導者など，運動支援にご尽力されている方々を主たる読者対象として，運動支援に有用な心理学の知識を提供することを目的としている．心理学の知識体系は実に多岐にわたる．またその多くが，運動支援に多角的に寄与しうる．本書はこれらのなかから，知覚と認知のトピックスを取り上げ，それらを運動支援にどう活かすかについて考えていきたい．

　本書の執筆にあたっては，3つのコンセプトを念頭に置いた．第1のコンセプトは，運動の制御や学習に関わる心理学的知識を紹介することである．著者は過去にリハビリテーション従事者養成校において，非常勤講師として心理学の授業を担当した経験をもつ．一般に養成課程における心理学の授業として期待されるのは，心理学全般の知識を網羅的に紹介すること，特にそのなかでもリハビリ対象患者のもつ「こころ」の問題を効果的にケアするため，臨床心理学的な知識を提供することのように思われる．こうした知識の提供は確かに，リハビリテーション科学領域に対して心理学が貢献すべき役割の1つである．

　しかしながら，心理学が貢献できる役割はこうした知識の提供にとどまらない．著者は実験心理学者という立場から，人間の知覚や認知機能が運動の制御や学習にどのように貢献しているのかについて研究を行っている立場にある．知覚・認知とは，見る，聞く，感じるといった感覚のレベルから，注意する，記憶する，思考し判断するといった比較的高次のレベルまでを含む心理過程を意味する．こうした知覚や認知の知識に立脚した運動制御・運動学習の研究は実に多くに存在する．本書の第1のコンセプトは，こうした知識をできるだけ体系的に紹介することにある．

　本書の第2のコンセプトは，基礎研究の成果をできるかぎりリハビリやスポーツにおける具体的な事例に結びつけて紹介することにある．著者はすでに拙著「身体運動学　知覚・認知からのメッセージ」（樋口貴広・森岡周著，三輪

書店，2008）を通して，知覚・認知の知識がいかに運動の制御や学習の理解に貢献しうるかについて，紹介する機会を得ている．「身体運動学 知覚・認知からのメッセージ」を執筆するにあたり，著者が強く意識したことは，著者の考えが決して独りよがりの主張ではなく，研究の側面からみて妥当であることを示すことにあった．このため，できるかぎり多くの基礎研究を紹介することを主眼としていた．

　こうした執筆スタイルは，著者が基礎研究に関わる立場であり，なおかつ運動支援の現場に直接携わっていないことを考えれば，妥当な執筆スタイルであったと今でも信じている．しかしその一方で，「リハビリテーション従事者を読者対象として…」といった前置きをしている割には，運動支援を想定した具体的メッセージが少なかったのも事実である．そこで本書では，運動支援の場面で活躍される方々のコメントを紹介するなどして，支援の現場に関連する情報を提供することに努めた．また基礎研究の紹介についても，リハビリ患者やスポーツ選手を対象とした研究を紹介するように努めた．

　第3のコンセプトは，運動支援者がコミュニケーションに関する基礎知識を学ぶことの意義を伝えることにある．どんなに優れた最新の運動支援プログラムを導入したとしても，患者やスポーツ選手といった対象者自身がそのプログラムに対して前向きに訓練に取り組むことなしには，効果的なものとはなりえないだろう．こうした前向きな態度のことを，心理学ではモチベーションという．支援対象者が訓練に対してモチベーションを上げるためには，運動支援者が対象者のこころの状態に気づき，適切な言語的・非言語的コミュニケーションをとっていく必要がある．たとえば自分の身体が麻痺した患者のなかには，あまりにも今までと異なる自分の状況に対する無力感や喪失感，苛立ちを抱えている人もいるであろう．こうした気持ちに共感すること，また共感していることを患者にうまく伝えることが，効果的に運動を支援するための第一歩である．

　この第3の主張，すなわち支援対象者のこころの状態に気づき，適切なコミュニケーションをとることの重要性を絶妙に表現した文書として，脳科学者が自ら脳卒中になった体験に基づき執筆した本の一節を紹介したい．ここでは脳卒中発症後に病院に搬送された翌朝，ある医学生が患者の病歴も理解せずに紋切り型の検査を行ったことのエピソードが綴られている．

「その朝に学んだ最も大きな教訓は，リハビリテーションの療法士の仕事がうまくいくかどうかは，わたしの一存で決まるということでした．リハビリを受けるか受けないかは，私が決めればよいのです．私が受け入れたのは，気持ちを理解してくれ，エネルギーを与えてくれる人々でした．彼らは優しく適切にからだに触ってくれ，目を合わせて静かに話してくれました．積極的な治療には，積極的に反応します．気持ちが通じない専門家たちは，エネルギーを吸い取るだけ．だからわたしは，そういった連中の要求を無視して，自分自身を守ることにしました」（ジル・ボルト・テイラー：「奇跡の脳(p90)」[1]より）

　この本のなかで繰り返し主張されたのは，医療従事者が患者の気持ちを理解しようとし，かつ患者の状況に合わせようとした態度で接する時，その医療従事者との間に信頼関係が生まれ，それが回復へのモチベーションを高める，ということである．こうした態度を実践するにあたっては，コミュニケーションに関する最低限の知識，そして運動支援者が対象者のこころの状態に気づいていることを対象者に伝える技術が重要となる．著者はコミュニケーション分野の専門家ではない．にもかかわらずこうした話題にあえて踏み込もうと思ったのも，そうした知識が基礎的研究成果を効果的に実践応用するにあたって不可欠と考えるからである．一般に，研究者として深く関わらないテーマであるがゆえに，かえって読者の視点から平易でわかりやすい情報を提供できる場合がある．本書におけるコミュニケーションの章（第6章）がそうした印象を与えることができれば，望外の喜びである．

心理学の守備範囲

　ここで，心理学の守備範囲の広さについて述べておきたい．心理学は文字どおりいえば「こころの科学」である．「こころ」という言葉は「思い」や「気持ち」を連想させるため，「こころの科学」とはすなわち，他者の気持ちや考えを理解するために役に立つ情報を提供してくれる学問領域と誤解される．実際，心理学を勉強すれば人間関係のさまざまな悩みが解決され，こころ悩める人の役に立てるようになれると期待して，大学で心理学の授業を選択する学生も少なくない．もちろん，他者の気持ちや考えを理解するために役立つ情報は，心

理学のなかにふんだんに盛り込まれている．

　しかしながら，学問領域としての心理学が扱うテーマは実に幅広い．その結果，大学や専門学校などで一般教養として心理学を学んだ時，期待と現実とのギャップに大いに失望する場合がある．一般的な心理学のテキストでは視覚の話題が第1章となっているため，心理学の授業が視覚のトピックから始まる場合が全国的にも多いだろう．確かに眼の錯覚など，視覚にまつわるさまざまなデモンストレーションは面白い．しかし，「このトピックのどこが心理学なのだろうか」ということに疑問を感じながら，結局他者の気持ちや考えを理解するために役立つ情報がわずかしかなかったということが，決して珍しくはない．

　著者自身が大学などで心理学に関する講義をする際，受講者にこうした失望を抱かせないように，心理学とは人間のこころや認知などの内的な事象やプロセスについて網羅的に扱う学問であることを何度も強調する．心理学は決して，他者の気持ちや考えを理解することに特化した学問ではない．また心理学では一般に，質問や視覚刺激などの入力情報に対してどのような反応（reaction）や行動（behavior）がみられるかを数量化することで，いわばブラックボックスになっているこころの過程にアプローチする．他者の気持ちや考えに関するテーマを研究対象にしたとしても，決して他者の気持ちや考えが手に取るようにわかるようになるというわけではなく，反応や行動を指標として推察しているにすぎない．この点を理解できるかどうかが，基礎研究としての心理学の成果を楽しめるかどうかの，1つの鍵となる．

　反応や行動を指標して内的な事象やプロセスにアプローチするという考え方を，著者はしばしば視力検査になぞらえて説明することがある．視力を測定する場合，一定距離から所定の大きさの視覚ターゲット（たとえばアルファベットのCのように円の一部が切れている図形，すなわちランドルト環）を見てもらい，正しくそのターゲットを視認できるかどうかの反応を得る．この反応に基づき，提示されたターゲットの大きさと位置（入力情報）に対して，「見える」という反応をするかどうか（出力情報）により，非検査者の視力を推察する．心理学研究においても視力検査と同様，入力情報と出力情報の対応関係から，こころの過程あるいはその背景にある脳の情報処理のプロセスにアプローチすることになる．

　それでは，赤ちゃんの視力はどのようにして測定するであろうか．赤ちゃん

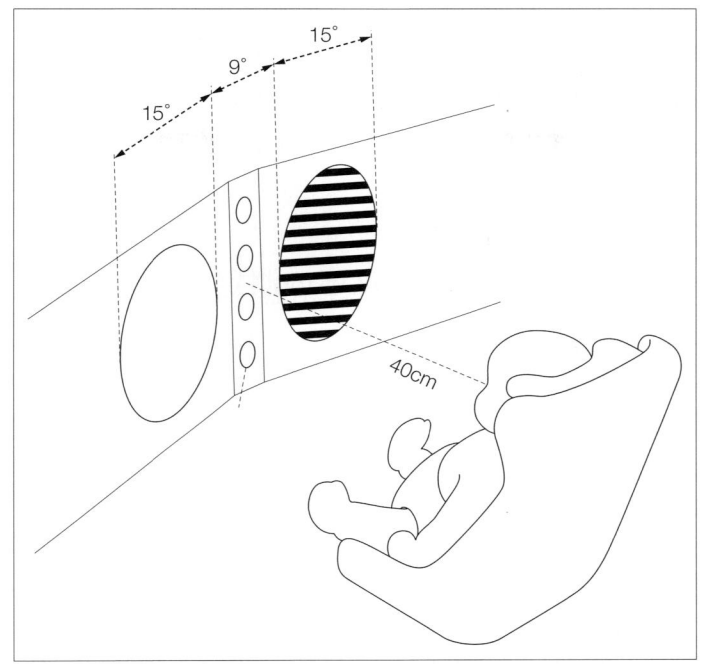

図1　赤ちゃんの視力を測るために用いられた，選好注視法の
　　　実験概要（文献3）より引用）

の場合，「見える」「見えない」を大人と同じようには表現してくれない．したがって大人と同じようにランドルト環を用いて測定することはできない．心理学ではこのように反応や行動の測定が難しい対象に対して，知恵や工夫を凝らすことで，測定を可能にする技法を発展させてきた．赤ちゃんは，無地の視対象と模様のある視対象を同時提示すると，模様のある視対象に対して選択的に視線を向けることがわかっている（選好注視）．赤ちゃんの視力を測定するにあたっては，この選好注視の特性が利用された[2]．模様のある視対象に視線を向けるということは，縞模様が見える視力があるということである．このことから，縞模様を提示する大きさや位置を操作し，縞模様に視線を向ける確率が，無地に視線を向ける確率と等価になった時，縞模様が見えなくなったとして，その直前の条件での視力があると推定するのである（図1）．

心理学における先達の研究者は，反応や行動の測定が困難な対象に対して，簡単にその研究をあきらめるのではなく，工夫を凝らして測定可能な対象となるよう努力してきた．本章で紹介するさまざまな知見は，こうした先達の研究者たちの成果の一部を，運動支援という問題になぞらえて紹介していくものである．

主観的反応の測定

視力検査における「見える」「見えない」という反応は，人間の主観的反応である．視覚や聴覚などの知覚研究では，こうした主観的反応を主たる評価指標として研究をすることもある．心理学のこうした研究手法は，ともすれば脳画像を提示するような研究や生理指標を駆使する研究に比べて科学性が低いと考える読者もいるかもしれない．しかしこの考えは正しくない．仮に視力検査中の脳活動を機能的磁気共鳴画像法（fMRI）で測定したとしよう．そこで観察される脳活動は，視力検査中に活動する脳部位について有益な情報は与えてくれるが，その対象者が視覚ターゲットをはっきり視認しているかどうかについては，直接的な情報は与えてくれない．見えているかどうかについては，本人に回答してもらうか，あるいは見えなければ遂行できないパフォーマンスを評価するほうが，よほど直接的であり科学的である．むしろこうした脳活動は，主観的反応の測定指標と組み合わせることで意味をなす．すなわち，ある視覚ターゲットに対して対象者が「見える」と回答した場合の脳活動と，「見えない」と回答した場合の脳活動を比較することで，見えることに関わる脳部位を推定することができる．

運動イメージに関する研究は，こうした問題を考えるうえで恰好の例である．運動イメージ中の脳活動に関する多くの研究は，運動をイメージすることが大脳皮質一次運動野など，実際にその運動を実行する際に関与する運動関連領域を賦活させることができることを明らかにした（第4章第1節を参照）．こうした脳科学的研究成果は，運動のイメージをするだけでも運動の学習やリハビリにつながるかもしれないことを示唆したという点で，大変意義深い．しかしながら，あくまでこうした研究が教えてくれるのは，運動イメージ想起中の脳活動である．測定対象者が実際にどのような運動をイメージしているのか，とい

うイメージの内容について情報を提供するわけではない．したがって，実際にどのような運動イメージが想起できたのか，あるいはどの程度鮮明に運動がイメージできたのかといった問題については，主観的評価を使って測定することになる[4]．主観的評価に依存せず，より客観的に測定したい場合は，たとえば運動イメージの想起時間（運動イメージの想起開始から終了までにかかる時間）を行動指標として測定し，それがイメージ対象となった運動の所要時間にどの程度一致するか，といった測定で代用せざるをえない[5]．

脳科学的手法の導入により，こころの問題に対するアプローチ方法に飛躍的な発展がみられたということについては，疑いの余地がない．しかし，脳科学的手法だけですべてが明らかになるといった考えは，行き過ぎた考えかもしれない[6]．一般の人々が脳科学的研究成果を過大評価しがちであるということを示した興味深い研究がある[7]．この研究の第 1 実験では学生 156 人に対して，「TV 視聴は数学能力を高める」，あるいは「ゲームで集中力上がる」といった 300 字程度の科学 "風" 記事を読んでもらった．つまり，これらの記事は科学論文風に書いたいわばフィクションであり，事実に沿ったものではない．対象学生は，読んだ記事がよく書けているか，または科学性があるかといった項目について 4 段階評価した．実験では同一記事に対して，記事の内容をサポートするかのような脳画像の図をつけた場合，結果の棒グラフを提示した場合，そして何も図がない場合での評価を比較した．その結果，記事が脳画像付きである場合，それ以外の場合よりも記事に対する評価が高くなった（図 2）．この結果は，脳画像的なデータが付随する研究に対して科学的信憑性が高いと誤解してしまう傾向が高いことを示している．

本書の読者対象であるリハビリ従事者やスポーツ指導者は，脳科学的研究に対してより客観的な見識をもたれているため，こうした誤解をする危険性は低いであろう．ただし，新しい研究手法の発展につれて，伝統的な研究手法の重要性が過小評価されてしまうことは，専門的知識をもっている人にでも起こりうることである．本書ではこうした問題も踏まえて，できるかぎり人間の主観的反応や行動指標に立脚した研究を中心として紹介する．本書をとおして，こうした研究成果が脳科学的成果と等しく，知覚や認知の問題に対する諸問題を理解するうえで欠くことができないことをご理解いただければ幸いである．

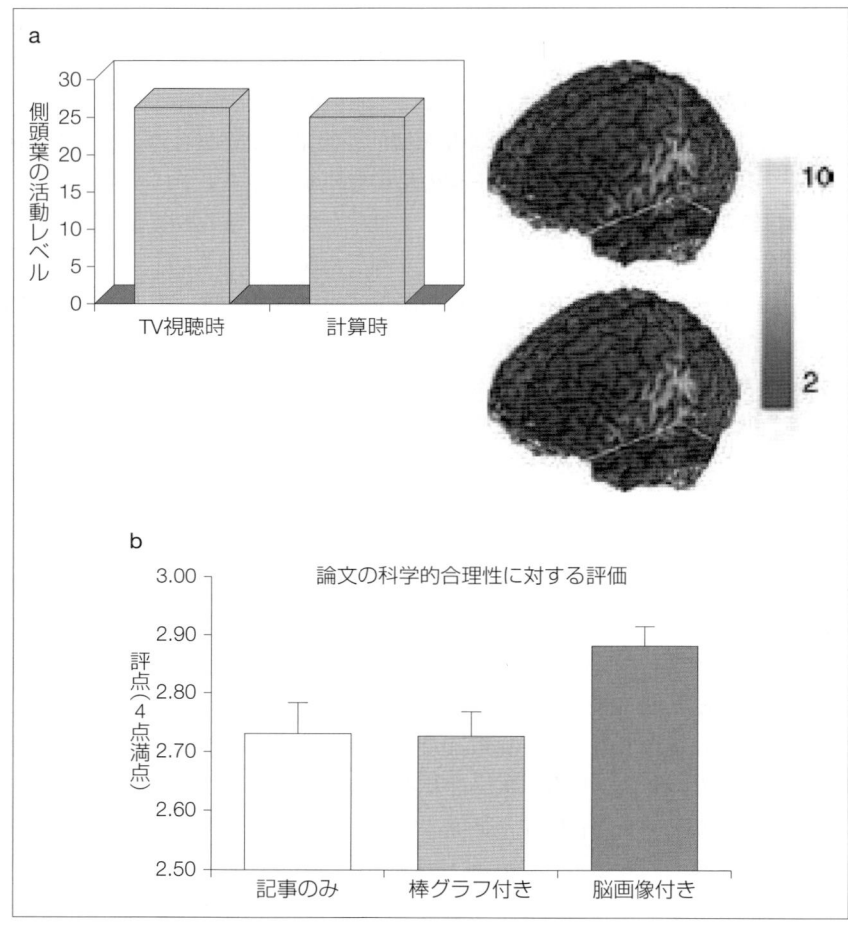

図2 脳画像付きの情報が過大評価されることを示した研究[7]
　　a：「テレビ視聴は数学能力を高める」という科学的記事と合わせて，脳画像あるいは棒グラフが提示された．
　　b：棒グラフを提示した場合や，記事だけの場合に比べて，より科学的と評価された

引用文献

1) ジル・ボルト・テイラー（著），竹内　薫（訳）：奇跡の脳．新潮社，2009
2) Fantz RL, et al：Maturation of pattern vision in infants during the first six months. J

Comparative Physiol Psychol 55：907-917, 1962
3) ジャネット・アトキンソン（著），金澤　創，他（監訳）：視覚脳が生まれる―乳児の視覚と脳科学．北大路書房，2005，p14
4) Roberts R, et al：Movement imagery ability：development and assessment of a revised version of the vividness of movement imagery questionnaire. *J Sport Exerc Psychol* 30：200-221, 2008
5) Guillot A, et al：Duration of mentally simulated movement：a review. *J Mot Behav* 37：10-20, 2005
6) クリストファー・チャブリス，他（著），木村博江（訳）：錯覚の科学．文藝春秋，2011
7) McCabe DP, et al：Seeing is believing：the effect of brain images on judgments of scientific reasoning. *Cognition* 107：343-352, 2008

目　次

はじめに ……………………………………………………………………………… iii

第1章　感覚・知覚

第1節　視覚 …………………………………………………………………………… 2
　　　　錯視：眼の錯覚 ………………………………………………………………… 3
　　　　入力情報の限界を埋める情報処理 …………………………………………… 7
　　　　文脈の考慮 ……………………………………………………………………… 11
　　　　視覚から何を学ぶか …………………………………………………………… 14
第2節　身体感覚 ……………………………………………………………………… 16
　　　　身体感覚の諸問題 ……………………………………………………………… 16
　　　　情報の統合の結果としての身体感覚 ………………………………………… 18
　　　　脳は矛盾を嫌う ………………………………………………………………… 21
　　　　ミラーセラピー ………………………………………………………………… 23
　　　　運動支援との接点 ……………………………………………………………… 25

第2章　視覚と運動

第1節　身体運動に利用される視覚情報 …………………………………………… 32
　　　　身体運動のための潜在的視覚情報処理 ……………………………………… 33
　　　　視環境の変化に対する適応と運動反応 ……………………………………… 41
　　　　環境と身体との相対関係の知覚 ……………………………………………… 48
第2節　視線と身体運動―歩行の観点から ………………………………………… 59
　　　　視線行動の基礎 ………………………………………………………………… 59
　　　　視線に基づく歩行の予期的制御 ……………………………………………… 67
　　　　視線は歩行の先導役 …………………………………………………………… 70
　　　　視線への介入 …………………………………………………………………… 80

第3章　注意

第1節　選択的注意 …………………………………………………………………… 86
　　　　選択的注意の基礎 ……………………………………………………………… 86

　　　　選択的注意と意識 ································· 91
　　　　注意の観点から見たリハビリテーション対象者の諸問題 ··········· 95
　第2節　分割的注意 ······································· 107
　　　　分割的注意の基礎 ································· 107
　　　　分割的注意と高齢者の転倒 ························· 113
　　　　運動の要素を取り入れた分割的注意の評価 ············ 119
　　　　身体内外への注意 ································· 126

第4章　運動のイメージと観察

　第1節　運動のイメージ ································· 136
　　　　運動イメージの基礎 ······························· 136
　　　　メンタルプラクティス：運動イメージを用いた運動学習 ···· 144
　　　　メンタルローテーション ··························· 151
　第2節　運動の観察 ······································· 160
　　　　運動の観察の基礎 ································· 160
　　　　観察と運動学習 ··································· 164

第5章　運動の学習

　第1節　運動学習の考え方 ································· 178
　　　　運動の学習をどのように捉えるか ···················· 178
　　　　脳の可塑性 ······································· 188
　第2節　効果的な運動学習を目指して ······················· 207
　　　　練習のスケジュール ······························· 207
　　　　学習の特殊性 ····································· 215

第6章　コミュニケーション

　第1節　コミュニケーションの心理学 ······················· 226
　　　　運動支援とコミュニケーション ····················· 226
　　　　対象者の恐怖・不安の状態を探る ···················· 232
　第2節　対話コミュニケーション ··························· 240
　　　　共感するこころ・やる気を引き出す力 ················ 240
　　　　コーチング ······································· 244

おわりに ··· 256
索　引 ··· 258

第1章

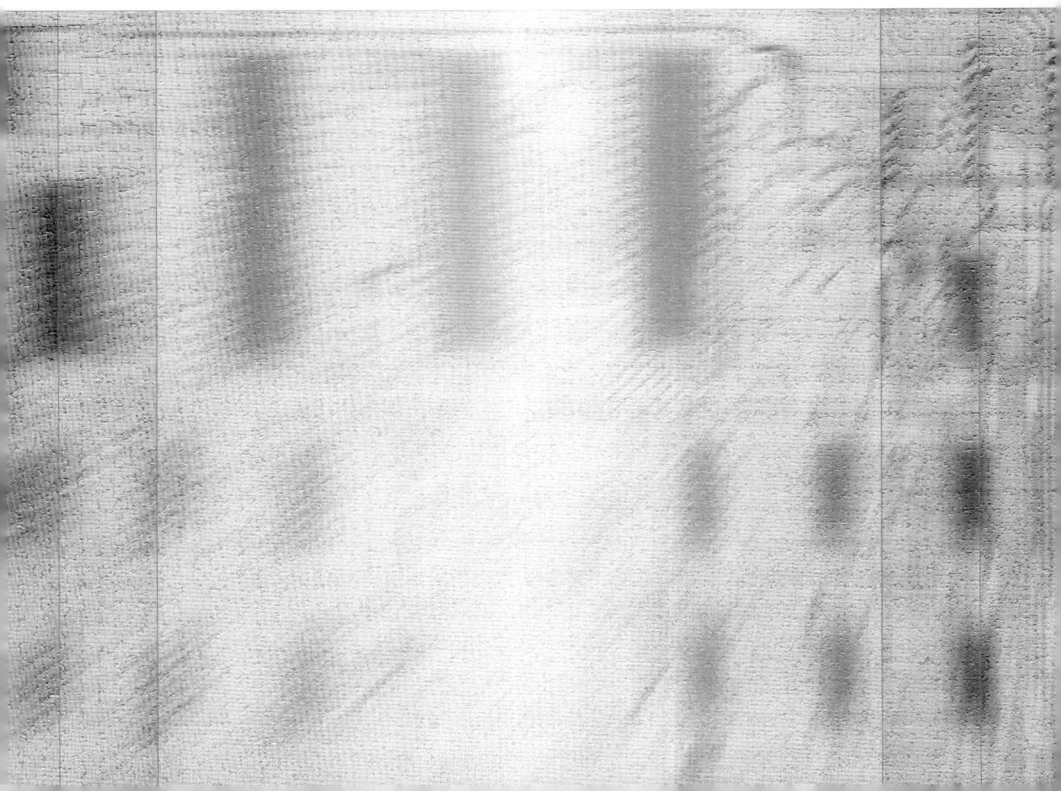

感覚・知覚

第1節 視覚

　本書で最初に紹介するのは，一般的な心理学のテキストと同様，視覚に関する話題である．錯視図形に代表されるように，視覚の話題のなかで紹介されるさまざまな図形は，見る人をあっと驚かせ，なぜそのように見えるのかの仕組みに強い興味を抱かせる．視覚にみられるさまざまな不思議をとおして，一般の学生がその背景にある脳の情報処理の一端に触れることができる．運動支援に携わる読者を対象とした本書において視覚を最初に紹介するのも，こうした脳の情報処理の一端を読者諸氏にご体感いただくためである．

　ごく単純な図形を見ている時にすら，脳が瞬時のうちに理知的な情報処理を行っている．私たちの眼はカメラと同様，光の情報を2次元的に取り込んでいる．この2次元的情報から3次元的な視覚の情報を知覚するには，得られた情報に対して多様な情報を処理する必要がある．すなわち私たちの視覚系は，カメラのように取り込まれた像をそのままの形で知覚しているのではなく，文脈や知識を用いて解釈をしている．その解釈の内容を私たちは知覚しているのである．「知覚は幻」[1]と表現されうるのも，こうした知覚の特性を反映してのことである．

　運動支援者にとっては，第2節で紹介する身体感覚のほうが，知識として重要となるであろう．視覚も身体感覚も，脳の情報処理の産物として生起するという原理は変わりない．リアルに感じることができる身体の感覚も，身体の物理的状況そのままを反映しているというのではなく，情報処理の結果生じる幻を感じているといっても過言ではない．身体感覚を幻といわれても全くピンとこないのは当然であるが，これから紹介するさまざまな図形を見ると，「知覚は幻」ということをリアルに体感できる．視覚系の情報処理に関する知識がもたらす運動支援への示唆は末部に紹介するとして，まずは純粋な気持ちで不思議な図形の数々をお楽しみいただきたい．

錯視：眼の錯覚

錯視とは文字どおりいえば「見誤り」である．確かに錯視図形には，図形のもつ性質を誤った形で知覚させるような細工がなされている．しかしここでいう見誤りとは，うっかりミスのような形で生じる誤りとは，まるで性質を異にする．錯視図形は，網膜から取り込まれた2次元的情報から3次元的な視覚の世界が知覚されるために適用されるさまざまなルールを，巧妙なやり方で誤用させることによって，見誤りを起こさせている．つまり錯視図形を楽しみ理解するということは，脳の視覚情報処理のルールを知ることを意味する．以下に挙げる3つの錯視図形をとおして，こうしたルールの一端を紹介する．いずれの図形も，その錯視を発表した研究者の名前を冠している．錯視を見出すということはそれだけ価値のある発見なのである．

■ ポンゾ図形 ■

ポンゾ図形では，上下2本の平行線は全く同じ長さであるにもかかわらず，上の平行線のほうが長く見えてしまう（図1-1-1）．この錯覚は，平行線の上に八の字を書くことで生起し，さらに放射状の直線を書き加えることで錯覚の効果が強くなる．

八の字を描くだけでこうした錯覚が生起されてしまうのは，この八の字が，2次元の入力情報から奥行きの情報を知覚するためのシステムを駆動させてしまうからである．いま，道路の上に全く同じ長さの平行線を2本引いたとする．この2本の平行線を私たちの目線で見ると，図1-1-2aのようになる．すなわち，同じ長さの2本の平行線は奥が短く見え，さらにまっすぐに伸びているはずの道路は，地平線上で八の字上に収束する．私たちの脳はこうした特性を織り込みずみであり，奥行きのある3次元情報の知覚に利用している．ポンゾ図形が錯覚を引き起こすのは，八の字型の直線の存在により，「奥行きのある状況で手前と奥の平行線が同じ長さということは，実際には奥の線は長いはずだ」という解釈を誤用してしまうためである（図1-1-2b）．

■ ミューラーリアー図形 ■

同じ長さの平行線に対して，矢羽を外向きにつけた場合のほうが内向きに着

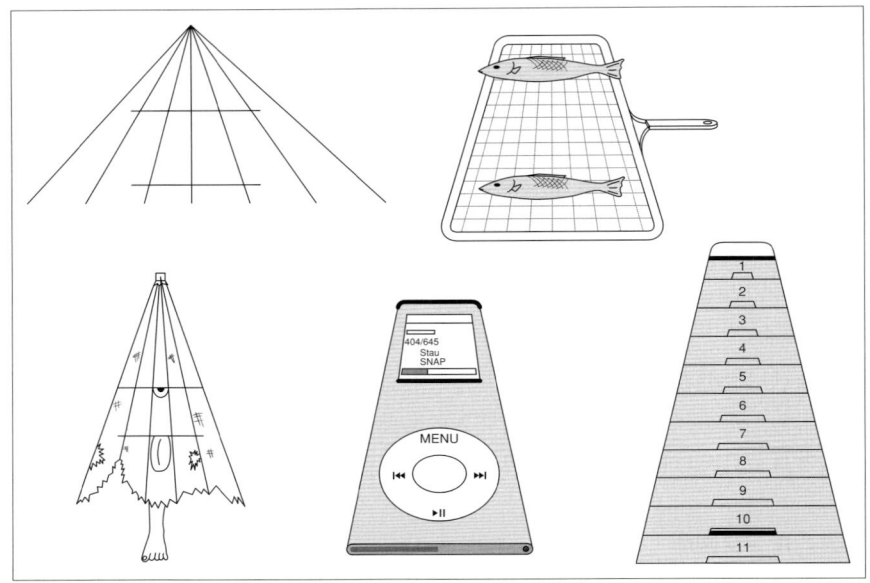

図 1-1-1　ポンゾ図形
　　　　左上が基本形であり，その他の図は著者の授業に参加した大学生が描いた
　　　　ポンゾ図形の応用事例．

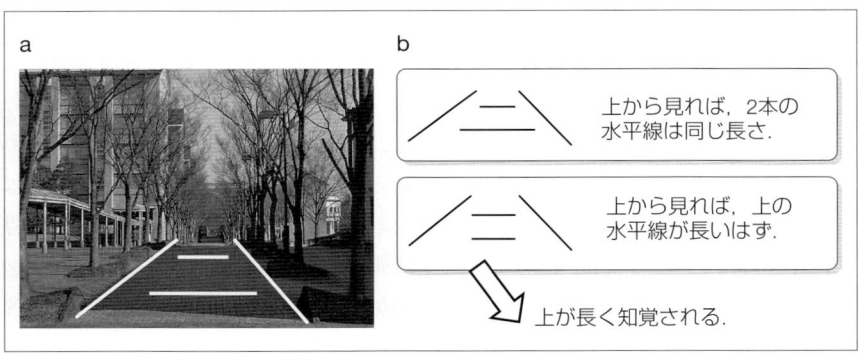

図 1-1-2　ポンゾ図形における錯視
　　　　2次元画像から3次元的な奥行きを知覚するための視覚情報処理の結果
　　　　として知覚される．

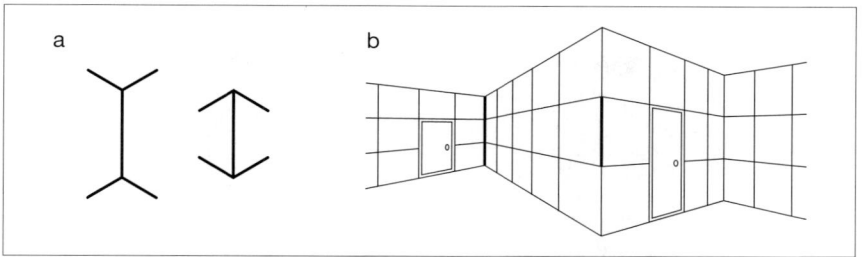

図 1-1-3 ミューラーリアー図形（a）と 2 次元画像に感じる奥行き感を生み出すミューラーリアー図形（b）
手前に見える角のタイル 1 枚分と，奥まってみえる角のタイル 3 枚分は，実際には全く同じ長さである（b は文献 2）より引用）．

けた場合よりも長く見える（図 1-1-3a）．強い錯覚を生じる図形であり，錯視図形の代表格としてさまざまなところで目にする．

　この錯視についてもポンゾ図形と同様，2 次元的な情報から奥行きを知覚するためのルールの誤用によって生起する．図 1-1-3b では，2 次元の絵の中にはっきりとした奥行きを感じることができる．この図において手前に飛び出て見える角のタイル 1 枚分の線と，奥まって見える角のタイル 3 枚分の線それぞれは，太線で示されている．実はこの 2 つの太線は同じ長さである．明らかに奥まって見えるタイル 3 枚分の太線が長く見えるが，実際の長さは全く変わらない．

　こうした奥行きの知覚においては，ミューラーリアー図形にあるような矢羽の情報が利用されていると考えられている．つまり手前に飛び出ている太線は，その両端は内向きの矢羽と同じ構成になっている．奥まって見える太線は，外向きの矢羽と同じ構成である．ミューラーリアー図形では背景に 3 次元的な風景の情報がないにもかかわらず，こうした錯覚が生じるところが特徴的である．

■ フレーザーのらせん ■

　図 1-1-4 は綺麗な渦巻き（らせん）を描いているように見える．しかし実際にはこの図形は大小の円が何重にも描かれているだけで，渦巻きは描かれていない．同心円の集合体が渦巻きとして知覚される秘密は，円の描き方にある．それぞれの円をよく見ると，白黒の織り交ざったマーブル状の線で描かれてい

図 1-1-4　フレーザーのらせん
フレーザーが描いた原画[3]に基づき，立命館大学の北岡明佳氏が作成[4]．

る．このうち黒で書かれた線分だけを抜き出すと，図 1-1-5a のように，電動草刈機の刃のような形になっている．

　これがどうして渦巻きを知覚させるかを理解していただくために，図 1-1-5b に書かれた手書き風の「x」をご覧いただきたい．上の x は a から書き始めた線が d に向かって書かれたものである．一方下の x は，a から書き始めた線は c に向かって書かれたものである．読者諸氏の多くはそれぞれの x を見ただけで，この順序を正しく推察できたであろう．なぜならこの順序であれば，a から始まる線が滑らかにつながるからである．

　実はフレーザーのらせんを脳が知覚する時にも，つながりの滑らかさのルールが適用されている．フレーザーのらせんではどこか 1 つの線分を延長すると，内側にある特定の線分につながるようになっている．こうしたつながりは，同一円状にある隣の線分とのつながりに比べてはるかに滑らかなつながりであ

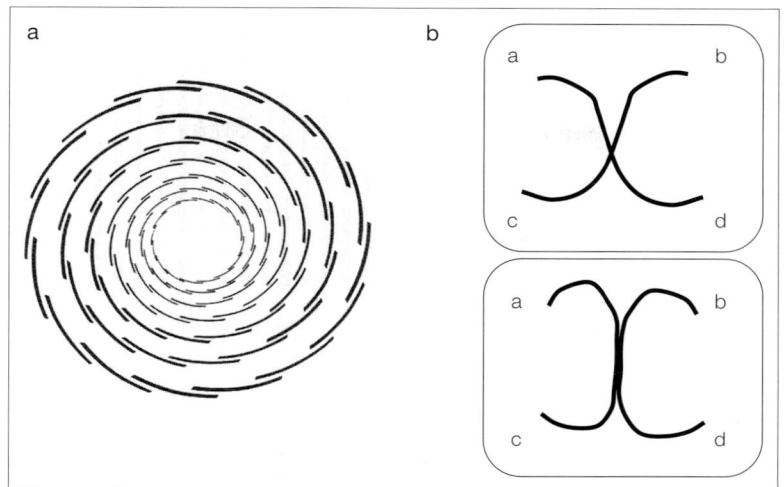

図 1-1-5　フレーザーのらせんにおいてマーブル状に描かれている円の黒色の線分だけを抜き出した画像（a）と手書き風に描かれた 2 つの x（b）

る．このため脳は，らせん状の線としてこの図形を知覚してしまう．無数にある視覚的要素から 1 つの形を知覚するには，これらの要素をどのようにまとめ上げるか（知覚的群化）に関するルールがある．つながりの滑らかなものをまとめるというルールは，知覚的群化に利用されるルールの 1 つである．

入力情報の限界を埋める情報処理

■■■ 盲点 ■■■

　視覚の源は光の情報であり，眼の網膜上で受容される．網膜にある視神経は眼球の外に出て脳に向かうのに先立ち，網膜上のある一点に集まる．この視神経が集まる場所には，光を受容する細胞がない．この場所を盲点という．盲点に投射された光の情報は，実際には知覚されないはずである．にもかかわらず，私たちは日常生活において盲点の存在を意識することはない．たとえ片眼をつぶって対象物を見ても，視野の一部が欠けて見えることはない．これは，脳が盲点に投射された光の情報について，周囲の情報をもとに積極的に補う働きを

図 1-1-6 盲点に投射された場所について視覚的充填が起こることを体感できる刺激（文献 5）より改変引用）
赤ん坊の顔が盲点に投射されると周囲と同じ縦線として知覚される．体感方法は本文を参照．

しているためである．この働きを視覚的充填（filling-in）という．

図 1-1-6 を用いて，視覚的充填の現象を体験することができる．左眼をつぶり，＋印が右眼の正面にくるようにして，目の前に近づける（眼と＋印との距離は 10 cm 程度）．＋印をじっと見続けていても，右隅にある赤ん坊の顔に気づくことができる．その後，＋印をじっと見続けながら適当な距離まで図形を離していくと，ある距離で（眼との距離は 20 cm 程度），縦縞の中にある赤ん坊の顔が消えて，ただの縦縞に見える．ちょうどこの位置で，赤ん坊の顔が盲点に投射されたことを意味する．私たちの脳は，盲点の問題に対処するための適応的方略として，現実的にそこにありそうな映像，すなわち周囲と矛盾がない映像でその場所を補っていることがわかる．

奥行き知覚

眼から入った光の情報は 2 次元情報である．この情報に基づき 3 次元的空間を知覚するために，脳はさまざまな手がかりを用いて，欠落している奥行きの情報を再構築することになる．

まず，光の情報の取り込みや眼球の動きに関係する筋肉の動きの情報が利用される．人間の眼は網膜上にピントの合った像を映すために，レンズの役割をしている水晶体の厚みが変わって屈折率が自動調節されている（調節，accommodation）．この水晶体の厚みを調節しているのが，毛様筋という筋肉であ

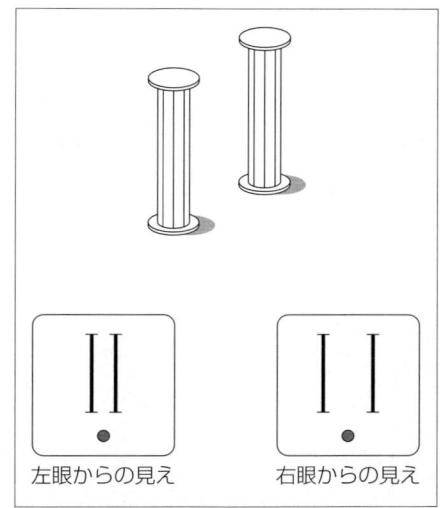

図 1-1-7　両眼視差に基づく奥行き知覚
向かって左側の柱が手前にある場合，左眼に入力される柱の間隔はわずかに狭く，右眼に入力される柱の間隔はわずかに広い．こうした両眼視差に基づき，網膜上の2次元像から左側の柱が手前にあることを知覚できる．

る．脳はこの毛様筋の収縮の程度を情報源として，どの程度の距離にある対象を見ているのかを推定している．また近くの対象を見ようとすると，両眼は寄り眼の時のように内側に回転する（輻輳，vergence）．一方遠くを見ている時は，両眼は回転せずにほぼ平行状態にある．こうした眼の回転に関わるのが外眼筋であり，その活動状態もやはり奥行きの手掛かりになる．

　左右の眼はおおよそ6 cm離れている．このため左右の眼で同じ対象を見た時に，わずかながらそれぞれの眼の見え方に違いが出てくる（両眼視差）．この視差は物体の奥行き関係を知覚するうえで有益である（図1-1-7）．また等間隔で配置された線や点は，遠くにあるほどその間隔が狭く見える（きめの勾配，texture gradient，図1-1-8）．こうした要素の密集状態も奥行きを知るための重要な情報である．

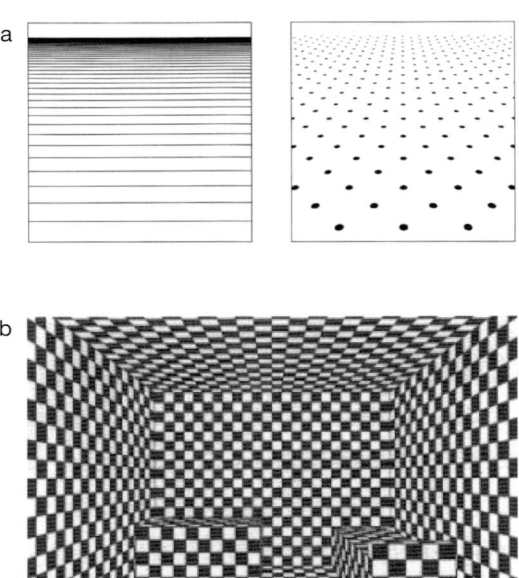

図 1-1-8　きめの勾配
　a：等間隔で配置された線や点は，遠くにあるほどその間隔が狭く見える（文献 6）より引用）．
　b：きめの勾配を利用することでリアルな奥行き感が感じられる図形（文献 7）より引用）．

主観的輪郭

　図 1-1-9a を見ると，中心部に白い長方形が見える．しかし実際にこの図で描かれているのは，一部の欠けた 4 つの黒い円盤（昔のゲームに使われたキャラクターから，パックマン図形とも呼ばれる）だけである．はっきりと見える四角形は，いわば幻の線で描かれている．この幻の線を主観的輪郭という．擬人的に表現すれば，脳はこの図形に対して，普段あまり見かけないパックマン図形が偶然このような配置で並んでいるとは考えない．白い不透明な長方形が 4 枚の円盤に部分的に重なって隠しているという，より現実的に起こりえそうな解釈をする．こうした解釈に合うように，幻の輪郭線が生起するのである．図 1-1-9b のようにパックマン図形の向きを変えると，もはや長方形が円盤を

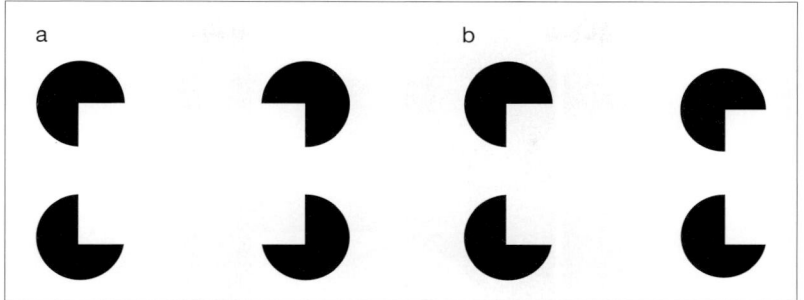

図 1-1-9　主観的輪郭
aでは白い不透明の四角形をはっきりと知覚できるが，bでは知覚できない．

隠しているという推論は合理的でないため，長方形は知覚されない．

文脈の考慮

■ 明るさの同時対比 ■

図 1-1-10a では，左右 2 つの四角形の中央部に小さなグレーの四角形がある．この 2 つは，実際には同じ明るさ（等輝度）にもかかわらず，左が明るく，右が暗く見える．この錯覚には，背景にある大きな四角形の明るさが文脈として影響している．すなわち，暗い背景の中にある四角形は明るく知覚され，明るい背景の中にある四角形は暗く知覚されるため，両者の明るさが異なるように見える．

図 1-1-10b では，中心にあるドーナツ型の円の明るさが上図の小さな四角形と同じ明るさであり，また背景の明るさも上図と全く同じである．しかし，左右の色が異なるという錯覚は生じない．この図の場合，脳が中心の図形を単一のドーナツ型図形として処理するため，背景の明るさとのコントラストの影響を受けない．それが証拠に，この図を中央部で分割すると（図 1-1-10c），図 1-1-10a と同様の錯覚が生じる．真ん中で分割されることで中心部の図形を 2 つの半円として処理するため，再び背景の明るさのコントラストの影響を受けるようになる．文脈の変化に応じて瞬時に合理的と思われる解釈がなされ，知

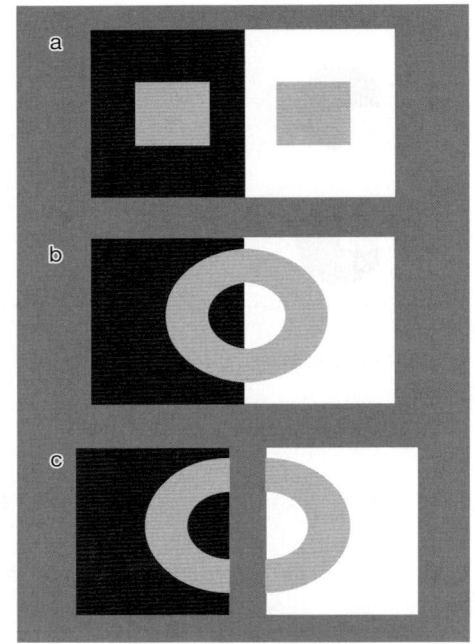

図1-1-10 明るさの同時対比（文献8)より引用)
a：2つの小さな四角形は実際には同じ明るさ（等輝度）にもかかわらず，左が明るく，右が暗く見える．この意識経験は，背景にある大きな四角形の明るさが文脈刺激として影響することで生起する．
b，c：中心部の円の明るさ，背景部の左右の明るさはaと共通であるが，円がつながっているか否かで，明るさの見えが変化する．

覚に反映されることがわかる．

紛らわしい文字や図形

　図1-1-11aではアルファベッドのA，B，Cと，数字の12，13，14が記載されている．実はこのBと13は全く同じ形でできている．図1-1-11bの左側の文字列を上から下に読むと，数字の11，12，13と読める．しかしこれらと全く同じ形の文字を右側の配列の中央の列におくと，それぞれ上から「すいか」の「い」，「A，R，T」の「R」，そして「貴乃花」の「乃」と読める．図1-1-11cに

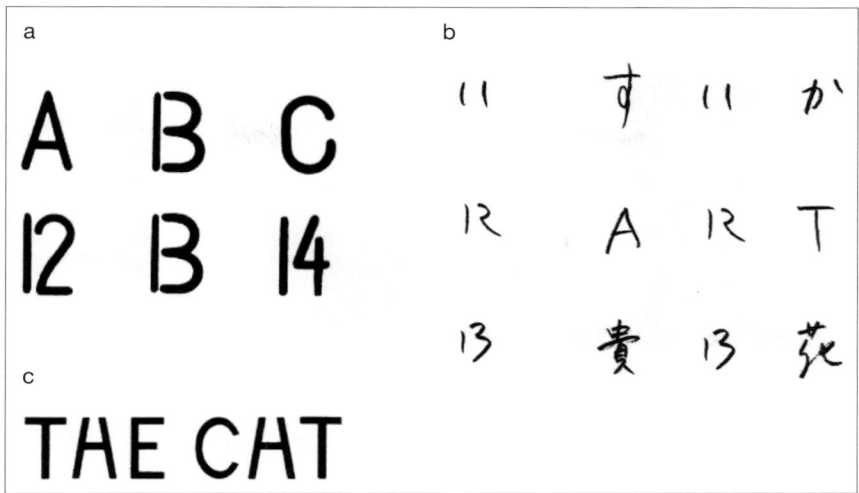

図 1-1-11　文脈によって同じ文字が全く異なる文字として知覚される例（a は文献 9)，b は文献 10)より引用．c は文献 11)より改変引用）

示した"THE CAT"において，H と A は全く同じ形でできている．このように，私たちは物理的に同じ情報を，文脈によって異なる情報として解釈していることがわかる．

　文脈が明確に変化しなくても，着眼点が変わるだけで，同一の図形が全く異なって見えることがある．図 1-1-12a はルビンの杯と呼ばれる．黒い杯を描いているようにも見える一方，白い背景に注目すると向かい合う 2 人の横顔が映っていると感じる．図 1-1-12b では後ろを向く若い女性が見えるが，見方を変えれば老女の横顔にも見える．図 1-1-12c では，複数のリングに囲まれた白い柱を見ることができる．この柱は主観的輪郭で描かれた柱である．しかし見方を変えると，C 型の金具が切り口を手前に向けて並んでいるようにも見える．いずれの図形も，全く同じ刺激が目のつけどころを変えることで異なる図形として知覚されうることを示している．

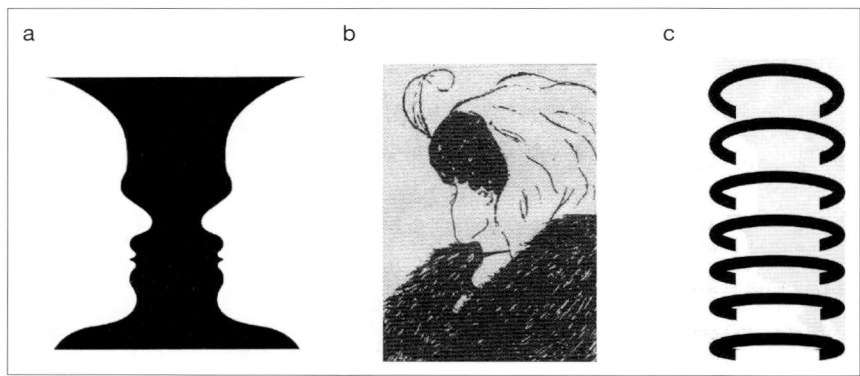

図 1-1-12　多義的図形の例（b は文献 7) より引用，c は文献 1) より引用）

視覚から何を学ぶか

　運動支援に携わる読者諸氏においては，ここで紹介した視覚の知識をとおして，3 つのことをご理解いただきたい．

　第 1 に，私たちが主観的なレベルで知覚している内容は，目の前にある情報そのものではなく，その情報に対して脳の理知的な解釈（すなわち情報処理）が加わった内容である．こうした脳の情報処理のおかげで，網膜に取り込まれた 2 次元情報から奥行きのある 3 次元的空間を知覚することができるし，網膜上に盲点の存在することのデメリットを感じることもない．さらに断片的な情報から整合性ある知覚を成立させるように，幻の輪郭が描かれることさえある．奥行きある風景は 2 次元的に切り出すとどのように見えるのか，背景にどのような情景が広がっているか，さらに文脈を考慮するとそこに何が見えていると考えるのが妥当かといった判断が瞬時になされ，安定した知覚を成立させている．

　第 2 に，視覚の背景にあるこうした脳の情報処理は，身体感覚の生起においても同様に作用している．こうした情報処理は，限られた情報から安定した知覚を生起させるために不可欠な作業である．身体に感じるリアルな主観的経験もやはり，身体の物理的状態そのものではなく，その情報に対して脳の理知的な解釈が加わった内容と考えるべきである．次節では身体感覚についてもこの

ようなことがいえる根拠が示されている．

　第3に，私たちの知覚は知識として実際に起こっている客観的な情報を教えられても，なんら変化しないということである．たとえば明るさの同時対比の図形（図1-1-10a）に対して，「中央部の2つのグレーの四角形は，実際には同じ明るさだ」と教えられても，依然として左が明るく，右が暗く見える．すなわち，知覚は必ずしもわれわれの意識や知識で操作できないのである．

　この第3の点は，身体感覚の問題を考えるうえで大変意味がある．両足に均等に荷重ができず非対称な姿勢をとっている患者に対して，「重心が左に寄っている」と言葉で事実を指摘したとしても，それ自体は必ずしも患者の身体感覚を効果的に変えるものではないかもしれない．むしろこうした状況で運動支援者が考えるべきことは，「いったいどのような手がかり情報が脳に利用されて，左右非対称な身体姿勢があたかも対称であるかのように感じているのか」を多角的に検討し，その手がかりをキャンセルするための介入方法を検討することである．以上，こうした3つの先行知識とともに次節の身体感覚の内容をご覧いただきたい．

引用文献

1) ヴィラヤヌル・ラマチャンドラン（著），北岡明佳（監修）：知覚は幻　ラマチャンドランが語る錯覚の脳科学．別冊日経サイエンス174，日本経済新聞出版社，2010
2) 下條信輔：「意識」とは何だろうか―脳の来歴・知覚の錯誤．講談社現代新書，1999
3) Fraser J : A new visual illusion of direction. *British J Psychol* 2：307-320, 1908
4) 北岡明佳：フレーザーのらせん．http://www.psy.ritsumei.ac.jp/~akitaoka/FraSpr.html．
5) 樋口貴広，他：身体運動学　知覚・認知からのメッセージ．三輪書店，2008
6) 三浦佳世：知覚と感性の心理学．岩波書店，2007
7) 千原孝司：知覚．塩見邦雄（編）：対話で学ぶ認知心理学．ナカニシヤ出版，2006
8) 樋口貴広，他：身体状態の意識化・イメージ化　運動イメージの正しい理解に向けて．認知運動療法研究　6：81-97，2006
9) 小松原明哲：ヒューマンエラー．丸善，2003
10) 大橋智樹：人間の情報処理とヒューマンエラー．大山　正，他（編）：事例で学ぶヒューマンエラー．慶應義塾大学出版会，2006，pp 8-47
11) 石田　潤，他（編）：ダイアグラム心理学．北大路書房，1995

第2節 身体感覚

身体感覚の諸問題

身体に関する主観と客観

　身体感覚が正確であること，すなわち，身体に関する主観が客観と一致していることは，正しい動作遂行のためにどの程度重要であろうか．リハビリテーションであれスポーツ競技であれ，運動支援の現場ではこの身体感覚を客観に一致させることに多くの時間を割く場合がある．たとえば脳血管障害の後遺症による片麻痺患者の場合，左右非対称な姿勢をとっていることが誰の目から見ても明らかなのに，患者本人は左右対称な姿勢をとっていると自覚していることがある．整形外科的な下肢疾患をもつ患者の場合でも，非周期的で動揺の激しい歩行動作を運動支援者が改善したいと思っても，患者本人はそのような歩行動作の問題に気づいておらず，運動支援者の言葉に耳を貸さない，ということも珍しくない．患者本人が自己の身体や動作の状況を正確に自覚していないこれらのケースでは，いくら運動支援者が患者の状況に即した動作課題を提供できたとしても，結果として効果的なリハビリテーションができない，という事態に陥るかもしれない．

　スポーツ競技においては，身体感覚の正確性が競技力の重要要素であることがしばしば主張される．以下は武道における指摘である．「武道の世界では，肉体の性能以上に，肉体に内在する感覚が重視されてきた．武道においては身体と感覚は1つに結びついたものとして理解されており，ただ体格を良くすれば，強くなるという発想は生まれなかった．『柔よく剛を制す』の言葉どおり，強さとは身体感覚のレベルの高さなのだと捉えられてきた」[1]．確かに，一流のスポーツ選手が自分自身の動きを説明する際，一般人では理解しにくいような表現で説明することを見ても，競技力と身体に対する主観的レベルの知覚には強い関連があることを連想させる[2,3]．

平常，著者は身体感覚という言葉よりも身体意識という言葉を好んで使用する[4]．しかし本書では，運動支援の現場では身体感覚という言葉がより一般的であるため，身体感覚を採用する．身体感覚を理解するうえでの重要ポイントは，その生起プロセスが，第1章第1節で紹介した視覚の生起プロセスと類似しているという点である．身体感覚も視覚と同様，多様な入力情報が統合され，最も矛盾のない形で解釈した結果として生起する．したがってたとえ健常者であったとしても，その身体感覚が身体の客観的状態を厳密な意味で再現しているとは限らない．ほんのちょっとした外乱情報が入力されるだけで，身体感覚は簡単に身体の客観的状態から乖離してしまう．

本書では，こうした身体感覚の様相を理解したうえで，身体感覚を客観に合わせていくこととはどういうことなのか，また身体感覚は実際の身体運動とどのように関連していくのかについて考えていく．本書で紹介する基礎的研究成果の一部については，「身体運動学 知覚・認知からのメッセージ」（三輪書店）など，拙著論文・図書において詳細を紹介している[4〜8]．すでにこうした情報に精通されている読者諸氏については，関連セクションを読み飛ばしながら，新しい関連知見や運動支援との関連性についてご覧いただきたい．

■ アウェアネスとしての身体 ■

はじめに，身体感覚に関わる用語について整理したい．本書で身体感覚として論じるのは，身体アウェアネス（body awareness）に関する話題である．たとえば眼をつぶって自分の腕に注意を向けると，肘が曲がっているとか，指が硬いものに触れているといった腕の状態に気づく．この気づきの内容，主観的体験をアウェアネスと呼ぶ．著者が通常は身体意識という言葉を好んで使用するのは，このアウェアネスをダイレクトに表現したいという意味合いがある．苧阪[9]によれば，アウェアネスとしての意識は，意識の3階層における中間層に位置する．このモデルでは低次の層に覚醒の状態（生物学的意識），高次な層に自己意識（あるいはメタ認識）の機能が想定される．

身体感覚とは，狭義の体性感覚とはイコールではない．体性感覚とは，身体に存在する感覚受容器（すなわち皮膚や粘膜といった表層組織に存在する受容器と，筋や腱といった深部組織に存在する受容器）の興奮によって経験される気づき，主観的体験を総称した用語である[10]．身体感覚と体性感覚の重要な違

いは，それを引き起こす感覚入力として，身体固有の感覚受容器に限定するか否かにある．すなわち，体性感覚が身体固有の感覚受容器の興奮に基づくものに限定されるのに対して，身体感覚の場合，視覚や前庭感覚などの感覚情報もその生起に関与する．

身体感覚と似たような言葉として，ボディイメージ（身体イメージ，身体像ともいう）という言葉もある．ボティイメージの場合，アウェアネスとしての感覚に加えて，たとえば自分の身体は他の選手と比べて身体の線が細いからもう少し筋肉を付けたいなど，身体に対する自分の考えなども包括しうる[11]．

情報の統合の結果としての身体感覚

身体軸感覚

身体感覚は視覚と同様，多様な入力情報が統合され，最も矛盾のない形で解釈した結果として生起する．「身体軸」の感覚は，こうした身体感覚の特性を示す好例である．スポーツであれリハビリテーションであれ，身体軸がバランスよく安定しているという感覚は，身体運動を遂行するうえで重要である．たとえ身体がダイナミックに動いても，身体軸がぶれないように安定させるといったことを念頭に，動作を作り上げるスポーツ選手は多いであろう．

では，主観としての身体軸の感覚とはいったい何なのか．脊柱は客観的な意味での身体軸であるが，どう考えても，身体軸の感覚イコール脊柱位置のモニターという図式は成り立たない．元競歩の選手である平川武仁は，「身体軸をまっすぐ安定させるように走る」ことが良いパフォーマンスを得るための重要要素と述べた（私信）．しかし実際に競歩中の脊柱の動きを観察してみると，速く動けば動くほど脊柱は大きくクネクネとした動きを見せる．したがって，身体軸の感覚は脊柱という局所の位置情報をモニターしているというわけではなく，もっと複合的な情報だろうと推察できる．

文脈に基づく身体感覚の変化

身体の局所部位に対する身体感覚は，全身でどのような姿勢をとっているかの影響を受ける．この事実は，身体感覚も視覚と同様に文脈の影響を受けていることを示唆する．「眼をつぶった状態で，自分の右肘と左肘の屈曲角度を一致

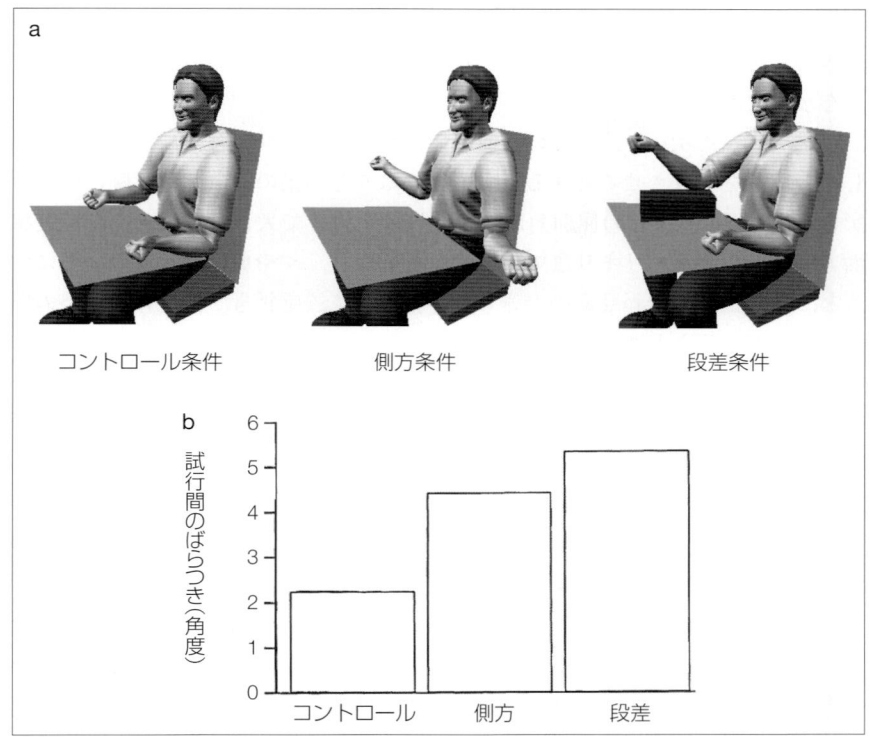

図1-2-1 四肢の姿勢が肘関節角度の知覚に及ぼす影響[12]（図は文献4）より引用）
　a：3つの姿勢条件．
　b：姿勢条件がパフォーマンスの試行間のばらつきに及ぼす影響．

させる」という課題を考えてみる．この課題で要求されているのは，左右の肘関節間の屈曲のずれを，視覚に頼らずに検出して修正することである．この課題の遂行中，私たちの注意は両肘にのみ向けられており，両腕のその他の属性や，両腕と体幹の位置関係などに注意を払う必要はない．しかしながら課題の成績それ自体には，両腕と体幹の位置関係という文脈が影響を与える[12]．

　図1-2-1は，この課題を3つの姿勢条件で行った場合の試行間のばらつきを示している．同一条件にもかかわらず試行間のばらつきが大きいということは，それだけ安定した身体感覚を得にくいことを示している．両肘が体幹正面に左右均等に置かれた条件（コントロール）に比べて，体幹の側面に置かれた条件

（側面）や，右腕が左腕より高い位置に固定された条件（段差）において，ばらつきが大きくなった．この結果は，腕の姿勢がその身体感覚に影響を及ぼすことを示唆する．

　眼をつぶった状態で，身体の正面に置かれた擦りガラス越しに，左右の人差し指の位置を一致させるとする．するとやはりその指の一致度は，腕の姿勢の影響を受ける[13]．手首の屈曲角度が可動域の限界まで大きい場合や，腕を矢状面方向へまっすぐギリギリまで伸ばした場合など，やや負担が大きい姿勢にすると，指を正確に合わせるのが難しい．指先の位置感覚も，腕全体の姿勢の影響を受けていることがわかる．

　野球のピッチングのように，ボールをリリースした時の指先の感覚がフィードバック情報として重要なスポーツ競技は多いだろう．ここで紹介した基礎研究の成果を考えると，こうした指先の感覚の鋭敏性は，腕全体が負担の少ないフォームになっているかといったことにより影響を受けることになる．負担が少ないフォーム作りは，スポーツ障害の防止という点だけでなく，身体感覚の鋭敏性という意味でも重要である．

　頭部が体幹に対してどの程度左右に回転しているかの知覚には，頸部後方の固有受容感覚情報が利用されている．これは，正面を向いている対象者の頸部後方から振動刺激を与えると，振動刺激側に頭部が回転すると感じる錯覚現象（すなわち，頸部の左側に対する振動は，左方向への頭部の回転を知覚させる）により明らかにされている[14]．この錯覚は，振動刺激がもたらす筋紡錘の興奮が，頭部が回転することで生じる筋紡錘の興奮と類似しているために生起すると考えられている．ただし，「頸部後方に対する振動刺激＝頭部の回転の感覚が生起」といったように，入力としての感覚刺激と出力としての身体感覚が常に対応関係にあるわけではない．同じ振動刺激でも，頭部が体幹に対して動くことがない条件で呈示すれば，頭部だけでなく，体幹も同様に振動方向に回転したという錯覚が生じる[15]．

　このように，ある感覚入力がどのような主観的体験を生起させるかは，文脈によって異なる．したがって，身体感覚が身体の客観的状態と著しくずれている支援対象者に対しては，単にずれが生じている身体部位に局所的に着目するのではなく，全身の状況に着目して，文脈として身体感覚を歪ませている原因にアプローチすべきである．

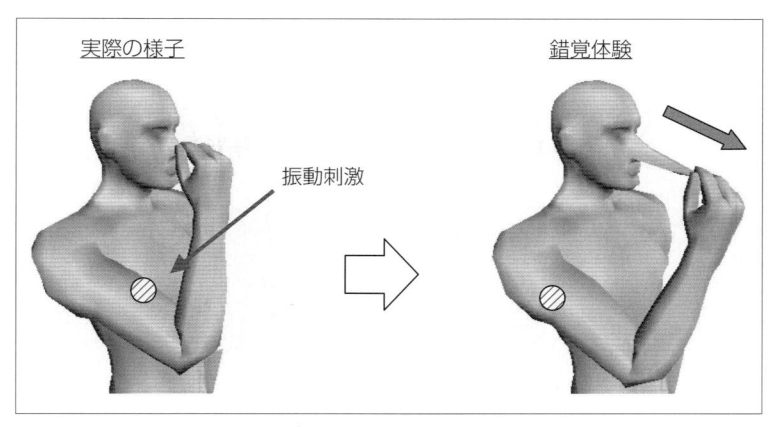

図1-2-2　ピノキオ錯覚[17]（図は文献5）より引用）
鼻をつまんだ腕の上腕二頭筋に振動刺激を与えることで，鼻が伸びるような錯覚が生じる．

脳は矛盾を嫌う

■　ピノキオ錯覚　■

　脳は入力情報の間で矛盾があることを嫌う[16]．脳は身体に関わる多様な情報が入力された場合，これらの情報を矛盾のない形で統合・解釈していく作業を行う．身体感覚とは，こうした統合・解釈の結果として生起される産物である．
　このことを示す好例が，ピノキオ錯覚という現象である[17]．ピノキオ錯覚は，指先で鼻をつまんでいる健常者の上腕二頭筋に振動刺激を与えると，鼻がピノキオのように伸びると感じる現象である（図1-2-2）．ピノキオ錯覚は，固定して動かない腕の上腕二頭筋に振動刺激を与えると，肘が伸展するような錯覚が生じることを利用した錯覚現象である．実験対象者は，鼻が伸びるなどありえないことは当然わかっている．にもかかわらず，あたかも鼻が伸びるような錯覚体験が生起してしまう．この錯覚は，上腕二頭筋の振動によって生じた入力情報の間の矛盾を，脳が最も矛盾のない形で解釈した結果として生起する．すなわち，「自分の指先は鼻をつまんでいる」という状況と，「肘が伸展していることを示唆する情報がある」という状況が同時に発生したとすれば，そこでは「鼻が伸びたのだろう」と解釈するのが，論理的に最も正しい推察となる．この

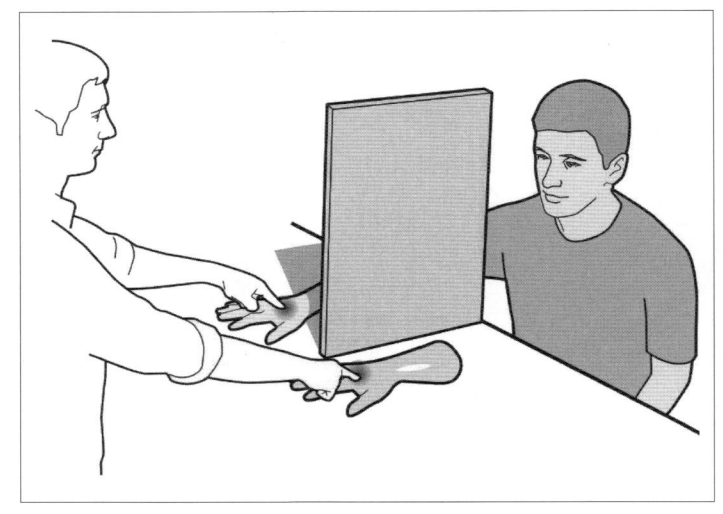

図 1-2-3　模型の腕に感じる錯覚体験[18]（図は文献 19)より引用）

　論理的推察と主観的体験が一致するということは，脳が実際に入力情報に対してそうした論理的解釈を加えていること，またそうした解釈の産物として知覚体験が生起されることを示している．

■■■　多様な入力情報の利用　■■■

　身体感覚の生起には身体内部からの情報だけでなく，視覚情報や前庭感覚情報も利用されている．自分の手とそのそばにある義手とが，同時に何かで触れられ，なおかつ自分の手を見ることができず，義手だけを見ている状況を作れば，手に感じていた触覚が不思議と義手の位置で感じられることがある（図 1-2-3)[18]．この錯覚はラバーハンド・イリュージョンと呼ばれる．この錯覚は，実験者により義手が触られているという視覚情報が，実際の手が触られているという触覚情報を凌駕して生起される．

　また，前庭感覚機能障害により重力情報が利用できないと，実際には直立姿勢を保持しているのに，全身が大きく揺らいで倒れそうな錯覚に襲われる[20]．無重力空間において宇宙飛行士がいわゆる宇宙酔いになるのも，一過性に前庭情報が空間定位（空間の上下はどの方向かといったことの知覚）に利用できな

いことに対する脳の混乱を反映していると考えられている．このように，普段とは異なる感覚情報が入力された時，あるいは普段利用している状況が剥奪された時，私たちの身体感覚は客観的な状況とは著しく異なるものとなる．

ミラーセラピー

幻肢痛と腕の麻痺

　ラバーハンド・イリュージョンが示した，視覚情報が身体感覚の生起に対して強い影響を与えるという事実は，ミラーセラピー（鏡療法）と呼ばれる療法をとおして，四肢の一部を切断してしまった患者が悩む"幻の腕や足に感じる痛み（幻肢痛）"の問題や，脳卒中などにより麻痺して動かなくなってしまった腕の問題の解決に貢献することとなった．

　幻肢とは，切断手術などによって実際には存在していない四肢について，患者がそれをあたかも実在するかのように錯覚する現象である．このうち，幻肢に対して感じる痛みを幻肢痛という．幻肢痛を体験する患者は比較的多く，その対策が臨床現場における課題の1つとなっている．痛みの原因には当然，切断部位における生理的な変化も影響する．しかし研究者のなかには，痛みの原因は脳の情報処理のレベルにも存在すると考え，新しい治療法であるミラーセラピーの発展につながった．

　図1-2-4は，私たちが運動をする時に脳内で起こっている情報のやりとりに関する模式図である．脳から運動の指令が筋肉に出力されることで，運動が発生する．実はこの指令が出ると同時に，脳からはどんな指令を送ったのかという情報のコピー（遠心性コピーという）が比較機構に送られている．運動が起こった後，身体のセンサーから動きに関するフィードバック情報が送られてきて，比較機構で遠心性コピーの内容と比較照合し，エラーの有無を脳の指令部に戻す．このエラーの内容に基づき事後の運動が修正され，運動が徐々にスムーズになるという模式図である．この模式図は，運動指令に関する情報と動きに関する感覚情報がループ構造になっていることから，知覚運動ループとも呼ばれる．

　四肢を切断したとしても，脳に異常はないため，運動指令は正常に発動されうる．しかし実際にはその運動が起こらないために，感覚情報のフィードバッ

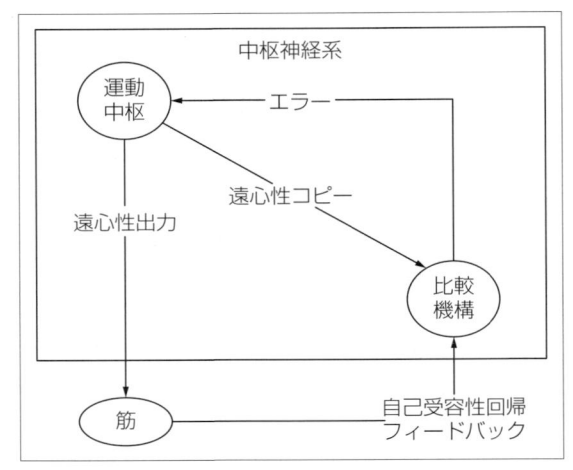

図 1-2-4　身体運動を実行させるための脳の情報処理に関する模式図．知覚運動ループとも呼ばれる（図は文献 4)より引用）

クが欠損し，比較機構における情報の比較照合ができず，知覚運動ループが成立しない．私たちの脳はこうした混乱を嫌い，痛みとして警告を発しているのではないかというのが，このモデルに基づく幻肢痛の理解である．

脳卒中後に生じる腕の麻痺についても，その問題の一部は知覚運動ループの破綻にあると解釈されている．すなわち，脳が腕を動かそうとしても，麻痺した腕が動かない状態が長く続くと，知覚運動ループの混乱を避けるために，脳はその腕が動かないことを学習し，運動指令そのものを出さないようになってしまう．こうなると，せっかく効果的なリハビリによってハードウェアとしての腕の機能が回復しても（すなわち感覚フィードバックを戻せる状況になっても），今度は脳から身体を動かす指令が出ないため，結局麻痺の問題が改善できないことになってしまう．

■■■　ミラーセラピー　■■■

幻肢痛や腕の麻痺に関するこうした問題を改善する方法として，身体感覚に対する視覚情報の影響の成果が役に立つこととなった．具体的には，鏡に映る四肢の動きを利用して，切断肢あるいは麻痺した腕があたかも動いているよう

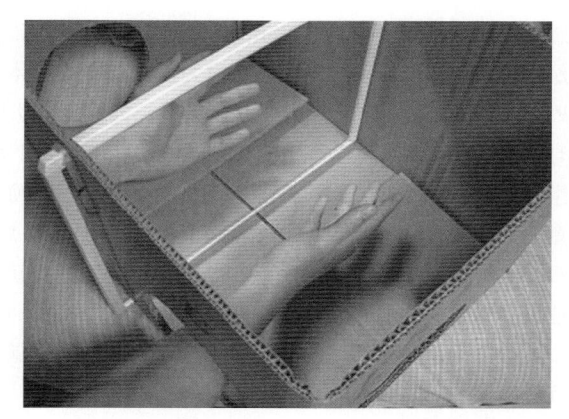

図 1-2-5　ミラーセラピーで用いられる装置の一例（図は文献 4)より引用）

な視覚情報を与えるというものである（図 1-2-5）．意志的に切断肢あるいは麻痺した腕を動かそうとしてもらい（すなわち脳から身体を動かす指令を出す努力をしてもらい），鏡を介してあたかも腕が動いているような視覚的フィードバック情報を与えることで，破綻してしまった知覚運動ループを修復しようというのである．こうした方法をミラーセラピー（鏡療法）と呼ぶ．

ミラーセラピーは，必ずしも対象患者全員に有効というわけではないが，その効果が実証されたという報告も年々増えている．ミラーセラピーは，身体感覚に関する基礎研究の成果が脳の情報処理モデルとして模式化され，それがリハビリテーション領域のなかで治療として活かされていることを示す好例である．

運動支援との接点

結果としての局所

これまで紹介してきた研究成果から，身体感覚の生成にあたっては身体内部からの情報のみならず，多様な感覚情報が利用されていることがわかる．また脳は，そうした多様な情報を矛盾ない形で統合することを目的に情報処理を行っている．その結果，私たちはピノキオ錯覚のように，現実には決して起こ

りえない身体感覚を有する場合がある．指先の感覚にしても，必ずしも指先にあるセンサーからの情報だけを拾っているわけではなくて，身体全体の情報を使っているため，腕の姿勢や体幹との位置関係といった文脈の影響を受ける．

たとえば野球のピッチング動作で，「リリースのときに肘が下がるから注意しろ」という指導がなされたとする．指導者としては，選手の動きの気になるポイントに注意を向けて，その動きを変えるよう指導することは，ごく当たり前な指導であろう．しかし実際に選手が感じている肘の位置感覚は，必ずしも肘に付帯する位置センサーの情報だけで生起されるわけではない．もしかすると全く違うところの動かし方がおかしくて，それが肘の位置感覚を微妙に狂わせているという可能性もある．

また，客観的に「肘が下がっている」という知識を与えたからといって，必ずしも主観である身体感覚が変わるわけではない．前節の視覚経験のセクションにおいてすでに紹介したように，私たちの知覚経験は多くの場合，知識として実際に起こっている客観的な情報を教えられても，なんら変化しない．「目の前に起こっている不思議な図形は錯覚だ」と説明されても，その錯覚現象が消失するわけではない．

運動支援者は，客観的知識それ自体が知覚経験を変化させるのではないことを認識しなくてはならない．身体感覚が客観とずれている状況があれば，その歪んだ感覚は，全身の複合的な情報の統合・解釈として起こるはずである．したがって，どこかウィークポイントがないか，全身をくまなくチェックするという姿勢も支援者には求められる．ピラティストレーナーである夏井満（de-compression 所属）はある講演にて，足底部に感覚麻痺のある患者を対象としたトレーニング法として，患者が仰臥位の状態で患側足底部に設置した器具を押すという課題のデモンストレーションを披露した（2009 年 6 月，運動連鎖アプローチ研究会「bodywork の臨床応用」）．この際，夏井は全身の姿勢アライメントを絶え間なくチェックし，要所で両肩に触れるなどして，患側部以外の状態を修正していた．すなわち，足底部の正確な感覚には全身の姿勢アライメントが重要であるという指導理念を反映していると思われる[21]．

■ 身体感覚への介入 ■

身体感覚を生起させる感覚情報が多様であることは，一方では運動支援者に

とって実に厄介な問題である．どのような原因で身体意識が歪むのかを特定するのに，必然的に多くの時間と労力を要するからである．また，同じような身体感覚の問題をもつ複数の患者に対して，特定の介入がうまくいく場合とそうでない場合が出てきてしまうかもしれない．しかしその一方で，この多様性は身体感覚への介入に対する多様な可能性を与える．たとえば，体性感覚情報の適切な入力を促す介入がうまくいかなかった麻痺患者に対して，ミラーセラピーのように，視覚情報を利用することで正常な身体感覚に誘導することができるなど，さまざまな介入方法を検討することが可能となる．

　本書では一貫して，身体感覚が身体の客観的状態を厳密な意味で再現しているとは限らないことを説明してきた．誤解のないように申し添えるが，このことは決して「身体感覚とは常にでたらめで不正確であるため，身体感覚を鋭敏化させるような介入を行っても無意味である」ということを意味してはいない．統合される感覚情報の間になんら矛盾がなければ，その身体感覚は身体の客観的状態を忠実に反映するはずである．優れたスポーツ選手が卓越した身体感覚を有していると感じるのは，選手たちが長年の鍛錬の結果として，身体に関わる多様な感覚情報が矛盾ない形で統合されていることを意味するのだろう．

　身体感覚を客観的状態に近づける介入とは，身体に関わる多様な感覚情報をうまく調和させ，より良い身体運動を実現するための準備状態を作り出す作業ではないだろうか．著者は身体感覚と身体運動との独立性，すなわち，「優れた身体感覚が必ずしも優れた身体運動に常に付随するわけではない」ことを認識しつつも，介入によって身体感覚を鋭敏化させることが，その後に行う身体運動に波及することがあっても不思議ではないという希望的観測をもっている．

　理学療法士の安田和弘は，かつて著者のもとで大学院生として研究を行い，運動の直前に身体感覚を鋭敏化させることが立位姿勢バランス課題に及ぼす効果について検討した（図1-2-6）[22〜24]．安田は立位姿勢バランス課題を行う直前の介入として，座位姿勢における足関節または手関節のゆっくりとした動きを行い，その動きを注意深く正確にモニターさせた．当時安田は，足関節の動きは立位姿勢バランスの維持に重要な意味をもっているため，足関節の動きを正確にモニターできることが有用であり，逆に手関節の動きではそうした動きは見られないと想定した．さらにこの研究では，単に足関節・手関節を動かす行為がいわば準備体操として立位姿勢バランスを促通する可能性を排除するた

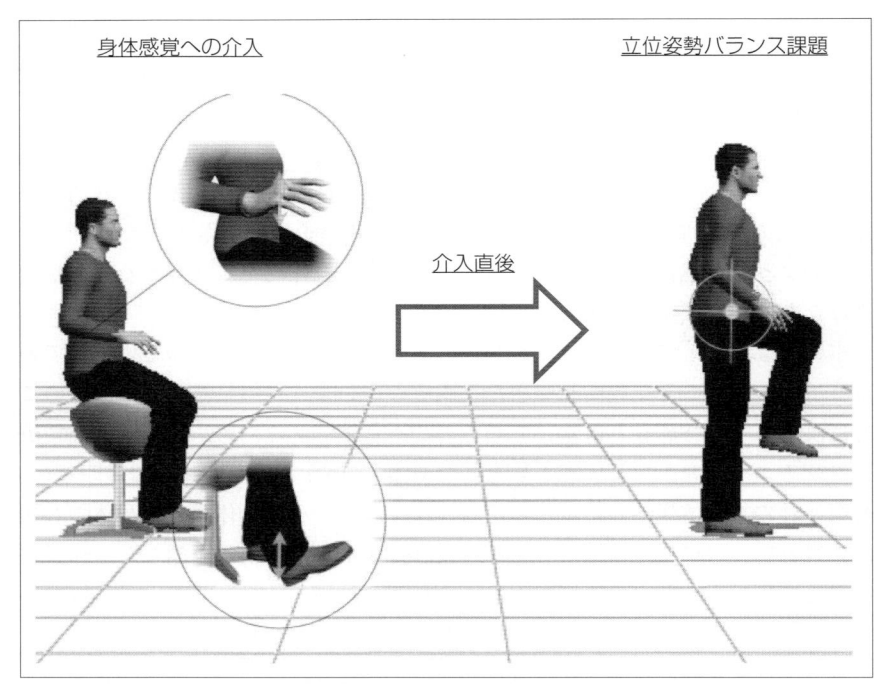

図1-2-6 片脚・両脚での姿勢バランス維持課題の直前に足首や手首の動きをモニターさせる介入を行う実験の概要[22]

め，同一参加者に対して，やはり直前に足関節または手関節の動きを行うものの，同時に計算課題を実施することで（デュアルタスク，第3章第3節参照），その動きをモニターできない条件を設定した．

その結果，片脚立位課題のようにやや難易度の高い姿勢条件では，事前に足関節や手関節の動きをモニターした場合のほうが，デュアルタスク条件下でモニターできない場合に比べて，立位姿勢動揺量が低くなることを明らかにした[22]．興味深いことに，立位姿勢バランスと直接には関係しない手関節の動きをモニターしても，足関節の動きのモニター時と同等の効果がみられた．この結果は別の実験でも繰り返し生じた．さらに別の実験では，肩関節の動きをモニターさせた場合にも同様の結果が得られることがわかった[23]．

以上の結果から，ゆっくりとした身体の動きを正確にモニターする介入は，

片脚立位のようにバランス維持が難しい場合には有益である可能性が示唆された．またモニターする部位は，足関節のように姿勢制御に直接関わる部位である必要はなく，姿勢制御に関わる部位であれば全身のどこでも同様の効果が期待できることがわかった．

　種々のボディワーク，あるいは太極拳・ヨガなどの身体活動では，比較的ゆっくりとした動きを実施しながら，その動きを正確にイメージさせることに力点が置かれている．その結果，たとえば太極拳を長年にわたって実施している人は，そうでない人に比べて足関節の屈曲に対する感受性が高くなり，さらにバランス能力も向上するといった報告がある[25,26]．もちろんバランス能力向上の主原因は，こうした身体活動を継続的に行うことによる運動機能の向上にあるだろう．しかし安田の研究を考えると，動きを積極的にモニターしていくことそれ自体にも，姿勢バランスを良くするための何かがあるのかもしれない．

引用文献

 1) 村崎那男：サムライ：世界の常識を覆す日本人アスリートの身体感覚．幻冬舎，2002
 2) 佐々木正人：時速250 kmのシャトルが見える—トップアスリート16人の身体論．光文社，2008
 3) 斉藤　孝：五輪の身体．日本経済新聞社，2004
 4) 樋口貴広，他：身体運動学　知覚・認知からのメッセージ．三輪書店，2008
 5) 樋口貴広：身体情報の知覚と運動制御．日本スポーツ心理学会（編）：最新スポーツ心理学—その軌跡と展望．大修館書店，2004，pp 149-161
 6) 樋口貴広，他：身体状態の意識化・イメージ化　運動イメージの正しい理解に向けて．認知運動療法研究　6：81-97，2006
 7) 樋口貴広，他：ボディイメージと身体運動．体育の科学　61：343-348，2011
 8) 樋口貴広：環境の中で統合される身体感覚．月刊トレーニングジャーナル　33(9)：19-24，2011
 9) 苧阪直行：意識とは何か．岩波書店，1996
10) 岩村吉晃：タッチ．医学書院，2001
11) 藤田浩之，他：身体の神経学的過程としての身体イメージ．森岡　周，他（編）：イメージの科学　リハビリテーションへの応用に向けて．三輪書店，2012，pp 9-31
12) Gooey K, et al：Effects of body orientation, load and vibration on sensing position and movement at the human elbow joint. *Exp Brain Res* 133：340-348, 2000
13) Rossetti Y, et al：Is there an optimal arm posture? Deterioration of finger localization precision and comfort sensation in extreme arm-joint postures. *Exp Brain Res* 99：131-136, 1994
14) Karnath HO, et al：The interactive contribution of neck muscle proprioception and vestibular stimulation to subjective "straight ahead" orientation in man. *Exp Brain Res* 101：140-146, 1994

15) Ceyte H, et al：Effects of neck muscles vibration on the perception of the head and trunk midline position. *Exp Brain Res* **170**：136-140, 2006
16) サンドラ・ブレイクスリー，他（著）・小松淳子（訳）：脳の中の身体地図　ボディ・マップのおかげで，たいていのことがうまくいくわけ．インターシフト，2009
17) Lackner JR：Some proprioceptive influences on the perceptual representation of body shape and orientation. *Brain*　**111**：281-297, 1988
18) Botvinick M, et al：Rubber hands 'feel' touch that eyes see. *Nature*　**391**：756, 1998
19) ヴィラヤヌル・ラマチャンドラン（著），北岡明佳（監修）：知覚は幻　ラマチャンドランが語る錯覚の脳科学．別冊日経サイエンス174，日本経済新聞出版社，2010
20) ノーマン・ドイジ：脳は奇跡を起こす．講談社インターナショナル，2008
21) 樋口貴広，他：運動障害に対する教示法の考え方．理学療法　**26**：1419-1423, 2009
22) Yasuda K, et al：Immediate beneficial effects of self-monitoring body movements for upright postural stability in young healthy individuals. *J Bodyw Mov Ther*　**16**：244-250, 2012
23) Yasuda K, et al：Intervention of self-monitoring body movement has an immediate beneficial effect to maintain postural stability. *J Novel Physiother*　**2**：118, 2012
24) 安田和弘，他：身体状況の顕在化を促す運動が立位姿勢制御に与える影響．理学療法科学　**24**：803-806，2009
25) Jacobson BH, et al：The effect of T'ai Chi Chuan training on balance, kinesthetic sense, and strength. *Percept Mot Skills*　**84**：27-33, 1997
26) Li JX, et al：Effects of 16-week Tai Chi intervention on postural stability and proprioception of knee and ankle in older people. *Age Ageing*　**37**：575-578, 2008

第 2 章

視覚と運動

第1節 身体運動に利用される視覚情報

　本節では，視覚情報が身体運動にどのように利用されているのかについて，3つの視点から説明する．

　第1に，視覚情報を身体運動に利用するための情報処理のルールは，視覚経験を生起させるための情報処理のルールとは異なっている．第1章第1節で紹介したように，目の前にある物体の特性を知るためのプロセス（視覚経験）においては，背景や他の物体との相対関係といった文脈が加味される．その結果，視覚経験は必ずしも物体の物理的特性をダイレクトに反映してはいない．これに対して，目の前の物体をつかむといった身体運動を行う場合，その物体の正確な寸法や位置の特定が必要である．たとえ視覚経験に錯覚が生じていても，身体運動に利用される視覚情報は，潜在的なレベルで視対象の物理的特性を正確に知覚している．

　第2に，私たちは視覚情報に基づき環境の変化を知覚し，身体運動の調節をしている．このような運動の調節は，意識的に行われる場合もあれば，自動的に行われる場合もある．高齢者のなかには，こうした視環境の変化に対する運動反応が適切でなく，バランスを崩す原因ともなる場合がある．またプリズムを使って意図的に視環境の変化を作り出し，それに適応させるというリハビリにより，脳卒中患者の無視症状を改善できるという報告もある．

　第3に，身体運動に利用するための視覚情報は，最終的には身体との相対関係を表現する情報に変換されている．狭い隙間を歩いて通り抜ける場面において必要な情報は，単に隙間の幅ではなく，「その隙間幅ならば，ぶつからずに通り抜けることができそうか」といった，行為に結びついた情報である．こうした情報は，隙間幅が身体幅との相対関係として表現される情報である．

身体運動のための潜在的視覚情報処理

■ 錯視図形に対する身体運動：上肢動作 ■

　視覚情報を身体運動に利用するための情報処理は，視覚経験を生起させるための情報処理と完全に同一ではない．このことを端的に示したのが，錯視図形に対するリーチングなどの上肢動作の研究事例である．

　図2-1-1aとbは，エビングハウスの錯視といわれる円環対比図形である．この図形は，中心円が小さな円に囲まれることにより大きく見え，逆に大きな円に囲まれることにより小さく見えるという背景効果を利用した図形である．Agliotiら[1]は，中心円を親指と人差し指でつまむという課題を設定し，2本の指の開き具合が円の見えに対応するのか，それとも実際の大きさに対応するのかを検討した．その結果，指の開き具合は錯覚に騙されず，実際の大きさに対応にすることがわかった．図2-1-1dは，図2-1-1bの刺激に対する指の開き具合をプロットしたものである．見え（視覚経験）としては同じ大きさに感じているにもかかわらず，物理サイズに合わせて指の開き具合が調節されていることがわかる．

　Agliotiら[1]の発見は非常に大きなインパクトがあり，「知覚と運動の乖離現象（dissociation between perception and action）」として，多くの研究者の関心を集めた．その後，円環対比図形[3]だけでなく，ミューラーリアー図形[4~6]やポンゾ図形[7]などを対象として，知覚と運動の乖離現象がみられるかについて検討がなされた（これらの図形の特性については第1章第1節を参照）．その結果，おおむねAgliotiらの結果を支持した．しかし錯覚の現象が運動にも影響しうることを示した研究も，決して少なくはない[5,6]．メタアナリシスという方法を使って，ミューラーリアー図形を用いた18の研究を概観した研究によれば[8]，リーチングの最中にオンラインで視覚情報を取り込むことができる状況（すなわち，リーチングの最中にずっと視対象が見えている状況）では，知覚に比べて運動が錯覚に騙される量は確かに少ないという．しかし錯視図形を見た後，視覚情報を利用できない環境下でリーチングさせると，そのリーチング動作が錯視の影響を強く受けた[9,10]．つまり，動作遂行中の視覚情報が得られず，記憶を頼りにリーチングを遂行すると，その動作は錯視図形に騙されてしまう．また，錯視図形を見てからすぐにリーチングをするのではなく，2秒以上の時間

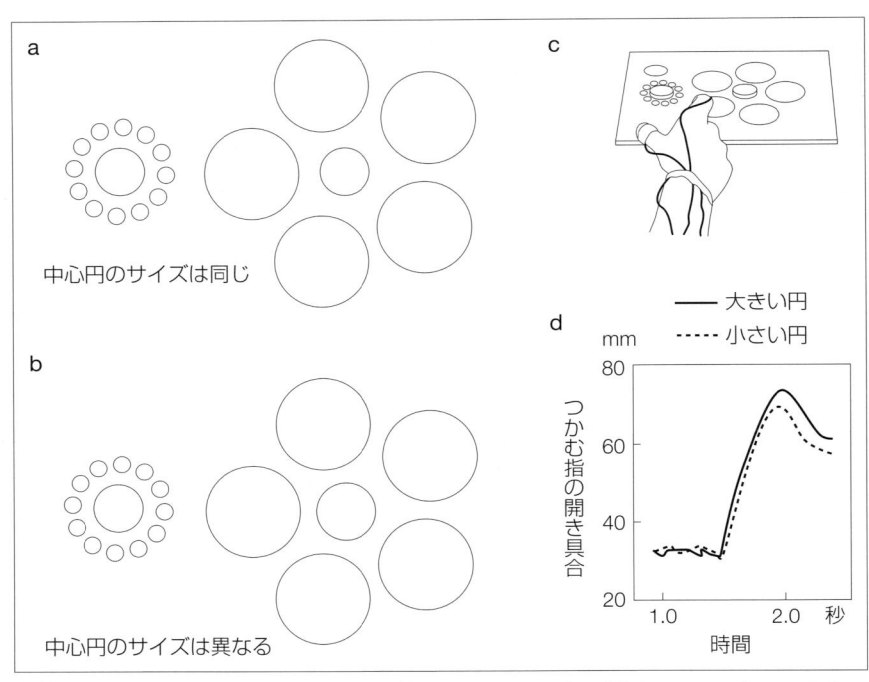

図 2-1-1　エビングハウスの錯視に対するリーチング研究[1]（図は文献 2 より引用）
  a：円環対比図形 1．左右に配置された 2 つの図形の中心円は，実際には同じ大きさだが，異なる大きさの円であると知覚される．
  b：円環対比図形 2．a 図とは逆に，実際には異なる大きさだが，同じ大きさの円であると知覚される．
  c：中心円を 2 本の指でつまんでもらう実験課題．指の開き具合を測定することにより，円の物理的サイズに対応するか，見えのサイズに対応するかを測定した．
  d：b 図に対する指の開き具合の時間パターン．見えが同じであるにもかかわらず，中心円の実際の大きさに合わせて指の開きが異なっていることがわかる．

間隔をあけてリーチングする場合でも，やはりその動作が錯視の影響を受けた[11]．以上のことから，錯覚に騙されず，視対象の実際の大きさに対応にした上肢動作が実施されるには，オンラインの視覚情報が必要であるといえる．

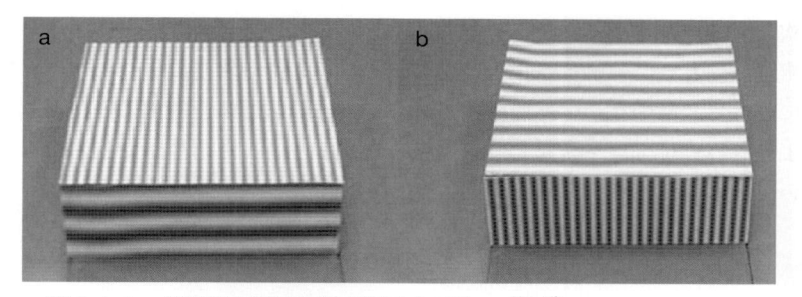

図2-1-2　水平垂直錯覚を引き起こすステップ台[12]
垂直線分のほうが水平成分よりも長く感じるため，高さの面に垂直線分を記載したbのステップ台のほうが，aのステップ台よりも高く感じられた．

錯視図形に対する身体運動：下肢動作

　錯視図形に対する身体運動の研究については，そのほとんどが上肢によるリーチングまたはポインティング動作を対象としている．例外的に，台の上に乗るステップ動作時の足上げの高さに対して錯視の影響を検討した研究がある[12]．この研究では，立方体の台の上に足を上げてステップする課題を用いて，立方体に対して「水平垂直錯覚」という錯覚を施した（図2-1-2）．この錯覚は，同じ長さの線分であったとしても，垂直線分のほうが水平成分よりも長く感じるというものである．つまり図2-1-2の場合，高さの面に垂直線分を記載したb図のほうが，高さの面に水平線分を記載したa図よりも高く知覚された．こうした2つの台に対するステップ動作を比較した結果，b図の台に対して足をより高く上げてステップした．すなわちこの結果は，これまで紹介してきた上肢動作の結果とは異なり，知覚だけでなくステップ動作も錯視に騙されたことを示唆する．

　この結果に対してこの研究の著者であるElliottらは，ステップ動作に錯視の影響がみられたのは，下肢動作が上肢動作ほどオンラインの視覚情報に依存していないからではないかと考えた．上肢動作のセクションで解説したように，錯視に騙されず，視対象の実際の大きさに対応にした動作が実施されるには，オンラインの視覚情報が必要である．障害物をまたいで回避する動作の場合，オンライン情報よりも，足を上げ始める1～2歩前の情報に基づくオフラインの（すなわち，ステップ動作を実行している最中は視覚情報を利用していない

方式の）情報が重要であることから[13,14]，錯視の影響を受けたのではないかと解釈した．もしこの解釈が正しい場合，むしろ動作が錯視に騙されることを逆手にとって，家のなかにある段差に対して水平垂直錯視を施すことにより，通常よりも高い足上げを誘導し，転倒を防止するといった応用ができるかもしれない．

■ 知覚と運動が乖離した脳損傷患者

一酸化炭素中毒によって大脳の一次視覚野が損傷した患者 D. F. は，視対象の認識に著しい障害がみられるのにもかかわらず，その視対象に対して正しく身体運動ができる患者として，さまざまな症例報告がなされている[15,16]．図 2-1-3a は，患者 D. F. における脳損傷部位である．患者 D. F. は，目の前にある細長い穴がどのような向きで開いているかを正しく認識できなかった（図 2-1-3b，c）[16]．にもかかわらず，その穴にカードを入れるように要求されると，まるで穴の向きを正しく認識しているかのように，正確にカードを入れることができた．また患者 D. F. は，歩行通路に存在する障害物の高さがどの程度であるかを正しく認識できなかったが，その障害物をまたいで歩くように要求されると，障害物に接触することなく，またいで歩くことができた[18]．

患者 D. F. とほぼ類似した脳領域を損傷した患者においても，やはり同様の症状を呈するという報告もある．患者 S. B. は，物体の形や色の認識ができないにもかかわらず，卓球をしたりバイクに乗ったりすることができるという[19]．やはりここでも，視対象の認識には障害があっても，運動をするための視覚情報（卓球ボールやバイクを運転する際の路面など）は正しく情報処理されていると考えられる．

■ 知覚と運動の乖離に関わる脳の視覚情報処理

知覚と運動の乖離がなぜ生じるのかということについて，多くの理論では，網膜に取り込まれた視覚情報が，視覚経験のために利用される情報処理経路と，身体運動のために利用される情報処理経路とで別々に処理されているためという解釈をする．

図 2-1-4 は，視覚情報処理に関する 2 つの脳内経路である[2]．網膜から取り込まれた光の情報は，外側膝状体核を通って一次視覚野へ伝えられる．一次視

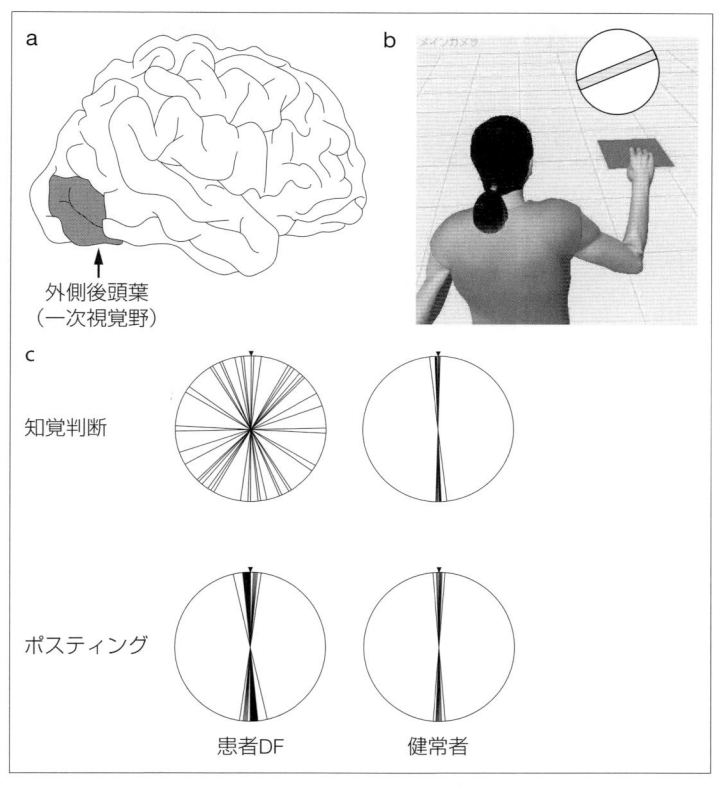

図 2-1-3　a：**患者 D. F. における脳損傷部位**　一次視覚野を含む外側後頭葉に損傷がみられた（図は文献 2）より引用）．
　　　　　b：**実験課題**　スロットの向きに合うように，カードの向きを合わせるだけの課題（知覚課題）と，スロットに対して実際にカードを入れる課題（運動課題）の 2 つの課題があった（図は文献 16）に基づき作成）．
　　　　　c：**実験結果の一例**　さまざまな角度で呈示したスロットに対して正しく角度を合わせられた場合，鉛直線分が示されるように補正している．患者 D. F. は知覚判断課題においてスロットの向きを示すことができなかった．しかしながら実際にカードをスロットに差し込むポスティング課題においては，その成績は健常者と比べても遜色なかった（図は文献 17）より引用）．

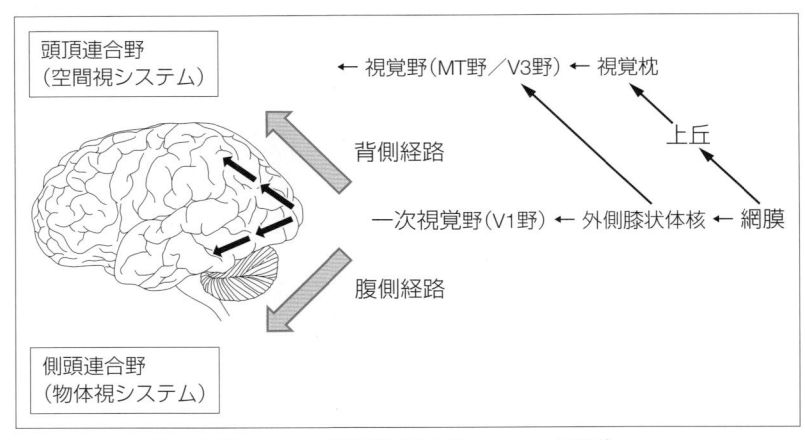

図2-1-4　大脳皮質における視覚情報処理の2つの経路[2]
網膜で取り込まれた光の情報は，一次視覚野から腹側経路と背側経路に分かれて処理される．空間視システムに対しては視覚野の別の部位（MT野/V3野）を通る経路も確認されている．

覚野に伝えられた情報は，大脳の側頭連合野に向かう経路（腹側経路）と，頭頂連合野に向かう経路（背側経路）に枝分かれしていく．腹側経路では視覚対象が何であるかという認識（符号化）に深く関わるため，物体視システム（what system）と呼ばれる．一方，背側経路は視覚対象がどこにあるのかという空間位置の知覚に関わるため，空間視システム（where system）と呼ばれる[20]．前セクションで紹介した患者 D.F. や S.B の症例は，脳損傷によって物体視システムのみが阻害され，逆に空間視システムが健常であるために生じたものと説明できる．なお空間視システムに対しては，一次視覚野を経由する経路だけでなく，上丘などを経由して視覚野の別の部位（MT野/V3野）を通る経路も確認されている．こうした多様な経路からの視覚情報に基づいて，身体運動が正確に導かれている．

実環境における知覚と運動の乖離：心身状態の影響

　坂道やスキー場でみる斜面は，実際の斜度よりもずっと急にみえる．山形蔵王スキー場には，「横倉の壁」といわれる急斜面の名物コースがある．下から見上げても上から覗き込んでも，その印象はまさに壁であり，初心者から見れば

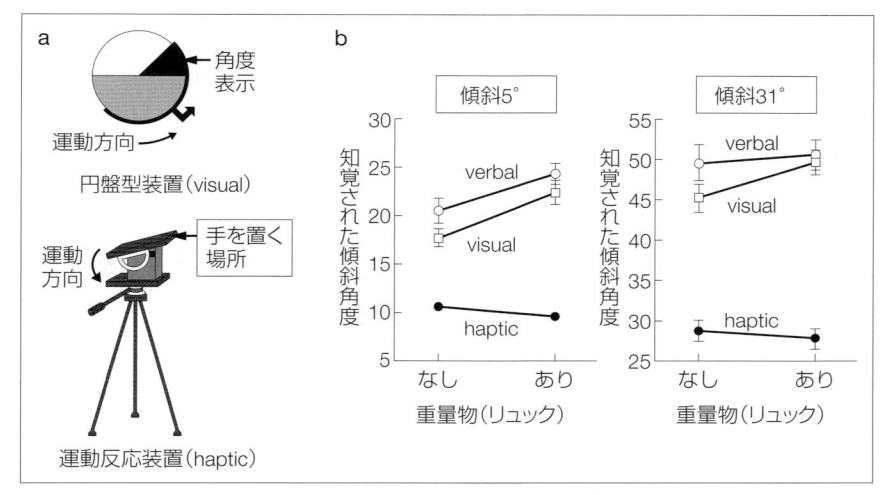

図 2-1-5　斜面の傾斜角度に関する知覚と運動の乖離[21]

　　a：提示された斜面の角度について，口頭で答える方法（verbal）に加え，円盤型の装置の黒い部分で表現する方法（上図：visual）や手首の角度で表現する方法（下図：haptic）があった．

　　b：2つの傾斜角度に対する反応の結果．知覚判断に対応するverbal条件とvisual条件では，実際よりも20°程度急であると評価された．その一方，運動反応に対応するhaptic条件ではほぼ正確に評価された．また重量物を持つことの影響はverbal条件とvisual条件でのみ確認された．

　滑走するイメージを抱くことができないほどに急に感じる．ところが，実際の平均斜度は30°であり，最大でも38°しかない．ある研究によれば，私たちが斜面に感じる感覚は，実際の斜面よりも20°ほど急に感じるという[21]．

　不思議なことに，知覚される斜度が実際と20°も異なっていても，私たちはそのコースをきちんと滑走できる．つまり私たちは，実際の斜度に対応して身体の動きを調節しており，知覚と運動の乖離が生じている．図2-1-5で紹介した研究では，まず斜面の角度を，口頭（verbal）や円盤型の装置における角度（visual）で表現してもらい，知覚が実際よりも20°程度急であることを確認した．そのうえで運動反応として，斜面の角度に合うように手首の角度を調節してもらった（haptic）．これはいわば，スキー場の斜面に対して足首の角度を調節して滑走するような運動反応ともいえる．その結果，手首の角度は実際の角度とほぼ同一であった．つまり斜面に対する運動反応は正確であり，知覚と乖

離していることを確認した．

　さらにこの実験では，重いリュックサックを背負った状態においても同様の判断をしてもらった．その結果，知覚に対応する2条件（verbalとvisual）における傾斜角度がさらに急になることがわかった．すなわち重い荷物を持つことで傾斜を登るのが困難である状況を作り出すと，その困難さを反映するように傾斜角度の知覚が変化した．一方，手首の角度による運動反応は影響がなかった．また第2実験では，ジョギング直後で疲労した状態においても同様の検証がなされた．その結果，やはりジョギング直後では，知覚に対応する2条件（verbalとvisual）における傾斜角度のみが急になることがわかった．これらの結果から，視対象に対する主観的レベルの知覚は心身の状態による影響を受けるといえる．

　この研究を統括しているバージニア大学のDennis Proffitはこのほかにも，視対象に対する主観的レベルの知覚が，心理的・身体的な要因の影響を受けることをさまざまな形で示している．たとえば対象物への距離感は，重いリュックサックを背負った場合[22,23]や，腰や下肢に痛みを抱える患者で測定した場合[24]に，より遠く感じられた．またスケートボードに乗り，坂の上からその傾斜角度を知覚する場合，恐怖を感じる人は感じない人よりも傾斜角度を急であると評価した[25]．さらに1人でいるよりも友達といる時のほうが，斜面の傾斜角度を過大評価する傾向が少なくなった[26]．

　このように考えると，斜面や距離感に対する主観的なレベルの知覚は，視対象に対する単純な視覚情報処理を反映したものではなく，本人の心身の状態を強く反映したものと考えるべきである．疲れていたり，痛みを抱えたりした状況で坂を上るのは，本人にとっては"しんどい"状況である．また足元がおぼつかない状況で長い距離を歩いたり不安定な路面上を歩いたりするのは，怖い状況である．Proffitらの一連の研究は，こうした負担感や恐怖感が，視対象に対する主観的知覚を変えうることを示している．

　リハビリテーションの観点で考えれば，訓練直前に本人の心身の状態についてチェックする方法として，単に口頭で"今日の調子はどうですか"と質問するだけではなく，傾斜や階段など，訓練対象物の特性をどの程度正確に知覚しているかという観点からも，チェックが可能ということになる．実際，こうした方法を用いて対象者の感情レベルを評価しようという試みも始まっており，

おおむねその結果は良好のようである[27].

視環境の変化に対する適応と運動反応

スウィンギング・ルーム

私たちは感覚情報に基づいて環境や身体の状態を知覚して，運動の調節をしている．その調節は必ずしも意識的に行うものではなく，感覚情報の変化に応じて自動的になされる部分もある．こうした調節の自動性については，視覚情報の変化についても例外ではない．

こうした事実を示した代表的な事例が，David Lee が行ったスウィンギング・ルーム（swinging room）の実験である[28, 29]．この部屋を文字どおり直訳すれば「揺れる部屋」となるが，これは部屋全体が揺れるという意味ではない．実際，部屋の床は一切動かなかった．ここで揺れるのは部屋の中に立つ対象者であり，それを引き起こすのは前後に移動する壁であった．

この実験では，実験参加者に対して壁を見ながら立たせた状態で，壁を近づけたり遠ざけたりする操作を行った．すると，壁を参加者に近づけた時には身体が自然に後ろへ傾き，遠ざけた時には身体が自然に前へ傾いた（図 2-1-6）．すなわち，床は一切動いていないにもかかわらず，壁が動くことによって生じた視環境の変化が立位姿勢の動揺を引き起こした．実は，壁の移動によって生じた視環境の変化は，私たちが前後に倒れた時にも同様に生じる．すなわち，壁が近づくという視環境の変化は自分が前に倒れる時にも生じ，逆に壁が離れるという視環境の変化は自分が後ろに倒れる時にも生じる．壁を動かすことにより私たちが"揺れる"のは，視環境の変化が前後のいずれかに倒れた状況を連想させ，自動的に姿勢の調整反応を引き出すためである．なお，ここで実際に運動反応を引き出している視覚情報は，移動時に生じる光の情報の流れであり，オプティックフロー（光学的流動）と呼ばれる．オプティックフローについては第 2 章第 2 節で詳しく紹介する．

急激な視環境の変化に対する高齢者の適応能力

スウィンギング・ルームにおいて引き出された立位姿勢の動揺は，壁を動かさなくとも，オプティックフローを知覚させる映像を流すだけで引き起こされ

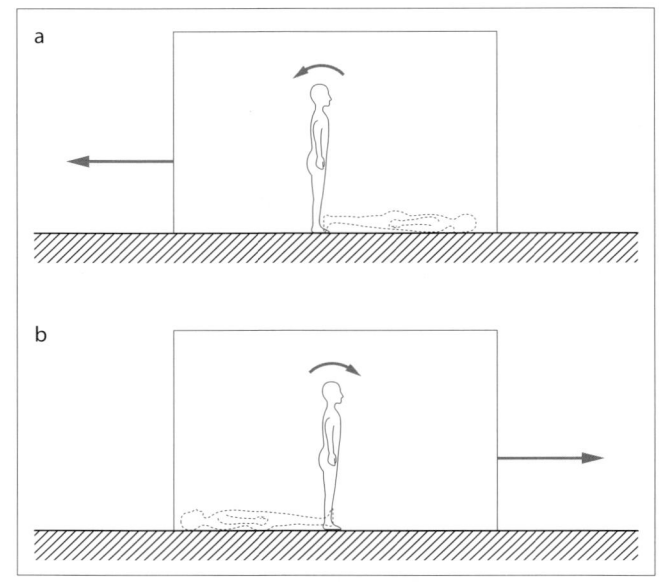

図 2-1-6 スウィンギング・ルーム実験[28,29] (図は文献 30 より引用)
壁を参加者に近づけたときには身体が自然と後ろへ傾き,遠ざけたときには身体が自然と前へ傾いた.

る.こうした映像を用いた研究によれば,やはり高齢者は若齢者に比べて,映像の速さが切り替わった直後の姿勢動揺が大きくなる.ある研究では,円盤状の装置を回転させることによりオプティックフローを呈示し,その回転の速さを切り替えた場合の影響について,高齢者と若齢者の間で比較検討を行った(図2-1-7)[31].その結果,回転速度が速いと年齢にかかわらず姿勢動揺は大きくなったが,高齢者のほうが特に大きな動揺を示した.特に,予告なしに刺激の回転速度を遅いものから早いものに切り替えた時,高齢者は非常に大きな動揺を示した.また高齢者はこうした回転の変化を数試行の経験を経ても,大きな動揺は依然として残っており,完全には適応できなかった.若齢者の場合にはこうした回転の変化を 1 度経験すると,その次の試行にはもはや大きな動揺を示さなくなった.これらの結果を考慮すると,高齢者は視環境が急激に変化した時に姿勢動揺が大きくなり,それが転倒のきっかけとなることもあるかもしれな

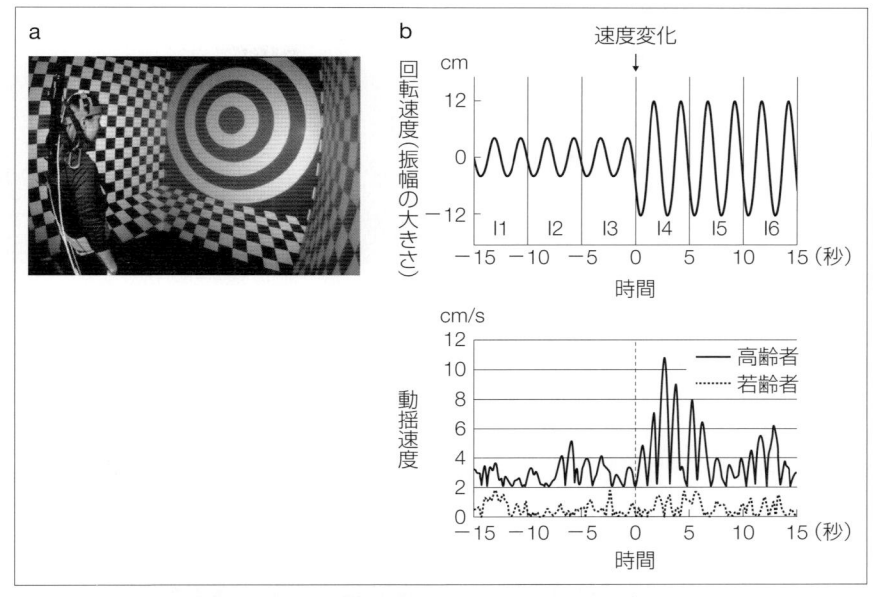

図2-1-7　視環境の変化に対する姿勢動揺に関する研究例[31]
　　　a：円盤型の装置の回転速度の操作によって視環境を変化させる．
　　　b：上図は円盤の回転速度（厳密にはオプティックフローの振幅の大きさ）の時間変化．下図は円盤の回転に対する姿勢動揺量の変化．太いラインが高齢者の結果を示しており，速度変化後に動揺量が大きくなっていることがわかる．

い．

　日常生活は視環境の変化に満ちている．たとえば買い物の途中で地下街に立ち寄ろうとすれば，明るい地上から暗い地下へ到着した際の明暗の変化があり，さらに混雑した地下街では，自分や他者の動きがさまざまな視環境の変化を作り出す．高齢者はエレベータから降りる場面で生じるわずかな視環境の変化でも，姿勢動揺が大きくなるという報告がある[32]．エレベータに乗車中，壁との距離はせいぜい1m程度である．しかしエレベータが利用者の目的階に着きドアが開くと，その視界が広がり，視環境が変化する．Simoneauらの実験では，実験室にエレベータの室内を模した環境を作り，ドアを開く前後の姿勢動揺量を，フォースプレートにより測定した．その結果，高齢者（平均69歳）は若齢

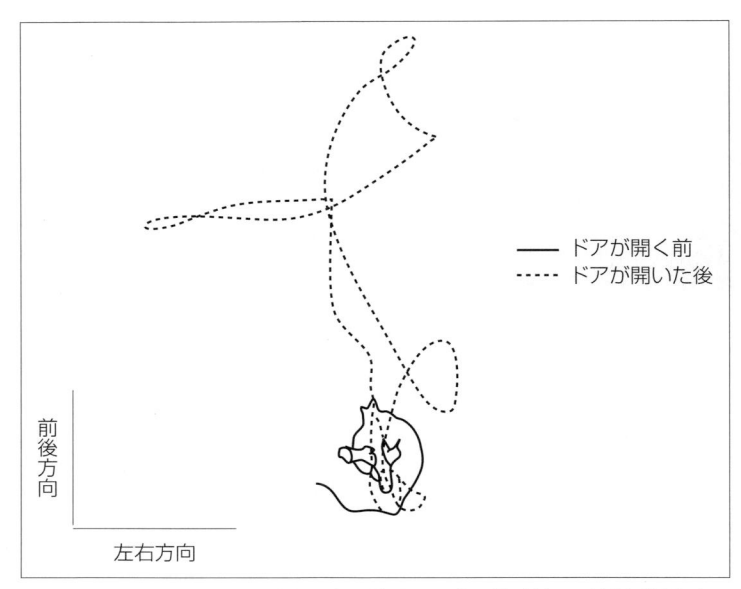

図 2-1-8　エレベータ型のドアが開いた後（細線）に姿勢動揺が大きくなった高齢者の一例[32]
図はフォースプレート上で測定した足圧中心の軌跡を示している

者に比べて，ドアを開いた直後の姿勢動揺が大きいことがわかった（図 2-1-8）．

ある転倒事故調査によれば，報告された 25 件のうち 19 件がエレベータ付近で起きていたという[33]．Simoneau らの実験結果を考えれば，こうした事故の一部には，ドア開閉時の視環境の変化がきっかけとなったケースがあっても不思議ではない．高齢者は階段よりもエレベータを利用する機会が多くなると予想されるため，バランス能力に不安のある高齢者については，ドア開閉時には手すりを持つなどのアドバイスが必要であろう．

プリズム順応

プリズムの入った眼鏡を装着することによって光を屈折させ，視野を上下左右に反転させたり，上下左右のいずれか一方向に偏倚させたりすることができる．たとえばプリズム眼鏡によって視野を右に 10° 偏倚させたとする．実際に

は真正面にある物体が，あたかも右空間にあるように見える．通常，見ている方向（すなわち視対象に対して眼球が回転する方向）とそれに手を伸ばす方向は一致している．しかしプリズム眼鏡により視野が右に10°偏倚した後は，見る方向と手を伸ばす方向が10°ずれた関係となる．したがって，プリズム上の視野で真正面に捉えたターゲットに正確に手を伸ばすには，その見えの方向から10°"左に"（すなわち見えの方向と逆方向に）手を伸ばさないと，そのターゲットに到達できない．初めのうちは見えの方向と手を伸ばす方向をうまくずらすことができないため，どうしてもプリズム偏倚と同方向（この例の場合，右方向）に手が伸びてしまう．

しかし練習を重ねていくうちに，プリズム眼鏡装着時の見えに適応し，正確にターゲットに到達できるようになる．すなわちプリズム視環境下において，手を伸ばす方向をプリズム偏倚の方向と逆方向に伸ばすという視覚運動協応（visuo-motor coordination）を，練習によって獲得することができる．こうした状況をプリズム順応（prism adaptation）という．私たちには，たとえ視野を上下左右に反転させたような場合でも，一定期間その状況を過ごすことでそのプリズム環境に順応することができる順応性がある[34]．

興味深いことに，一度プリズム順応が成立すると，プリズム眼鏡を外して再びもとの視環境に戻しても，順応の名残が生じる．こうした名残を負の残効（negative aftereffect）という．たとえば右10°偏倚のプリズム眼鏡に順応し，それを外した直後に真正面のターゲットに手を伸ばそうとすると，手がターゲットよりも左方向に伸びてしまうことがある．このエラーの度合はまさに，プリズム視環境下において適応した度合に対応している．このことから一般にプリズム視環境への順応の度合は，負の残効の程度により評価する．

プリズム順応と半側空間無視：Rossetti 論文の衝撃

プリズム順応の現象そのものは，私たちの視覚運動系の柔軟性あるいは可塑性を知るためのツールとして，100年以上も前から研究対象になっていた[35]．しかしこのプリズム順応がリハビリテーションに従事する運動支援者の注目を集めるようになったのは，1998年にフランスの Yves Rossetti がこのプリズム順応を利用して半側空間無視の症状が改善できることを，科学誌 Nature に報告して以来である[36]．

この論文では2つの実験結果が報告された．第1実験では，半側空間無視患者がプリズム順応後の負の残効として，主観的正中線が正しく認識できるようになったことを報告した．この実験では16名の無視患者，および年齢，性別，利き手を揃えた高齢者（コントロール）の2群に対して，見えが右または左に10°偏倚するプリズム眼鏡に順応してもらった．その後プリズム眼鏡を外した後に，残効を測定するために閉眼で主観的正中線の位置を指差してもらった．
　図2-1-9aは，右10°偏倚のプリズム眼鏡に順応した後の結果である．いずれのグループにおいても，負の残効として主観的正中線が左に逸脱していることがわかる．特に，もともとのベースラインとして主観的正中線が右に偏倚していた無視患者については，残効の程度が強く，実際の正中線に近い位置を指し示した．
　不思議なことに，無視患者が左へ10°偏倚するプリズム眼鏡に順応しても，負の残効として主観的正中線が右に偏ることはなかったという．この結果は，コントロール群では偏倚方向が右であれ左であれ，同程度の負の残効効果が確認されたこととは対照的であった．
　また第2実験では，無視症状の評価として臨床で用いられる検査を使って，プリズム順応の効果が2時間近く保持されることを確認した．この実験では6名の無視患者にプリズム眼鏡に順応してもらい，プリズムのない眼鏡をかけて同じ手続きを遂行したコントロール群の無視患者と比較して，順応の効果がどの程度持続したかを検討した．その結果，メガネを外してから2時間が経過しても，一部の患者では無視の改善が持続されることがわかった（図2-1-9b）．当時，無視の改善に有効とされた一般的治療では（たとえば頸部に対する振動刺激），刺激提示後10分程度で効果が消失するといわれていた．そのため，プリズム順応という簡便な方法でその効果が2時間も継続するというのは大変驚きであった．

■■■　プリズム順応は半側空間無視を改善できるか　■■■

　その後，Rossettiが示したプリズム順応の効果を追加検証する研究が数多く登場した．それらの中には，プリズム順応の効果が1カ月以上も持続したと報告するものもあり[37,38]，研究上でも臨床上でも，その効果に対する期待感は依然として高い．こうした研究成果を概観した優れたレビュー論文がいくつかあ

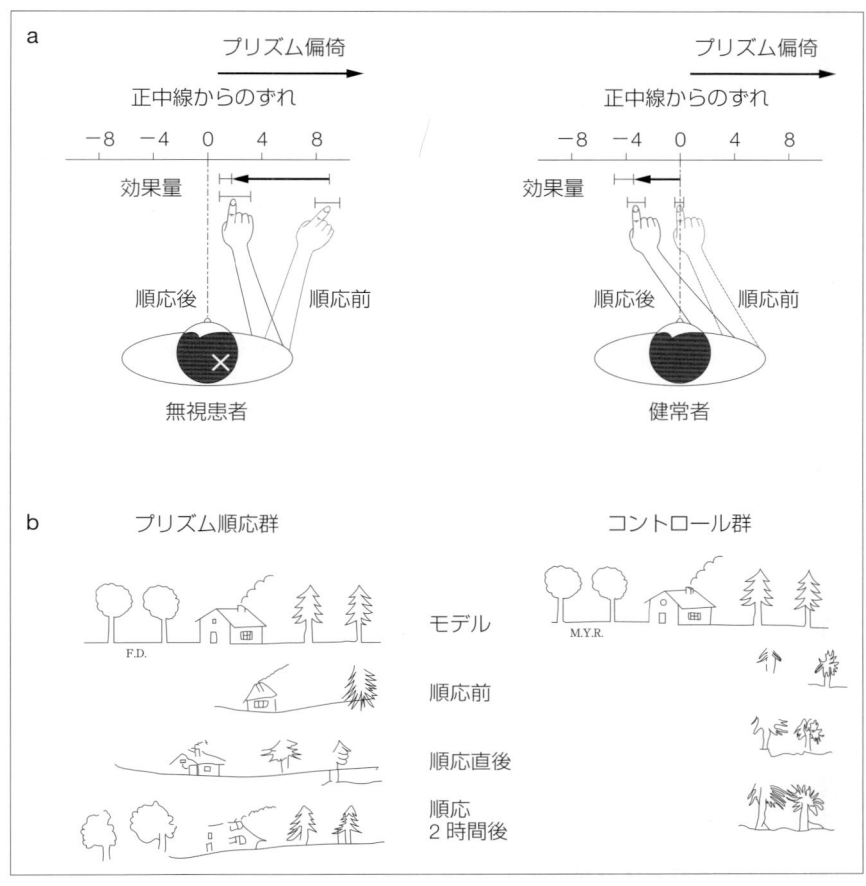

第1節　身体運動に利用される視覚情報　47

図 2-1-9　プリズム順応が半側空間無視の症状を改善できることを示した研究[36]

　　a：右偏倚プリズム眼鏡に順応した前後の主観的正中線の位置．無視患者（左）も健常者（右）も，右偏倚プリズム順応後の残効として，閉眼時の主観的正中線が左側にシフトしている．特に主観的正中線が著しく右偏倚していた無視患者は，残効量が大きく，実際の正中線に近い位置を指し示した．

　　b：絵の模写課題におけるプリズム順応効果．プリズム眼鏡を外した直後（Post）だけではなく，2時間後（Last）においても，無視症状の改善がみられた患者の結果．

る[39,40]．なかでも，最近報告されたNewportらのレビュー論文は秀逸である[41]．

Newportらのレビュー論文では，Rossettiのオリジナルの研究も含めた41の研究報告について，対象者数やコントロール群の設定の有無，プリズム順応セッションの長さ，順応の持続性の検証の有無の観点から概観した．その結果，これらの研究の9割に該当する論文は，プリズム順応のポジティブな効果を報告していた．ただし，これらの研究の多くがプリズム順応を行う群だけで検証しており，副次的な効果の影響を排除するためのコントロール群を実験に含めていなかった．こうした問題には1症例のみの報告（ケーススタディ）が多いことも影響している．こうなると，そこで得られた効果が本当にプリズム順応の効果なのか，あるいは自然回復も含めた副次的な効果によるものかを科学的に同定することができない．

Newportらはこれらの研究を概観したうえで，プリズム順応の効果がある程度見込める設定として，右偏倚の程度を大きくすることや（10°以下の設定で効果がなかったという報告があるため），プリズム順応のセッションをできるだけ長くすることなどの条件をあげた．また他の治療法との組み合わせがより効果的かといった疑問や，無視患者の特性によって効果の程度が異なるのかといった疑問については，参考となる情報はあるものの，一貫した結果を得るには至っておらず，今後も検証すべき問題と結論づけている．

環境と身体との相対関係の知覚

身体に関連づけられた視空間情報

身体運動に利用するための視覚性空間情報は，最終的には身体との相対関係を表現する情報に変換されている．この事実を端的に示す事例として，視覚的に得られた空間の情報が，「手の届く空間」と「手の届かない空間」として脳内で独立に表現されていることを示した研究がある[42]．

この研究は，手の届く範囲だけに半側空間無視が生じるという特殊な症例に関するケーススタディである．患者が行った課題は，無視症状の検査として一般的な線分二等分課題であった．近位空間（手元から50 cm；近位条件）と遠位空間（手元から100 cm；遠位条件）のいずれかに置かれた直線の二等分点を，正確に指し示すことが求められた（図2-1-10a）．それぞれの二等分点は，直接

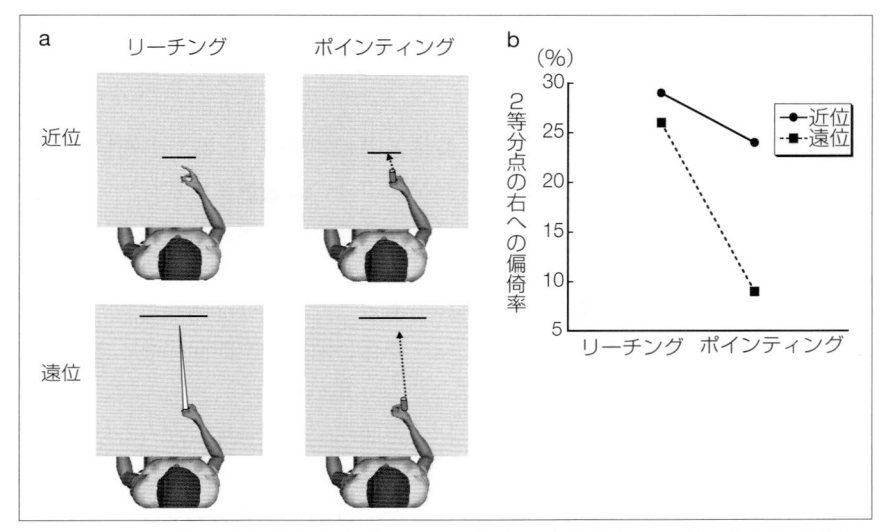

図 2-1-10　空間が身体と関連づけられて脳内で表象されていることを示す研究例[42]（図は文献 45）より引用）
手の届く空間だけを無視してしまう半側空間無視の症例が報告されている．

触る方法（リーチング条件）と，レーザーポインターを使う方法（ポインティング条件）とで指し示された．遠位空間の二等分点は直接に指で触れられないため，手に長い棒を持ち，その先端で指し示した．

図 2-1-10b は，主観的二等分点が右側へ偏倚した程度を，パーセンテージで表示したものである．直線が近位空間に置かれた場合，指し示す条件にかかわらず，主観的二等分点が大きく右側へ偏倚した．つまり手の届く空間においては，指し示す方法にかかわらず無視症状が生じた．これに対して直線が遠位空間に置かれた場合，リーチング条件では主観的二等分点が大きく右側へ偏倚したものの，ポインティング条件では偏倚の度合は少なかった．つまりこの患者は，手の届かない遠位空間には無視症状が生じないものの，手に棒を持つことで手の届く範囲が延長すると，遠位空間にある直線も手の届く範囲にある対象物として脳内で表象され，無視が生じるようになったと考えられる．同様の現象は他の研究でも報告されている[43,44]．その詳細は拙著[45]を参照されたい．これ

らの結果は，視覚的に得られた空間情報が身体と関連づけられて表現されていることをクリアーに示している．

隙間通過行動にみられる環境と身体との相対関係（π数）の知覚

歩行や自動車運転時のような移動行動場面では，視覚情報に基づいて移動環境の状況を把握する必要がある．そこで優先されるべき視覚情報処理は，視対象の同定に関わる精緻な視覚情報処理ではなく，向かった先は安全かどうかを判断するために最低限必要な情報の処理である．たとえば混雑した駅のホームのような狭い空間を通り抜ける場面では，身体と隙間の空間関係を正確に知覚し，それに応じて適切な衝突回避行動をとる必要がある．具体的には，通過直前での体幹の回旋や速度の減速，あるいは隙間の中心を正確に通るといった回避行動が必要である．

このうち体幹の回旋については，隙間の幅が肩幅の1.3倍よりも狭い時に，体幹を回旋し始めることがわかっている[46]．Warrenが行ったこの研究では，2枚の暗幕を隙間に見立て，実験参加者である若齢健常者にさまざまな大きさの隙間を通過してもらった．隙間が狭いと感じた場合は自由に体幹を回旋してよい条件のもとで，体幹の回旋を始める隙間の大きさを測定した．その結果，隙間幅を身体幅の相対値として表現した場合，参加者全員がこの相対値の大きさに基づいて体幹の回旋角度を調節していることがわかった（図2-1-11）．すなわち隙間幅に関する視覚情報は，歩行中に身体幅との相対値に瞬時に変換されることで，安全な通過に寄与しているといえる．

生態心理学と呼ばれる研究領域においては，環境情報を身体情報との相対値として表した数値をπ（パイ）数と呼び，環境と身体を結びつける知覚変数としてその重要性が認識されている．私たちの行動がπ数に対応づけて調節されていることは，階段を上る行動[47]，座る行動[48,49]，通路に開いた穴をまたぎ越える場面[50]においても確認されている．これらの状況では，環境の視対象が下肢長との相対関係として知覚され，適切な行動を導くという．

日常生活においては，手にカバンや買い物袋を持って歩く機会が少なくない．この場合，必要となるスペースは荷物の形状に伴って広くなるため，身体幅の情報は必ずしも参照情報として役に立たない．環境と身体との相対関係であるπ数は，"身体＋モノ"との相対関係に置き換えられなければならない．しかし

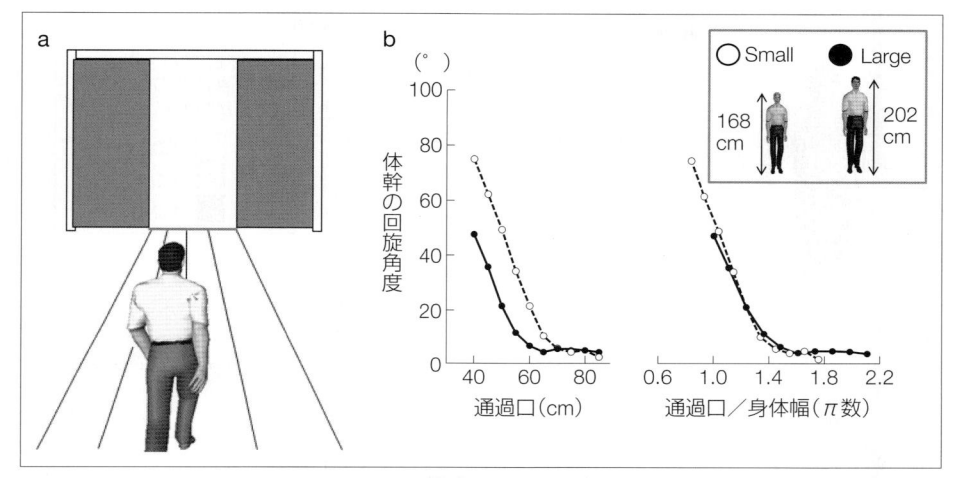

図 2-1-11 隙間通過時の体幹回旋行動に関する研究[46]（図は文献 45）より引用）
　　　　　a：2 枚の暗幕の間で作られた隙間に対し，接触しないで通過することが求められた．
　　　　　b：隙間の幅を身体幅（肩幅）との相対値（π数）としてプロットすると，参加者の身体の大小にかかわらず，体幹の回旋角度がπ数に対応していた．

　私たちは実際このような場面においても，カバンや買い物袋の寸法を考慮したうえで接触の有無を適切に判断している．著者らの実験では，両手に長さ 63 cm の平行棒を持つなど，通常の歩行時よりも広いスペースが必要な場面を複数設定し，その際の回避行動を通常の歩行時と比較した[51]．その結果，両手に平行棒を持った場合でも，隙間を通過する際の体幹の回旋角度は，隙間の大きさと平行棒の長さの相対関係に従って規則的にコントロールされていた（図 2-1-12）．この結果から，モノを持つことで身体特性が変わっても，その相対関係は正確に知覚され，運動の調節に利用されているといえる．

体幹回旋角度調整のルール

　もし私たちが隙間幅をπ数として知覚し，行動調節する能力を有しているならば，体幹の回旋角度はπ数との一次関数として制御すれば，その制御は容易であろう．たとえば先に図 2-1-11 で示した Warren 氏らの結果に基づけば，「π数が 1.3 の時は体幹を 11° 回旋し，π数が 1.1 なら 33° 回旋する」とルール

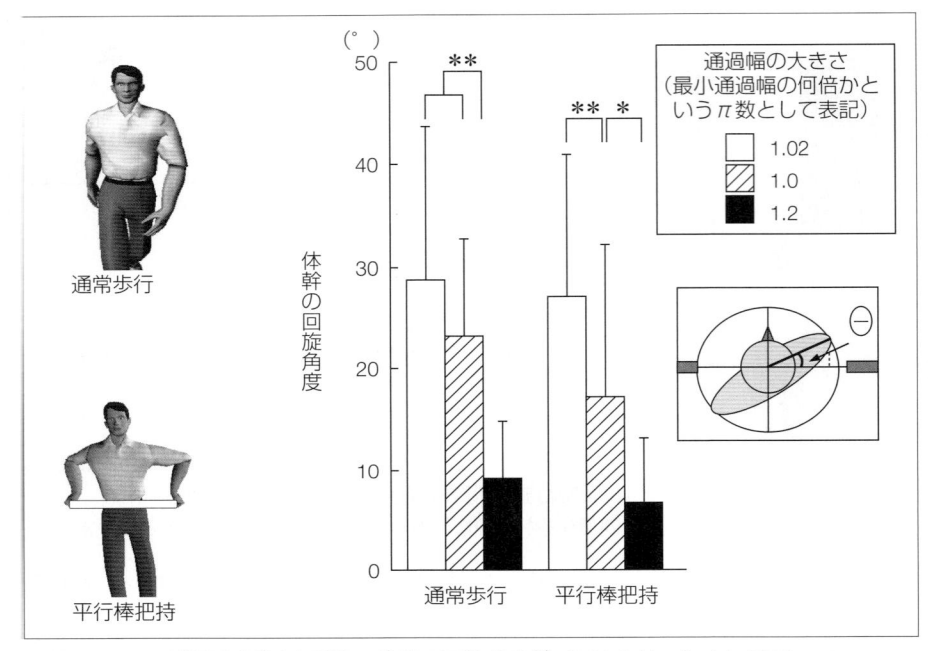

図 2-1-12　隙間を通過する際の体幹の回旋角度[51]（図は文献 45）より引用）
　　　　　　棒グラフは隙間の大きさ（体幹の回旋なしに通過できるスペースの何倍か）に対応している．平行棒を持った場合にも，平行棒と空間の大きさの相対関係に応じて適切に体幹の回旋角度が調整されている．

を決めておけば，あとは π 数を知覚するだけで即座に簡単に体幹の回旋行動が調節できる．

　しかしながら，実際には私たちの脳はそうした制御をしていない．というのも，単に π 数だけに基づいて回旋行動を制御すると，特に"身体＋モノ"の状況で幅が広くなった時に，無駄な回旋をすることになるからである．わかりやすい例として，肩幅 40 cm の人が長さ 100 cm の平行棒を持って隙間を通過するとする．もしこの状況でも π 数が 1.3 の時に体幹を回旋するとすれば，平行棒の長さより 30 cm も余裕がある空間で体幹の回旋を始めることになる．これは，平行棒を持たない場合には空間の余裕が 12 cm 以下になったら回旋を始めるのとは大きな違いである．

　最近の著者らの研究により，私たちの脳はあらゆる"身体＋モノ"の条件に

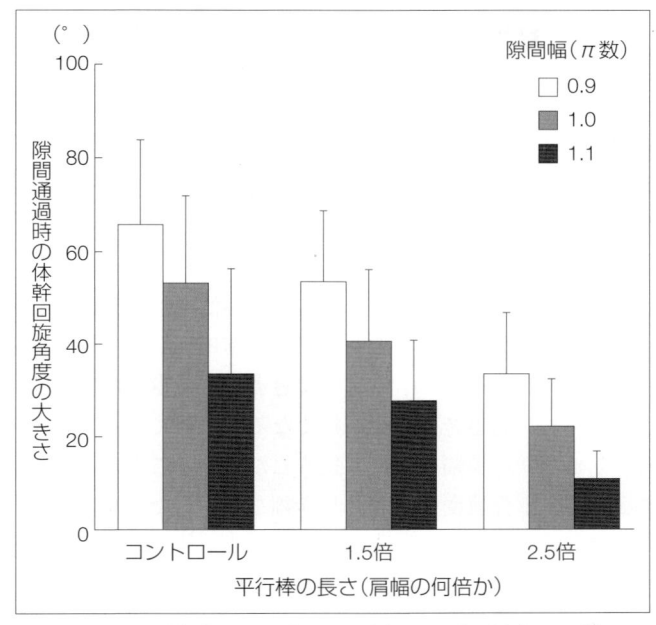

図 2-1-13 "身体＋モノ"の幅が広いほど，任意のπ数の隙間に対して肩の回旋角度が小さくなることを示した研究[52]

おいて必要最小限の空間マージンを作り出せるように，回旋角度を調節していることがわかった[52]．実は"身体＋モノ"の幅が広いほど，任意のπ数の隙間に対して最小の空間マージンを生み出すために必要な体幹角度は，小さくてすむ．私たちの脳はこの点を考慮して，必要最小限の（すなわちエネルギー産生的に効率的な）体幹回旋を行っている（図 2-1-13）．ただし，どのような環境においても必要最小限の空間マージンを生み出すことだけを目標に，行動が制御されているわけではない．歩行者が行き交う状況のように，変化のある環境のなかでは，もっと広いマージンを取って他者との接触を避ける行動がみられる[53]．π数との一次関数として体幹角度を決めてしまうといったシンプルな制御をせずに，状況に応じて最適な接触回避方略を微調整するような制御をすることが，私たちの安全な歩行を支えているといえよう．

■■■ パーキンソン病患者の隙間通過行動 ■■■

　大脳基底核の機能に問題があるパーキンソン病患者のなかには，隙間通過の場面において"すくみ足"の症状をみせるケースがある．すくみ足とは，歩き始めようとしても足がすくんだかのように歩行が開始できなかったり，歩行中のある局面（例えば方向転換をする時）に突然足を止めてしまったりする現象である．隙間の存在によってなぜすくみ足が生じるのかについてはさまざまな研究がある．以下ではその1例を紹介する[53]．

　Cowie らはパーキンソン患者10名，および年齢を揃えた健常成人10名を対象として，サイズの異なる3つの隙間（肩幅と等倍，1.25倍，1.5倍）を通り抜けてもらう課題を実施した[54]．隙間を通過する際の歩行特性について検討した結果，パーキンソン病患者は隙間が狭くなるにつれて，通過直前に歩行速度を極端に減少させたり，歩幅を極端に狭くしたりすることがわかった．狭い隙間を通過する直前に歩行速度を下げたり歩幅を狭くしたりする現象自体は，健常成人においても見られ，決して問題行動ではない[51]．しかしながらパーキンソン病患者の場合，隙間の狭さに対して過剰反応していることが問題である．

　Cowie らの研究ではさらに，パーキンソン患者に対してドーパミン作用増強薬を投薬し，基底核の機能を補助することで，隙間通過時の問題行動が改善されるかを検討した．なお，隙間がない状況下での歩行速度や歩幅は，投薬後に統計的に有意に改善していることを確認している．その結果，通過直前に歩行速度を極端に減少させたり，歩幅を極端に狭くしたりする傾向は，投薬後も変化がなかった．以上のことから，すくみ足につながりうる極端な速度低下や歩幅の減少は大脳基底核の問題ではないと結論づけられた．視覚情報に基づく運動の制御には運動前野が深く関与することから，Cowie らは運動前野に関わる経路に問題があるのではないかという推察をしている．

■■■ 車いすの車両感覚 ■■■

　標準型車いすの車幅は63 cm 程度である．歩行中に幅63 cm 程度のモノ（例えば大きめの収納ケースや段ボール）を持ったとしても，私たちはその幅に瞬時に適応できる[51]．ところが初めて車いすを利用する人に，車いすでぶつからずに通り抜けられる最小の通過幅を判断してもらうと，一貫してその幅を過小評価してしまう[55]．この過小評価傾向は，8日間にわたる通過経験の後も完

に解消することはなかった．また，実際に車いすを使って狭い隙間を通過する際の視線は，主として隙間を形作るドア一方に向けられ，接触の有無を中心視で捉える傾向がみられた[56]．この傾向は，歩行時にはたとえ幅の広い荷物を持っても，隙間の中心に視線を固定し，ドアを周辺視で捉える傾向とは対照的であった．

これに対して，車いすを移動手段として日常的に利用している頸髄損傷者の場合，自身が利用する幅の狭い車いす（平均 57 cm）を利用した場合だけでなく，通常よりも幅の広い標準型車いす（63 cm）を利用した場合でも，通り抜けられる幅を正確に判断することができた[57]．これら一連の成果から，"身体＋モノ"の幅に合わせて瞬時に移動行動を調節できるのは，熟練した移動様式においてみられる現象であることがわかる．こうした現象は学習の特殊性（specificity of learning）と呼ばれる．学習の特殊性の問題については，第5章第2節にて詳しく説明する．

■ リハビリテーションとの接点 ■

隙間通過行動に関する一連の研究成果から，隙間幅に関する視覚情報は，身体幅との相対関係として処理されることで，接触のない安全な回避行動を導いていることがわかった．私たちは"身体＋モノ"条件下によって移動に必要なスペースが拡大しても，それに瞬時に適応できる．ただし，こうした瞬時の適応は習熟した移動様式でのみ成立するという学習の特殊性の特徴がある（第5章第2節）．

リハビリテーションの現場における支援対象者は，加齢や障害によって身体特性や移動特性に問題が生じているケースが多い．また車いすや歩行装具のような移動補助ツールを身体の拡張物として利用するケースもある．こうした状況において，支援対象者は環境と身体の相対関係を正確に知覚できているのであろうか．

車いすの車両感覚に関する研究で明らかとなったように[55]，身体特性や移動特性が劇的に変化すると，たとえ健常者であっても，環境と"身体＋車いす"の相対関係の知覚は容易ではなかった．実際，片麻痺患者[58]や高齢者[59]は π 数の知覚が必ずしも正確ではないという報告もある．こうした状況を考えると，支援対象者が環境と身体との関係をきちんと知覚できているのかについて，ま

ずはきちんと評価することが必要である．そのうえで，知覚が不正確であった場合には，その知覚を正確にしていく介入を検討していく必要がある．とはいえ，環境と身体との相対関係を知覚するプロセスは，日常生活の中で自然と身につくものであり，セラピストが言語教示などを使ってそのプロセスを向上させるといったことは困難である．こうした知覚能力を向上させるのに有効な方法については，ごくわずかな報告[60]を除けば有益な情報に乏しく，今後の研究の進展が待たれるところである．

引用文献

1) Aglioti S, et al：Size-contrast illusions deceive the eye but not the hand. *Curr Biol* 5：679-685, 1995
2) Goodale MA：Transforming vision into action. *Vision Res* 51：1567-1587, 2011
3) Amazeen EL, et al：Psychophysical test for the independence of perception and action. *J Exp Psychol Hum Percept Perform* 31：170-182, 2005
4) Westwood DA, et al：The effect of illusory size on force production when grasping objects. *Exp Brain Res* 135：535-543, 2000
5) Biegstraaten M, et al：Grasping the Muller-Lyer illusion：not a change in perceived length. *Exp Brain Res* 176：497-503, 2007
6) Glazebrook CM, et al：Perception-action and the Muller-Lyer illusion：amplitude or endpoint bias？ *Exp Brain Res* 160：71-78, 2005
7) Brenner E, et al：Size illusion influences how we lift but not how we grasp an object. *Exp Brain Res* 111：473-476, 1996
8) Bruno N, et al：When is grasping affected by the Muller-Lyer illusion？ A quantitative review. *Neuropsychologia* 47：1421-1433, 2009
9) Gentilucci M, et al：Visual illusion and action. *Neuropsychologia* 34：369-376, 1996
10) Glover S, et al：The role of vision in the on-line correction of illusion effects on action. *Can J Exp Psychol* 55：96-103, 2001
11) Bridgeman B, et al：Interaction of cognitive and sensorimotor maps of visual space. *Percept Psychophys* 59：456-469, 1997
12) Elliott DB, et al：Does my step look big in this？ A visual illusion leads to safer stepping behaviour. *PLoS One* 4：e4577, 2009
13) Patla AE：How is human gait controlled by vision？ *Ecol Psychol* 10：287-302, 1998
14) Patla AE, et al：Where and when do we look as we approach and step over an obstacle in the travel path？ *Neuroreport* 8：3661-3665, 1997
15) Goodale MA, et al：Separate neural pathways for the visual analysis of object shape in perception and prehension. *Curr Biol* 4：604-610, 1994
16) Goodale MA, et al：A neurological dissociation between perceiving objects and grasping them. *Nature* 349：154-156, 1991
17) 本田仁視：意識/無意識のサイエンス．福村出版, 2000
18) Patla AE, et al：Obstacle avoidance during locomotion is unaffected in a patient with

visual form agnosia. *Neuroreport* 8：165-168, 1996
19) Dijkerman Hc, et al：Visuomotor peformance in a patient with visual agnosia due to an early lesion. *Cogn Brain Res* 20：12-25, 2004
20) Milner AD, et al：The visual brain in action. Oxford University Press, 1995
21) Bhalla M, et al：Visual-motor recalibration in geographical slant perception. *J Exp Psychol Hum Percept Perform* 25：1076-1096, 1999
22) Proffitt DR, et al：The role of effort in perceiving distance. *Psychol Sci* 14：106-112, 2003
23) Witt JK, et al：Perceiving distance：a role of effort and intent. *Perception* 33：577-590, 2004
24) Witt JK, et al：The long road of pain：chronic pain increases perceived distance. *Exp Brain Res* 192：145-148, 2009
25) Stefanucci JK, et al：Skating down a steeper slope：fear influences the perception of geographical slant. *Perception* 37：321-323, 2008
26) Schnall S, et al：Social Support and the Perception of Geographical Slant. *J Exp Soc Psychol* 44：1246-1255, 2008
27) Teachman BA, et al：A new mode of fear expression：perceptual bias in height fear. *Emotion* 8：296-301, 2008
28) Lee DN, et al：Visual proprioceptive control of standing in human infants. *Percept Psychophys* 15：529-532, 1974
29) Lee DN, et al：Visual proprioceptive control of stance. *J Hum Mov Stu* 1：87-95, 1975
30) デビッド・ローゼンバウム（著），関谷　昇（監訳）：動作の仕組み―からだを動かす原理の探求―．三輪書店，2012
31) O'Connor KW, et al：Postural adaptations to repeated optic flow stimulation in older adults. *Gait Posture* 28：385-391, 2008
32) Simoneau M, et al：Aging and postural control：postural perturbations caused by changing the visual anchor. *J Am Geriatr Soc* 47：235-240, 1999
33) Holliday PJ, et al：Video recording of spontaneous falls of the elderly. Gray BE (ed)：Slips, Stumbles, and Falls：pedestrian footwear and surfaces. American society for testing and materials, Phyladelphia, 1990, pp 7-16
34) Sekiyama K, et al：Body image as a visuomotor transformation device revealed in adaptation to reversed vision. *Nature* 407：374-377, 2000
35) Stratton GM：Vision without inversion of the retinal image. *Psychol Rev* 4：341-360, 1897
36) Rossetti Y, et al：Prism adaptation to a rightward optical deviation rehabilitates left hemispatial neglect. *Nature* 395：166-169, 1998
37) Shiraishi H, et al：Long-term effects of prism adaptation on chronic neglect after stroke. *NeuroRehabilitation* 23：137-151, 2008
38) Frassinetti F, et al：Long-lasting amelioration of visuospatial neglect by prism adaptation. *Brain* 125：608-623, 2002
39) Redding GM, et al：Applications of prism adaptation：a tutorial in theory and method. *Neurosci Biobehav Rev* 29：431-444, 2005
40) Bowen A, et al：Cognitive rehabilitation for spatial neglect following stroke. *Cochrane Database Syst Rev*：CD003586, 2007
41) Newport R, et al：Prisms and neglect：what have we learned？*Neuropsychol* 50：1080-

1091, 2012
42) Berti A, et al：When far becomes near：remapping of space by tool use. *J Cogn Neurosci* 12：415-420, 2000
43) Ackroyd K, et al：Widening the sphere of influence：using a tool to extend extrapersonal visual space in a patient with severe neglect. *Neurocase* 8：1-12, 2002
44) Halligan PW, et al：Left neglect for near but not far space in man. *Nature* 350：498-500, 1991
45) 樋口貴広，他：身体運動学　知覚・認知からのメッセージ．三輪書店，2008
46) Warren WHJ, et al：Visual guidance of walking through apertures：body-scaled information for affordances. *J Exp Psychol Hum Percept Perform* 13：371-383, 1987
47) Warren WH, Jr.：Perceiving affordances：visual guidance of stair climbing. *J Exp Psychol Hum Percept Perform* 10：683-703, 1984
48) Mark LS：Eyeheight-scaled information about affordances：A study of sitting and stair climbing. *J Exp Psychol Hum Percept Perform* 13：361-370, 1987
49) Mark LS, et al：What an actor must do in order to perceive the affordance for sitting. *Ecological Psychol* 2：325-366, 1990
50) Jiang Y, et al：The effect of gap depth on the perception of whether a gap is crossable. *Percept Psychophys* 56：691-700, 1994
51) Higuchi T, et al：Locomotion through apertures when wider space for locomotion is necessary：adaptation to artificially altered bodily states. *Exp Brain Res* 175：50-59, 2006
52) Higuchi T, et al：Rule for scaling shoulder rotation angles while walking through apertures. *PLoS One* 7：e48123, 2012
53) Gerin-Lajoie M, et al：The negotiation of stationary and moving obstructions during walking：anticipatory locomotor adaptations and preservation of personal space. *Motor Control* 9：242-269, 2005
54) Cowie D, et al：Insights into the neural control of locomotion from walking through doorways in Parkinson's disease. *Neuropsychologia* 48：2750-2757, 2010
55) Higuchi T, et al：Visual estimation of spatial requirements for locomotion in novice wheelchair users. *J Exp Psychol Appl* 10：55-66, 2004
56) Higuchi T, et al：Gaze behavior during locomotion through apertures：the effect of locomotion forms. *Hum Mov Sci* 28：760-771, 2009
57) Higuchi T, et al：Perception of spatial requirements for wheelchair locomotion in experienced users with tetraplegia. *J Physiol Anthropol* 28：15-21, 2009
58) 豊田平介：行為の調整と学習．理学療法科学　21：81-85，2006
59) Sakurai R, et al：Synergistic effects of declined physical ability and its over-estimation in stepping over action on potential risk of falls in older adults. *BMC Geriatrics*, in press
60) Franchak JM, et al：Learning by doing：action performance facilitates affordance perception. *Vision Res* 50：2758-2765, 2010

第2節
視線と身体運動―歩行の観点から

　本節では，視線行動（gaze behavior）が正確な身体運動の重要な要素であることについて，歩行を中心とした移動行動に関する研究成果に基づいて解説する．スキーやスノーボードを楽しむ人であれば誰でも，適切な視線位置のコントロールがパフォーマンスに重要であることを体感する．スキーやスノーボードを習い始めたばかりで足元がおぼつかない初心者は，すぐに視線が足元に近い位置に落ちてしまう．インストラクターから視線を高く上げるように指示されても，怖くて視線を高く上げることができないこともしばしばである．ターン（方向転換）動作では，ターンに先駆けて視線をターン方向へ向けるよう，徹底した指導がなされる．旗門を立てたコースを滑るポール滑走では，目の前にある旗門ではなく，2旗門先のポールに視線を向けることが安定した滑走につながるという．

　歩行においても，足元ではなく進行方向に視線を向けることや，方向転換に先立って視線を方向転換先へ移動させることが，安全な移動のために不可欠である．本節では，いわば"歩行の先導役"としての視線の役割について概観する．また，視線に着目した臨床歩行研究の事例についても紹介する．

視線行動の基礎

視線の移動

　私たちの眼球は絶えず動いている．視線の位置は1秒間に数回程度の頻度で移動と固定を繰り返しながら，物体の輪郭など，そこに広がる情景や対象物の認識に必要な情報に対して一定期間とどまっている．決してでたらめな動きでもなく，また目の前の情景をくまなくサーチするような非効率的な動きでもない．そこには意味をもった非常に効率的な視線の動きが観察できる[1]．

　視線をある位置から別の位置へ急速に移動させる眼球運動を，サッカード

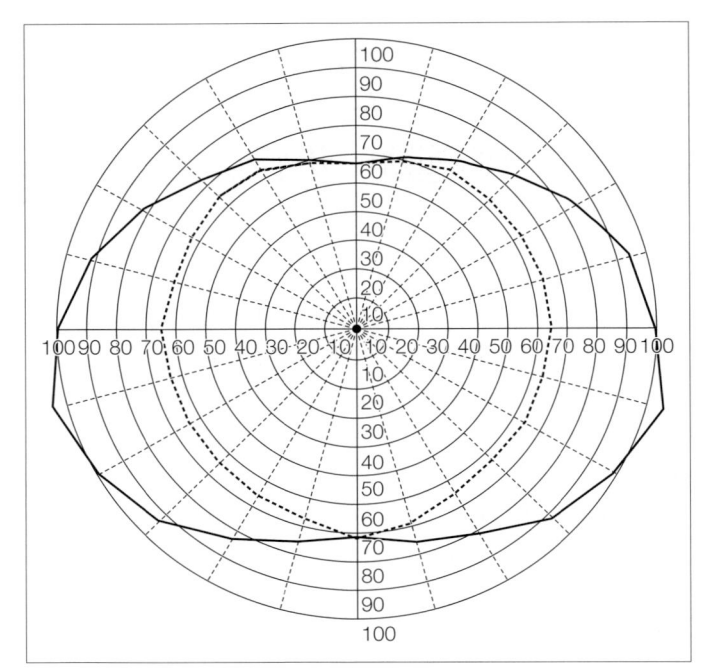

図 2-2-1　両眼視の視野[2]

(saccade) という．また視線をある位置に一定期間停留しておくことを固視（または凝視，注視 fixation）という．なお，fixation の日本語訳としては「注視」のほうが一般的である．しかし，注視は文字どおり「注意して視る」という意味である．空間的注意の位置と視線の停留位置が分離できる事実を考えると，「固視」のほうが視線の停留をニュートラルに表現できるため，著者は固視を好んで使用している．

　眼球が絶えず動いている理由がいくつかある．第 1 に，鮮明に認識すべき視対象を視野の中心で捉えるためである．両眼で見た場合の視野は，視線中心位置の周囲から上下方向に 130° 程度，左右方向に 200° 程度の範囲といわれている（図 2-2-1）．ただし，視野全体において視対象が何であるかを鮮明に認識できるわけではない．文字認識ができるのはせいぜい視線位置中心から 2〜3° 程度と非常に狭い[3]．色の弁別についても，中心範囲の 30〜40° 程度である（図 2-

2-2）．視線位置の中心でしか視対象を鮮明に捉えられないのは，網膜上において高い解像度を有する場所が網膜の中心領域（中心窩）に局在していることにある．網膜上の視細胞の解像度は，中心窩から離れるに従って低くなっている．相対視力に基づけば，瞬間的に高解像度な視覚像が得られるのは，視線の中心位置のみである（図 2-2-3）．私たちが眼球を絶えず動かしている理由の1つは，対象物の視覚像を中心窩に投影させるためである．

　図 2-2-4 は，文章を読んでいるときの視線の動きの模式例である．私たちが文章を読むとき，一字一句を眼で追って読んでいるように感じる．しかし，実際に文章を読んでいる際の眼の動きを測定してみると，眼はある場所にほんの少しの時間停留した後，少し先にサッカードするという動きを繰り返している[6]．つまり眼の中心で一字一句を追ってはいない．前述のとおり，眼は中心視野でのみ高解像度な視覚像が得られ，それ以外の視野ではおぼろげながらの視覚像しか得られず，文字認識には十分ではない．つまり私たちは眼を滞留させた位置の文字情報，およびその周辺のごく狭い領域の文字情報をつなぎ合わせ，さらに文脈に沿った解釈を加えることで，文章を理解していることになる．

　私たちが眼を絶えず動かしている理由はほかにもある．視覚的注意が向けられる場所が，特別な状況を除いて視線の向けられる位置に一致するため，視覚的注意の移動手段として視線を動かす必要があるというものである．なおこの特別な状況とは，視線を1カ所に固定したうえで視野全体に注意を向けるような状況である．サッカーやバスケットにおいて，他のプレイヤーの位置を確認するために，視線を動かさずに注意だけを左右に動かす場合などがそうした状況の1つである．

眼球運動の独立性

　眼を絶えず動かすためには，眼を他の身体部位と独立に動かせることが前提条件となる．たとえば歩行中，左右にある視覚刺激を見るために眼球を動かすのではなく，頭部を大きく回旋させたとする．この状況では，頭部に対して眼球は動いていない．こうした状況では，本人はまっすぐ歩いているつもりでも，頭部を向けた方向に歩行軌道が逸脱してしまう．経験的な話題として，高齢者が脇見をして話をしながら歩いている際に転倒するというものがある[7]．こうした高齢者においては頭部に対する眼球運動の独立性が低いのかもしれない．

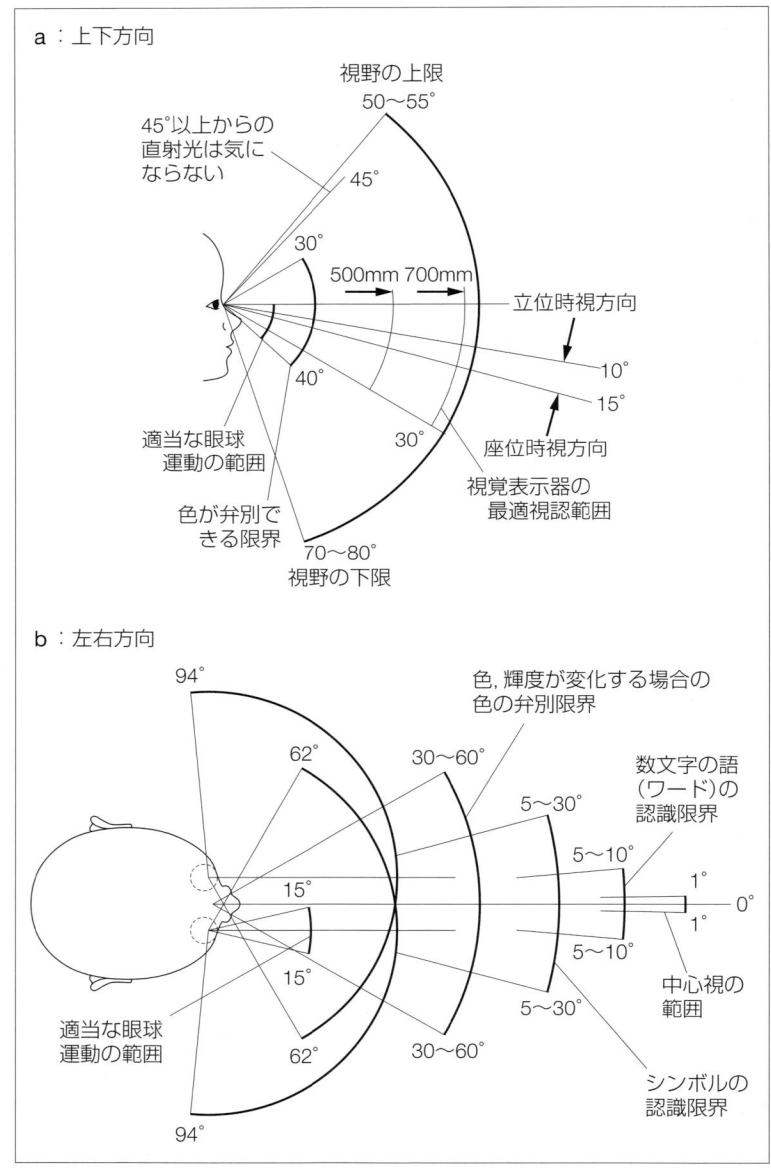

図 2-2-2　視野の上下方向における視認特性（a）と左右方向における視認特性（b）[2]

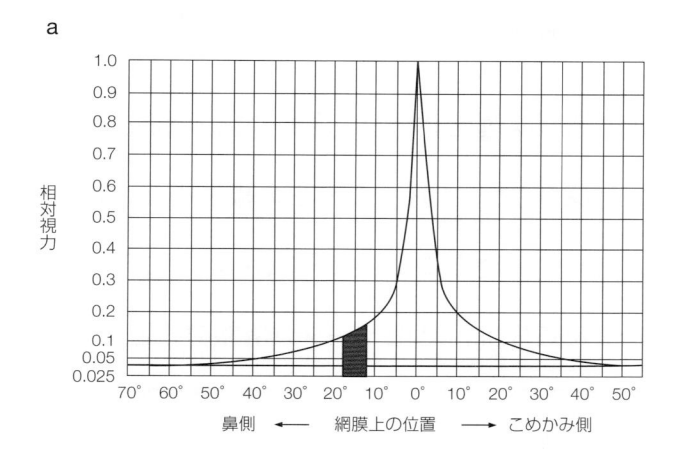

図 2-2-3　a：網膜上の中心窩からの位置と相対視力の関係[1]
　　　　　b：相対視力に基づけば，瞬間的に高解像度な視覚像が得られるのは，視線の中心位置のみである[4]

　脳性麻痺児のなかにも，眼球運動をその他の身体部位と独立して動かすことが難しいケースがみられる．ある研究では6～16歳の脳性麻痺児10名を対象に，パソコン上で周辺視野に提示された刺激に対して手を伸ばす課題を実施した[8]．刺激に対し視線を向けることができた場合とできなかった場合を比較し

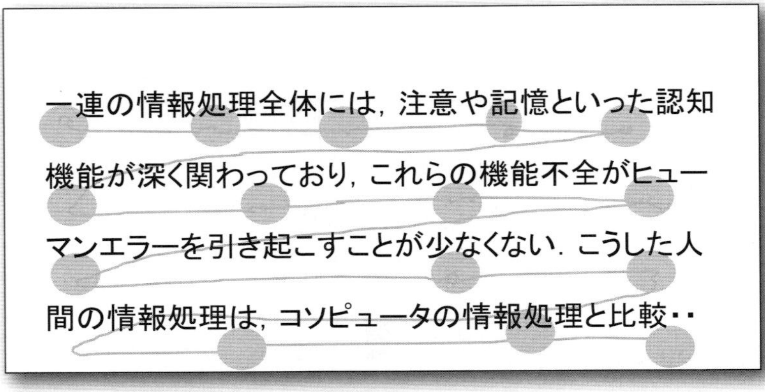

> 一連の情報処理全体には，注意や記憶といった認知機能が深く関わっており，これらの機能不全がヒューマンエラーを引き起こすことが少なくない．こうした人間の情報処理は，コソピュータの情報処理と比較‥

図 2-2-4　文書を読んでいる際の眼球運動の模式例[5]
実際の視線位置は文字上に停留するが（停留位置をグレーの円で表現），図では文字を見やすくするために視線位置を文字の下に布置した．この文書では「コンピュータ」が誤って「コ"ソ（そ）"ピュータ」と書かれているが，視線位置がこの場所に滞留しない場合，文脈に沿ってコンピュータと認識され，誤字が検出されない場合がある．

た結果，手を伸ばす動作そのものは，いずれの条件においても同年齢の健常児とも差がなかった．しかし，視線を動かしてはいけない条件に対して，どうしても視線を動かしてしまうという傾向がみられた．この結果は，脳性麻痺児が目と手を独立に動かすことが難しいことを示している．

　以前，旭川リハビリテーション病院にて症例報告を拝聴する機会があった．そのなかで歩行の自立度が低い片麻痺患者1例において，歩行中に理学療法士の口頭指示によって視線位置を変えてもらっただけで，姿勢が著しく崩れたという報告があった．歩行中の視線は先導役として常に動き回る性質をもつため，視線を動かすだけでバランスが崩れる状況では，安全な歩行を先導することはできない．こうしたケースについては，座位姿勢など姿勢が安定した状態で視線を自由に動かす訓練を行い，その後立位時や歩行時にも同じような訓練をし，眼球運動の独立性を獲得させてあげることが必要かもしれない．

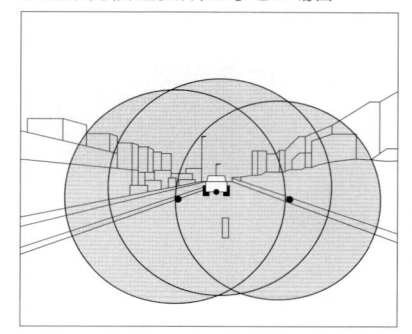

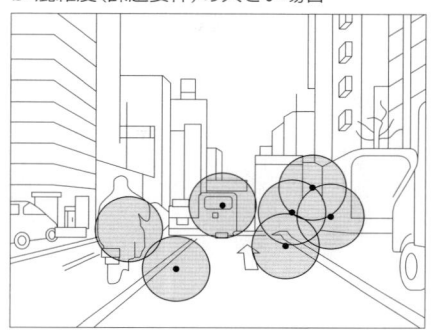

a：混雑度（課題要件）の小さい場合　　b：混雑度（課題要件）の大きい場合

図 2-2-5　道路の混雑度に応じた注意方略の変化（文献 9）より改変引用）

有効視野

　たとえ周辺の視野（peripheral visual field）で視対象を捉え，その像が鮮明でなかったとしても，「誰かが自分の歩行進路に向かって歩いてきた」など，意味のある情報を入手することができる．中心視であれ周辺視であれ，意味のある情報を入手できる視野範囲のことを有効視野（functional field of vision）と呼ぶ[3]．

　有効視野は固定されたものではなく，文脈により変化する．図 2-2-5 は，運転中の視線位置，および視線位置周辺の有効視野が，知覚すべき環境情報の量によって変化することを示したものである[9]．比較的安全な状況では，a 図のように，どこか 1 点に注意を集中させるのではなく，全体にわたってまんべんなく向けておくことで，視野のどこで危険が発生したとしても対応できるようにしている．こうした状況では，全体を見ることはできるものの，局所的な状況で何が起こっているかといったより深い情報処理をすることはできない．これに対して b 図のように比較的危険な状況では，危険が起こりそうな場所に局所的な注意を向けている．集中的に注意が配分された状況では，その状況で何が起こっているかといった深い情報処理が可能となり，その場所で起こったことについて適切に対処することができる．ただしこうした状況では，注意が向けられた場所以外での情報処理が進まず，時には重要な問題を見逃してしまう原因ともなりうる（第 3 章第 1 節を参照）．

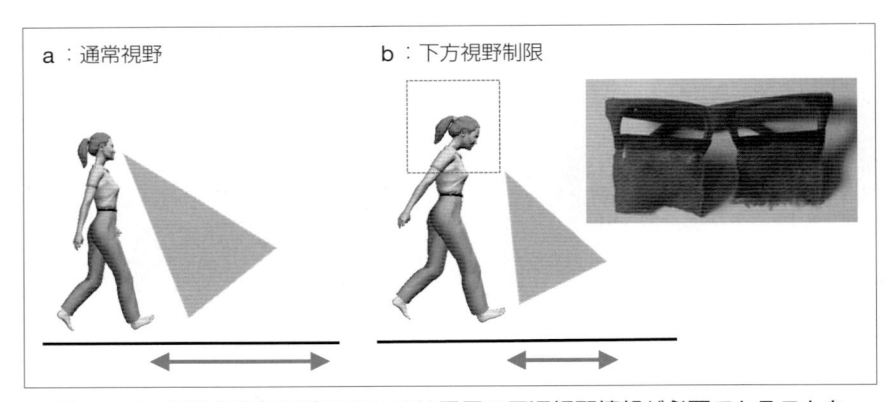

図 2-2-6 複雑な歩行通路においては足元の周辺視野情報が必要であることを示した研究[11]（図は文献 11）に基づき作成）
通常視野条件（a）に比べて，眼鏡の下部に厚みのある緩衝材をとりつけて足元が見えない状況（b）を作ると，頸部を前傾させて足元の周辺視野情報を担保する．

歩行中の足元付近の視覚情報

　歩行中は足元に視線を停留させて歩くことはない．しかし足元周辺の視覚情報は周辺視野からの情報によりモニターされている．この情報を利用することで，歩行通路上に不意に障害物が現れ，その障害物に対して視線を向ける時間的余裕がなかったとしても，安全に回避することができる[10]．足元周辺の視覚情報は，不整地のように通路の状況が悪い場合には特に重要である．不整地場面を実験室に再現し，足元が見えない状況を作ると，頸部を前傾させることで足元が周辺視野下部に入り込むようにすることもある（図 2-2-6）[11]．

　歩行中に足元周辺の視野を必要としているのは，足元周辺の環境情報を知覚するためであろうか，それとも下肢の動きをモニターするためであろうか．この疑問に答えるため Rietdyk ら[12]は，足元の視野を制限した状況での段差のまたぎ動作を，通常視野条件と比較した．足元の視野を制限した状況では，下肢の動きが視野に入らないだけでなく，段差に近づいた際には段差の位置もわからなくなる．そこである条件では，段差の位置に高いポールを立てることで，足元の視野を制限しても段差の位置がわかるようにした．実験の結果，足元の視野制限時には，段差に対して足を高く上げるような動きの変化がみられた．

これに対して，段差の位置にポールを設置すると，足の動きは通常視野の条件と変わりがなかった．これらの結果から，歩行中の足元の視野が重要なのは，主として足元周辺の環境情報をモニターするためと推察される．

ただし，下方の視野が制限されればいつでも頸部を前傾させて足元周辺の視野を確保しようとするわけではない．歩行中における障害物の位置や高さの情報は，原則としてその障害物が遠方にある段階で獲得されている．通常は障害物に到達する数歩前の情報を用いて障害物を安全にまたぐことができるため，頸部を前傾させる必要は必ずしもない．ある研究によれば，本来130°程度ある上下方向の視野を制限しても，45°程度見えていれば，頸部の前傾が起きないという[13]．頸部を前傾させてまで足元周辺の視野を確保しようとするのは，なんらかの理由で（障害物の多い歩行環境，バランス能力が低下した状態での歩行など）慎重に歩く必要がある場合にみられるのであろう．

歩行中の遠近両用メガネ着用は禁物？

歩きながら遠近両用メガネを着用することは，足元の付近の周辺視野の情報を歪めてしまうため，危険であるという指摘がある[14]．遠近両用メガネでは，レンズの上部で遠方を視認し，レンズの下部で文字を読む．近視と老眼の両方に対応できるため便利なメガネである．しかしながら遠近両用メガネ着用中は，足元の奥行き知覚とコントラスト感度が低下してしまう[15]．奥行き知覚の能力とは，2次元的な網膜像から3次元的な空間を知覚する能力である．一方コントラスト感度とは，背景から図形を区別する視覚機能である．いずれも周辺視野下部の情報に歪みを生じさせる要因となるため，歩行の妨げになりうる．実際，遠近両用メガネの着用者は非着用者に比べて，1年間の転倒率が高くなるという統計がある[14]．歩行中に遠近両用レンズを着用することには一定のリスクが伴うと考えるべきであろう．

視覚に基づく歩行の予期的制御

歩行の適応的制御

ここで一度，視覚情報を利用して歩行をコントロールすることが，歩行制御のシステム全体においてどのような位置づけにあるのかについて整理しておき

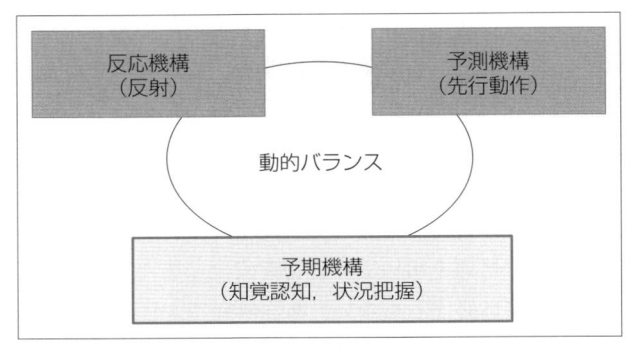

```
┌─────────────────────────────────────────────┐
│  ┌──────────┐            ┌──────────┐       │
│  │ 反応機構 │            │ 予測機構 │       │
│  │ （反射） │            │（先行動作）│     │
│  └──────────┘            └──────────┘       │
│         ╲   動的バランス   ╱                │
│          ╲               ╱                  │
│           ┌────────────┐                    │
│           │  予期機構  │                    │
│           │(知覚認知，状況把握)│            │
│           └────────────┘                    │
└─────────────────────────────────────────────┘
```

図2-2-7　歩行の適応的制御を支える3つのシステム

たい．やや専門的な内容となるため，「視覚情報は遠方の情報を把握して予期的に動作を修正すること（予期的制御）に役立つ」ということのみご理解いただければ，このセクションは読み飛ばしていただいても構わない．

　歩行は見かけ上，いつも周期的で定常な状態を保っている．しかし1歩1歩のステップを詳細に観察すると，いつでも同じ歩幅や速度で歩いているわけではない．環境に応じて適応的な変化が起きていることもある．すなわち中枢神経系は，感覚情報に基づいて環境および身体の状態を知覚・認知し，適切な歩行パターンを選択するとともに，「適応的に修飾を加えて」歩行パターンを出力している[16]．その結果として，見かけ上の定常状態を保っているのである．

　このような適応的歩行パターンの出力が，3つのシステムで制御されていると考える立場がある（**図2-2-7**）[17,18]．第1のシステムは反応機構（reactive system）である．このシステムは，バランスが崩れた場合にいわば反射的にバランスの崩れを修正することに関与する．第2のシステムは予測機構（predictive system）である．このシステムは，動作の目的達成のために必要な先行動作などを制御している．たとえば歩行開始の際に両足立脚の状態から片足を前に出す際は，その直前に支持脚に重心が移動している．こうした重心の移動は，片足を前に出す際のバランス維持に重要であり，行為者本人が意図しなくとも，予測的かつ自動的に遂行されている．そして第3のシステムが予期機構（proactive system，または prospective system）である．このシステムは，視覚情報に基づき遠方の状況を把握して，あらかじめ動作を修正しておく役割を

もつ．本節で紹介している視覚情報に基づく歩行の修正は，この予期機構に基づく修正となる．

■■■ 予期的制御：リハビリテーションとの接点 ■■■

　本節は全体を通して，視覚情報に基づく歩行の予期的制御が，歩行のリハビリテーションを考えるうえで重要な要素であることを伝えている．最近では，こうした考え方を支持する理学療法領域の研究者やセラピストも少なくない．たとえばBergのバランススケール（Berg balance scale，BBS）[19]のように14種類にも及ぶ姿勢・歩行課題により高齢者のバランス能力を慎重に評価したとしても，一定のバランス能力ありと評価された高齢者の約3分の1が，実際には転倒を経験するという統計がある[20]．こうした統計を引合いに出しながら，星文彦（埼玉県立大学）は講演（平成22年度埼玉県理学療法士会教育局研修部第1回研修会）において，BBSも含め，従来のリハビリ領域におけるバランス能力の評価バッテリーは，そのほとんどが反応機構や予測機構に基づくバランス能力を評価していると解説した．そのうえで，予期機構に基づくバランス能力を適切に評価していくことが，前述した3分の1の転倒高齢者の転倒防止に寄与するかもしれないと指摘した．

　林克樹と坂口重樹（誠愛リハビリテーション病院）も，リハビリ対象患者が適応的な歩行能力を再獲得するうえで予期的制御能力のリハビリが欠かせないことを，次のように述べている．「適応的歩行を再獲得するためには，ただリズミックにパターン化された歩行のみを繰り返し練習するのではなく，さまざまな環境下で身体内外の情報を適切に捉え，目的や状況に即した，視線行動を伴った歩行運動の制御を学習できるリハビリが必要である（p1240）」[21]．

　実際のリハビリにおいて予期機構の再学習の機会をどのように取り入れるのかについて，同じく坂口は講演（2011年11月，Senstyle主催「歩行フォーラム」）において，3つの過程に基づくリハビリの考え方を紹介した．第1の過程は歩行要素のリハビリであり，筋緊張と反射の調整，立位バランス機能の回復に努める．第2の過程は歩行周期の確立であり，各歩行周期における筋骨格系の活動の回復を目指す．そして第3の過程が適応的歩行の再学習であり，またぎ動作や上肢動作を伴った歩行，あるいは具体的社会環境場面での歩行などにより，視覚情報を用いた予期的制御を必要とする機会を提供する．

視線は歩行の先導役

■ 歩行中の視線の固定

　私たちの視線が，通常は1秒間に数回程度の頻度で移動していることはすでに述べた．これに対して歩行中のある局面においては，逆にあえて視線位置を一定時間固定するという現象も観察される．この視線の固定も安全な歩行の制御に寄与している．図2-2-8は，5m前方にあるドア型の狭い隙間を見ながら歩行を開始し，通り抜けるまで視線の停留位置について，8名の若齢健常者の平均データをグラフ化したものである[22]．これを見ると，歩行を開始して隙間にアプローチするまでの途中区間は，参加者の視線がいろいろな場所に動いていることがわかる．つまり，この区間の視線停留パターンには大きな個人差があり，どこを見ていなければいけない，といった厳密なルールはない．これに対して隙間を通過する直前には，一様に隙間の中心に視線を固定していることがわかる．この視線固定時間は，相対的時間にして最後の20％（およそ1秒弱）であり，隙間を通過する直前の2歩区間に相当する．

　たとえ同じ参加者が同じように隙間を通り抜けるとしても，生まれて初めて手動車いすに乗って通過した場合，その視線停留パターンは大きく変化した[22]．視線は全体をとおして床面や左右のドアに向けられた．またドア通過の瞬間には，視線は左右いずれかのドアに向けられ，その停留時間も歩行時に比べて短かった．歩行時と車いす利用時の視線パターンの違いが何を意味するかを検討するため，やはり同一参加者に，車いすの車幅と同じ長さの平行棒を持って歩いて隙間を通過してもらった．その結果，その視線パターンは通常の歩行時と同じパターンを示した．よって，車いす利用時にみられた視線停留パターンは，広い車幅そのものが問題なのではなく，車いすの利用経験が乏しいという知覚運動性の問題に起因しているといえる．つまり，隙間を通過する直前に隙間の中心に視線を固定する現象は，熟練した移動様式に特有な現象であり，安全な歩行に寄与する視線行動と推察できる．

　歩行中の視線固定は，特定の環境に対してだけでなく，頭部に対してなされる場合もある．たとえば通路に置かれた障害物に近づいていき，またいでその障害物を越える場面では，障害物に対して視線が向けられたのは全視線停留時間の20％にすぎず，それ以外の多くは通路上の数歩先の位置に固定されてい

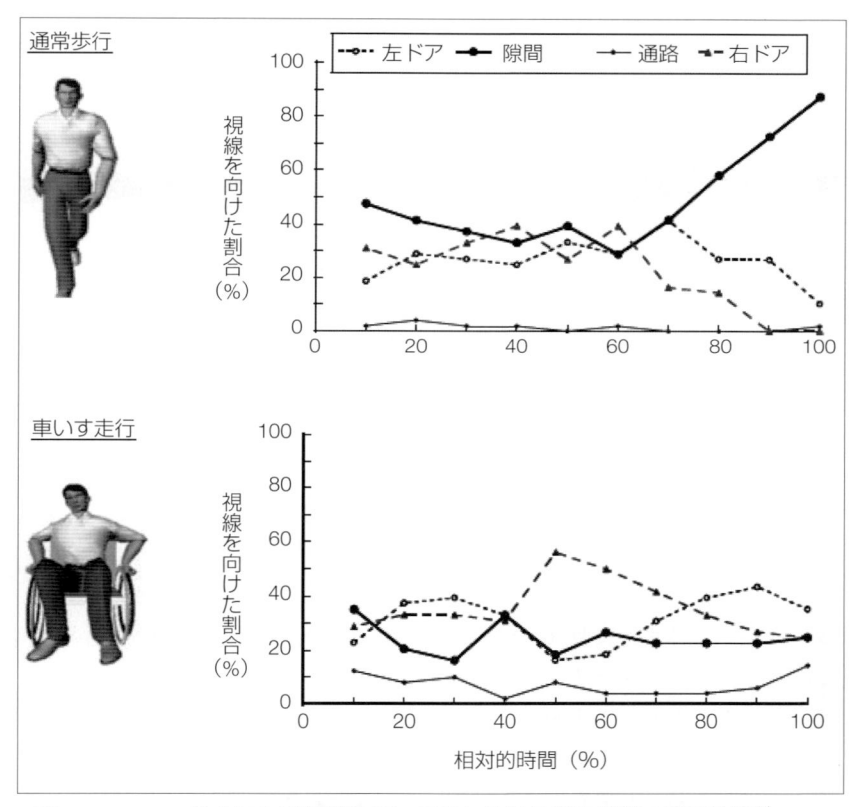

第2節　視線と身体運動—歩行の観点から

通常歩行

車いす走行

図 2-2-8　5m 前方にある隙間を歩いて通り抜ける際の視線の停留位置[22]
左のドア，隙間の中心，通路，右のドアの4カテゴリーに分類した．横軸は隙間の通過時点から逆算して歩行開始からの相対的時間を示している．

る[23]．視線が数歩前の位置に固定されているということは，頭部に対して視線が動いていないということを意味する．結果として空間における視線位置は歩行速度に依存して前方へ移動し続けることになる．このような視線の特性は移動性固視（travel fixation）とも呼ばれる．

視線固定の意味1：オプティックフローの利用

　歩行中に視線を固定する1つの機能的役割は，オプティックフロー（optic flow）と呼ばれる動的視覚情報の利用にあると考えられている．オプティック

図 2-2-9　オプティックフローの模式図[24]（図は文献1)より引用）
進行方向を中心として拡散方向に映像が広がる.

　フローとは，身体または物体の動きによって網膜上に生じる，規則的かつ光学的な変化のパターンを指す．私たちが進行方向を見据えて空間を前進する時，網膜上では進行方向の1点を中心として風景が拡大していく．この拡大率は中心から遠くなるほど大きいため，中心から遠い位置ほど風景が早く通り過ぎていくようにみえる．オプティックフローは，図2-2-9のように矢印（ベクトル）を用いて表現することができる．すなわち，矢印の向きが風景の拡大する方向を表し，矢印の大きさが拡大率を表す．オプティックフローを知覚することで，歩行に必要なさまざまな情報を獲得できる．空間を直進する場合（フローが回転成分を含まない場合），フローの拡大中心（focus of expansion）が移動方向となる[25,26]．また等速度で移動する場合，フローの速度から特定の場所に対して到達する時間を計算することができる[27]．

　リハビリテーション対象患者が，オプティックフローを知覚して歩行を調節することができるのかという疑問に対して，いくつかの検討がなされている．ある研究では，脳卒中片麻痺患者がオプティックフローの拡大中心に基づき歩行進路を正しく修正する能力が低下していることが示された[28]．この研究で参加者は，バーチャルリアリティ映像を投影するゴーグルを装着しながら実験室

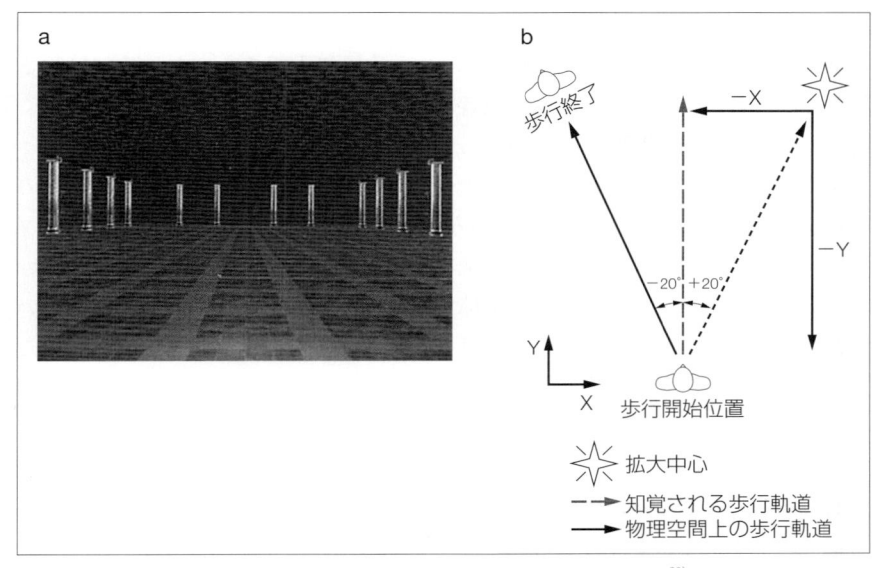

図 2-2-10　オプティックフローの知覚に基づく歩行軌道修正[28]
　　a：特殊ゴーグルをつけてあたかもバーチャル空間を歩いているかのように感じる歩行課題．まっすぐ歩くことを目的とする．
　　b：バーチャル上でオプティックフローの拡大中心を右にずらすと，実際にはまっすぐ歩いていても，歩行軌道が右にずれているように感じる．この状況下で拡大中心と反対方向に歩行軌道がずれていくかを検討した．

内を歩行した（図 2-2-10）．実験課題はバーチャル空間をまっすぐ歩くことであった．実験の途中，本当は参加者がまっすぐ歩いていたとしても，拡大中心がやや右（または左）にずれた映像が呈示された．こうした映像を若齢健常者に提示すると，あたかも自分の歩行軌道がやや右（または左）にずれたと錯覚するので，そのずれを修正するために，参加者の歩行軌道は，拡大中心のずれとは逆の左（または右）にずれる．すなわち，拡大中心をずらした分だけ歩行軌道がその逆方向に修正されれば，その対象者はオプティックフローの拡大中心に基づいて正しく歩行軌道を調整していることになる．この課題を片麻痺患者10名に実施したところ，正しく軌道を修正できたものは1名のみであった．その他の患者は，軌道修正の行動がいっさい出てこないケース，軌道修正の方

向が一貫しないケース（すなわち拡大中心の方向に合わせた修正ができていないケース），または常に非麻痺側方向にしか軌道修正できないケースに分類された．これらの結果から，片麻痺患者は全般的にオプティックフローに基づく進行方向の知覚能力が低下していることがわかる．

逆に，オプティックフローを利用することでリハビリテーション対象患者の歩行を改善できるかもしれないという報告もある．たとえばオプティックフローの拡大率は対象者の歩行速度に依存して変化するが，脳卒中片麻痺患者は，この拡大率を知覚して歩行速度を調節する能力を限定的ながら有しているという報告がある[29]．こうした能力を利用して，状況に応じた歩行速度の調整能力を訓練することができるかもしれない．また，パーキンソン病患者が床に縞模様を描くことで「すくみ足（freezing of gait）」の現象が改善されることについても，その理由の1つはオプティックフローの利用になるのではないかという指摘もある．なぜならば床面に縞模様を引くことで，視野下方のフロー情報が知覚されやすくなるからである[30]．

■■■ 視線固定の意味2：視支点としての機能 ■■■

視線を固定するもう1つの機能は，重要な情報のすべてが視野に入るように，適切な場所に視線を固定しておくという機能である．こうした機能はしばしば視支点（visual pivot）としての機能と呼ばれる．たとえば狭い隙間を通り抜ける場面では，視線を隙間の中心に固定しておけば，左右のドアが周辺視野に入るため，不意にいずれかのドアが動いたとしても，瞬時に対応することができる．

視支点としての視線固定については，主としてスポーツ競技の熟練者の視線行動に基づき議論されている．剣道では，遠山（えんざん）の目付という教えがあるという[31]．これは相手の動きに素早く対処するためには，視線を相手の面の辺りに固定したうえで，遠くの山をぼーっと見つめるような見方が望ましいという教えである．実際，相手と対峙している時の視線行動を師範レベルの選手と初心者で比較してみると，相手が激しく動き回っても，師範レベルの選手は視線が面からほとんど動いていない（図2-2-11）．すなわち，師範レベルの選手は視線を1ヵ所に固定することで相手がどのように動いても，その動きが周辺視野に入り込むような方略をとっている．これに対して初心者レベルの

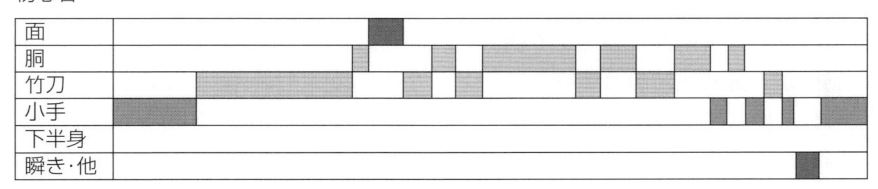

図 2-2-11 剣道の模擬試合時における視線パターン[31]
師範レベルと初心者レベルの選手間で比較した．

選手では視線が常に動いている．すなわち初心者レベルの選手は眼を動かすことで，重要なポイントを中心視で捉えようとしている．

剣道の師範と初心者にみられた視線行動の違いは，他のスポーツ競技においてもしばしば確認される．サッカーのディフェンス場面では，熟練者は膝や腰付近に視線を固定して，全体的な動きを監視している[31]．一方初心者はボールの動きに伴って常に視線が動く．一見したところ初心者の眼の動きは，ボールの動きを厳重に監視することで正確にディフェンスできるように感じるかもしれない．しかし実際のところは，こうした視線行動では，ボール移動を伴う相手のフェイント動作に簡単に引っかかってしまう．バスケットのフリースロー場面にせよ[32]，野球バッティングにせよ[31]，熟練者は重要な局面で視線を固定するという特徴がみられる．

スポーツ熟練者にみられる眼の動きからわかるように，相手の動きに対して素早く対応するためには，眼を素早く動かすのではなく，動かざる視線こそが求められている．実験心理学者のRosenbaumはこれを，「眼を動かすことよりも，むしろ維持することの方が高度な制御を必要とする（p211）」[33]と表現している．隙間通過時のように，歩行中の重要な局面において視線が一時的に固定されるのも，おそらくは環境の変化に対して即応的に対応するための方略であ

ろうと考えられる．

■ 方向転換時の視線の先導 ■

　曲がり角のように歩行中に左右に曲がる場面では，体幹が回旋を始めるのに先立って，視線および頭部の先導的な回旋が起こる[34,35]．このような先導的な回旋には，スムーズに方向転換をするためのいくつかの機能がある．第1に，これから向かう先の環境情報をいち早く視覚情報として取り入れることで，方向転換動作を予期的に制御する機能である．第2に，頭部の回旋というひねりの動作が，運動連鎖的に体幹の回旋をスムーズに引き出すという機能である．第3に，眼球を動かすために大脳の運動野から出力された運動指令（遠心性コピー）を，体幹の回旋角度の計算のために使うという機能である．この第3の機能については，手のリーチング動作における眼と手の協応関係をとおして明らかになった[36]．リーチング動作は，眼が空間のどこに固定されたのかという情報を手掛かりとしてスムーズに制御される[37]．このような眼との協応関係が，歩行中の下肢・体幹にも存在するのだろうと予想される．

　一部の脳卒中片麻痺患者においては，方向転換時に視線と頭部の先導的な回旋がみられないという報告がある[38]．この研究では8名の脳卒中片麻痺患者（平均65±7歳）および年齢を揃えた健常高齢者を対象として，交差点に差しかかる間際に左右いずれかの矢印が出たら，その方向に交差点を曲がるという歩行課題を実施した．交差点を曲がる際に視線，頭部，体幹（胸部，骨盤）が回旋するタイミングを測定し，視線と頭部の先導的な回旋がみられるかを検討した．その結果，片麻痺患者のなかでも特に歩行速度が遅い患者は，健常者と異なり，視線と頭部の回旋が体幹の回旋と同時かあるいは体幹の回旋後にみられた（図2-2-12）．これらの結果から，速度の観点からみて歩行機能が十分でない片麻痺患者の場合，視線や頭部の回旋を用いてスムーズに方向転換をすることができず，バランスを崩しやすい状況にあるといえる．

　なお，たとえ健常者であっても，方向転換時に視線と頭部を先導的に回旋するのは方向転換に十分な時間的余裕がある場合に限定される．たとえば歩行中に不意のタイミングで目の前に水たまりや障害物を見つけて，あわてて避けるような場面では，視線・頭部・体幹がほぼ同タイミングで目的方向へ回旋する[39]．こうした状況では，たとえ運動の精度が若干落ちたとしても，瞬時に身体全体

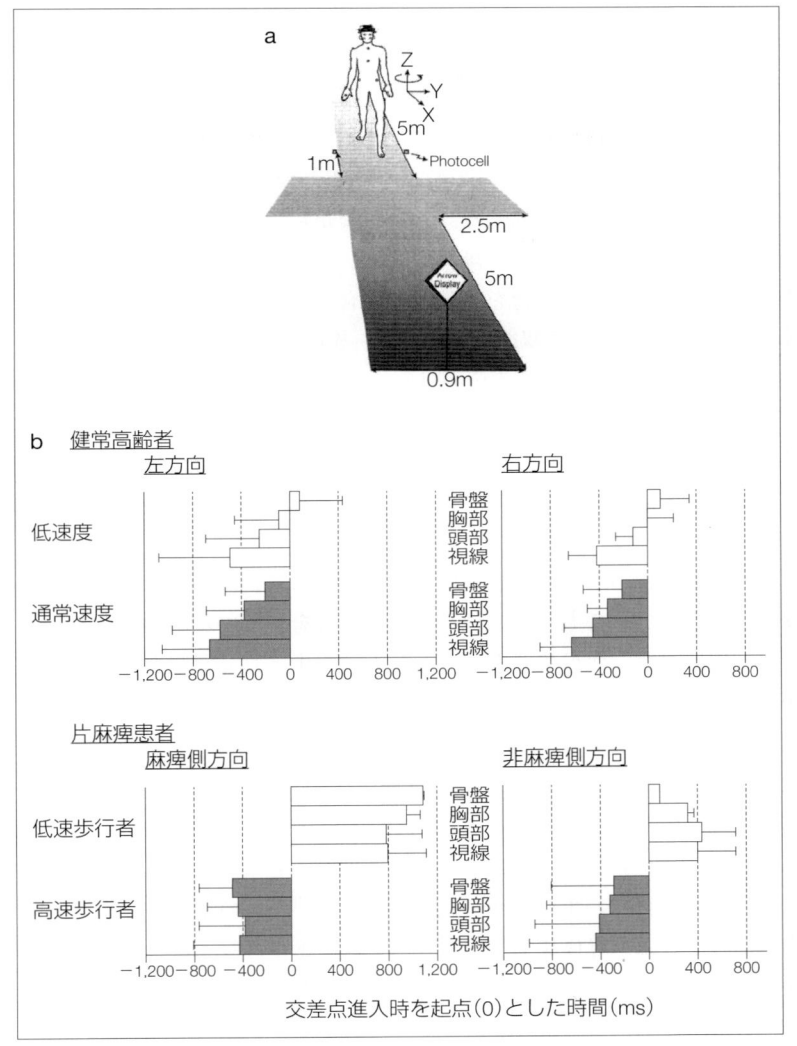

図 2-2-12　方向転換時の視線，頭部，体幹の回旋[38)]

　　a：交差点に差しかかる間際に左右いずれかの矢印が出たら，その方向に交差点を曲がるという歩行課題．健常高齢者と片麻痺患者を対象に実施した．
　　b：交差点を曲がる際の視線，頭部，体幹（胸部，骨盤）が回旋のタイミング．健常高齢者の場合，体幹の回旋に先立って視線と頭部が回旋している．これに対し片麻痺患者の場合，すべてがほぼ同時のタイミングで回旋するか，視線と頭部が遅れて回旋している．

の方向を転換しなくてはいけないため,こうした方略が有益となる.

■■■ 歩行通路に対する視線固定 ■■■

歩行中の視線位置はいつでも同じではなく,文脈によって変化する.通常は,オプティックフローの拡大中心の情報を利用した移動方向の修正を行うために,視線を前方へ向けるであろう.しかしながら,状況に応じて視線は数メートル先の歩行通路に向けられる場合もある.たとえば不整地などの悪路を歩く場合[11]や,通路にある障害物を回避する場合[23],着地位置が厳密に決まっている場合[40,41],階段を下りる場合[42]などでは,視線が歩行通路に向いている.

ここで重要なことは,視線の中心は足元ではなく,少なくとも数m先に向けられるということである.つまり,たとえ視線が歩行通路に向けられているとしても,視覚情報に基づいて歩行を予期的に制御するという性質は,前方を向いている場合と同じである.足元付近についてはやはり下方の周辺視野で捉えることになる.

これに対し一部の脳卒中片麻痺患者においては,特に歩行通路に危険物がない安全な状況であっても,足元付近を見て歩行をしている場合がある.理学療法士の吉田啓晃は,かつて著者のもとで大学院生として研究を行い,このことを明らかにした[43,44].対象は発症から3カ月以上が経過し,自立歩行できる患者に限定した.10mの歩行通路における視線位置を測定した結果,確かに片麻痺患者は同年齢の比較対象者に比べて下向き傾向が強かった[44].特に,歩行時の速度が低くて歩幅が狭い患者ほど,足元を見て歩く傾向が強かった.また,歩行中に足元が見えないように細工をして歩いてもらったところ,下向き傾向が高い患者の歩容にわずかながら乱れが生じた[43].この結果から,下を向いて歩く理由の1つは,麻痺側下肢を視野内ではっきりと捉えることで,感覚麻痺を代償しようとするためではないかと考えられた.

■■■ 視覚障害者における視線と歩行 ■■■

加齢などにより視覚機能が低下すると,歩行中の視線パターンに変化が生じ,歩行の先導役としての機能が十分に果たせないこともある.図2-2-13は,室内の廊下を歩いて左折するまでの視線行動について,網膜色素変性症により周辺視野が欠損している参加者(両眼による有効視野は10〜30°)と晴眼者の結

a：晴眼者　　　　　　　　　　　　b：周辺視野欠損者

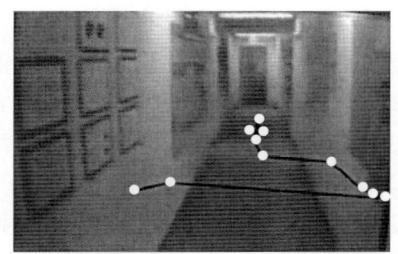

図 2-2-13　廊下を歩いて左折するまでの視線行動[45]
　白いラベルが付記されている場所が視線の停留位置，結線が視線の移動を示している．晴眼者（a）が進行方向（上図）または目標地点（下図）に視線を停留させているのに対して，周辺視野欠損者（b）は壁または床などの周辺領域に視線を停留させている．

果の一例を示したものである[45]．晴眼者は，進行方向または左折して向かう方向に視線を向けており，目標志向的な視線パターンを示している．これに対して周辺視野欠損者の場合，壁にある物体や壁と床の境界線上に視線を向けて歩いていることがわかる．周辺視野が欠損すると，進行方向だけに視線を向けていても空間を十分に把握できないため，周辺の環境物を参照する必要があるのだろうと推察される．

　図 2-2-13 を見ていると，周辺視野欠損者は健常者よりもキョロキョロしながら歩いているような印象を受けるかもしれないが，これは必ずしも正しくない．歩行中[46]や，道路を安全に横切ることができるかどうかの判断をしている際[47]の視線行動を測定してみると，周辺視野欠損者（両眼有効視野 20° 以下）は，晴眼者に比べて視線を動かす頻度が少なく，視線の移動エリアも狭い．また周辺視野欠損者は暗がりでの歩行のように，視覚的コントラスト（明暗比）

が低い状況での歩行では特にリスクを伴うことも指摘されている[48]．

　周辺視野ではなく，中心視野が欠損している場合についても，いくつかの報告がある．道路を安全に横切ることができるかどうかの判断について，中心視野欠損者は，晴眼者や周辺視野欠損者に比べて，安全に横切ることができるかどうかの判断が有意に遅れた[49]．また中心視野の欠損は，安全な環境での歩行よりも障害物回避などの場面において問題になりうるという指摘もある[50]．なお視覚障害者の場合，複数の眼疾を抱えるケースが多く，見え方は個々のケースで異なることに注意しなくてはならない．

視線への介入

　一部の高齢者や脳卒中片麻痺患者のように，歩行中の視線行動に問題がみられる場合には，視線行動の問題を改善させるための介入を行うことで，歩行がよくなるかもしれない．こうした発想は，たとえばスキーやスノーボードの初心者に対して，視線を高く上げさせることでスキルを上達させるという発想と同じものである．

　視線行動への介入として大きく2つの方法がある．第1の方法は対象者自体が意識的に，視線を正しい方向に向ける努力をするという方法である．スキーやスノーボードにおける先ほどの例は，こうした考え方に沿ったものである．リハビリテーション場面においても，視線位置を意識させることにより，歩容を改善させたケースがある．たとえば小脳疾患の患者は，1回のサッカードによって視線を特定のターゲットに移動させることが困難であり，視線位置を何度か修正してようやくターゲットを固視できる．Crowdyら[51]は2名の小脳疾患患者を対象として，複数の着地ターゲットに正確に着地するという歩行課題を対象に，視線行動へ介入することの効果を検討した．患者は歩行開始前に，スタート地点に立ったままで，スタートから6つ目までの飛び石ターゲットに対して1回のサッカードで視線を移す訓練を行い，その後に歩行課題を行った．その結果，両患者ともに，サッカードの訓練後に歩行課題の成績に改善がみられた．またYoungら[52]は，転倒リスクの高い高齢者が，ターゲットへの正確な着地場面において視線による下肢の誘導をしていないことを問題視し，足がターゲットに着地するまでしっかりと視線を向けることを，ビデオ映像を用い

て高齢者に意識させた．その結果，ターゲットに対する着地の精度が向上した．

　確かにこの第1の方法は有益な介入方法の1つであろう．しかし一方で，対象者が視線を正しい方向に向けることに過剰に注意を向けることで，歩行中にそれ以外の重要な情報を知覚することが疎かになるリスクもある（第3章第1節を参照）．そこで第2の方法として，対象者本人は視線の動きそのものを意識せず，別の課題に取り組むことで自然に視線が正しい方向に改善される，という方法も検討が必要であろう．ある研究では高齢者を対象に，歩行通路面に対する認知的負荷を高くした場面で6カ月間の歩行訓練を行うと，はじめは足元近傍にあった視線が徐々に遠くを見られるようになり，それに付随して歩行能力も改善したことがわかった[41]（結果の詳細については第3章第2節を参照）．このほかに経験談ではあるが，歩行中の下向き傾向が強い患者に対して，両手で荷物を抱えながら歩いてもらうと自然に視線をより前方へ導くこともあるという．このように，視線位置を意識させることなく自然に視線を誘導するという第2の方法についても，介入方略としての効果が期待される．ただし実証例に乏しいため，今後さまざまな検討が必要であろう．

引用文献

1) 樋口貴広, 他：身体運動学　知覚・認知からのメッセージ．三輪書店，2008
2) 小松原明哲：ヒューマンエラー．丸善，2003
3) 三浦佳世：知性と感性の心理学．岩波書店，2007
4) Land MF：Eye movements and the control of actions in everyday life. *Prog Retin Eye Res*　25：296-324, 2006
5) 樋口貴広：情報処理モデルの考え方．技術協会（編）：ヒューマンエラー対策事例集．技術協会，2013, pp 3-11
6) Drieghe D, et al：Eye movements and word skipping during reading revisited. *J Exp Psychol Hum Percept Perform*　31：954-959, 2005
7) Duysens J, et al：How trunk turns affect locomotion when you are not looking where you go. *Hum Mov Sci*　27：759-770, 2008
8) Saavedra S, et al：Eye hand coordination in children with cerebral palsy. *Exp Brain Res*　192：155-165, 2009
9) 三浦利章：視覚的注意の心理学と交通安全．三浦利章，他（編）：事故と安全の心理学．東京大学出版会，2007, pp 129-155
10) Marigold DS, et al：Gaze fixation patterns for negotiating complex ground terrain. *Neuroscience*　144：302-313, 2007
11) Marigold DS, et al：Visual information from the lower visual field is important for walking across multi-surface terrain. *Exp Brain Res*　188：23-31, 2008
12) Rietdyk S, et al：Control of adaptive locomotion：effect of visual obstruction and visual

cues in the environment. *Exp Brain Res* 169：272-278, 2006
13) Jansen SE, et al：Obstacle crossing with lower visual field restriction：shifts in strategy. *J Mot Behav* 43：55-62, 2011
14) Lord SR：Visual risk factors for falls in older people. *Age Ageing* 35 Suppl 2：ii42-ii45, 2006
15) Lord SR, et al：Multifocal glasses impair edge-contrast sensitivity and depth perception and increase the risk of falls in older people. *J Am Geriatr Soc* 50：1760-1766, 2002
16) 髙草木薫，他：脳幹・脊髄の神経機構と歩行．*BRAIN and NERVE* 62：1117-1128, 2010
17) Huxham FE, et al：Theoretical considerations in balance assessment. *Aust J Physiother* 47：89-100, 2001
18) Patla AE：Strategies for dynamic stability during adaptive human locomotion. *IEEE Eng Med Biol Mag* 22：48-52, 2003
19) Berg KO, et al：Measuring balance in the elderly：validation of an instrument. *Can J Public Health* 83 Suppl 2：S7-11, 1992
20) Riddle DL, et al：Interpreting validity indexes for diagnostic tests：an illustration using the Berg balance test. *Phys Ther* 79：939-948, 1999
21) 林　克樹，他：脳卒中患者の歩行障害のリハビリテーション．*BRAIN and NERVE* 63：1239-1251, 2010
22) Higuchi T, et al：Gaze behavior during locomotion through apertures：the effect of locomotion forms. *Hum Mov Sci* 28：760-771, 2009
23) Patla AE, et al：Where and when do we look as we approach and step over an obstacle in the travel path？*Neuroreport* 8：3661-3665, 1997
24) Gibson JJ（著），古崎敬，他（訳）：生態学的視覚論―ヒトの知覚世界を探る．サイエンス社，1985
25) Warren WH Jr.：Visually controlled locomotion：40 years later. *Ecological Psychology* 10：177-219, 1998
26) Warren WH Jr., et al：Optic flow is used to control human walking. *Nature Neuroscience* 4：213-216, 2001
27) Lee DN：Visuo-motor coordination in space-time. Stelmach GE, et al（eds）：Tutorials in motor behavior. North-Holland, 1980, pp 281-295
28) Lamontagne A, et al：Stroke affects locomotor steering responses to changing optic flow directions. *Neurorehabil Neural Repair* 24：457-468, 2010
29) Lamontagne A, et al：Modulation of walking speed by changing optic flow in persons with stroke. *J Neuroeng Rehabil* 4：22, 2007
30) Azulay JP, et al：Visual control of locomotion in Parkinson's disease. *Brain* 122(Pt 1)：111-120, 1999
31) 加藤貴昭：視覚システムから見た熟練者のスキルデザイン．日本スポーツ心理学会（編）：最新スポーツ心理学：その軌跡と展望．大修館書店，2004, pp 163-174
32) Vickers JN：Visual control when aiming at a far target. *J Exp Psychol Hum Percept Perform* 22：342-354, 1996
33) デビッド・ローゼンバウム（著）・関谷　昇（監訳）：動作の仕組み―からだを動かす原理の探求．三輪書店，2012
34) Hollands MA, et al："Look where you're going！"：gaze behaviour associated with maintaining and changing the direction of locomotion. *Exp Brain Res* 143：221-230,

2002
35) Imai T, et al：Interaction of the body, head, and eyes during walking and turning. *Exp Brain Res* **136**：1-18, 2001
36) Wilmut K, et al：How active gaze informs the hand in sequential pointing movements. *Exp Brain Res* **175**：654-666, 2006
37) Abrams RA, et al：Eye-hand coordination：oculomotor control in rapid aimed limb movements. *J Exp Psychol Hum Percept Perform* **16**：248-267, 1990
38) Lamontagne A, et al：Gaze and postural reorientation in the control of locomotor steering after stroke. *Neurorehabil Neural Repair* **23**：256-266, 2009
39) Paquette MR, et al：Age-related kinematic changes in late visual-cueing during obstacle circumvention. *Exp Brain Res* **203**：563-574, 2010
40) Chapman GJ, et al：Evidence for a link between changes to gaze behaviour and risk of falling in older adults during adaptive locomotion. *Gait and Posture* **24**：288-294, 2006
41) Yamada M, et al：Maladaptive turning and gaze behavior induces impaired stepping on multiple footfall targets during gait in older individuals who are at high risk of falling. *Arch Gerontol Geriatr* **54**：e102-108, 2012
42) Zietz D, et al：Gaze behavior of young and older adults during stair walking. *J Mot Behav* **41**：357-365, 2009
43) 吉田啓晃, 他：脳卒中片麻痺患者の足元を遮蔽した場合の歩行能力変化：歩行中の視覚—運動制御に関する研究. 臨床理学療法研究 **28**：51-55, 2011
44) 吉田啓晃, 他：脳卒中片麻痺者における平地歩行中の下向き傾向に関する検討—視線位置の観点から—. 第30回関東甲信越ブロック理学療法学会, 2011
45) Turano KA, et al：Direction of gaze while walking a simple route：persons with normal vision and persons with retinitis pigmentosa. *Optom Vis Sci* **78**：667-675, 2001
46) Vargas-Martin F, et al：Eye movements of patients with tunnel vision while walking. *Invest Ophthalmol Vis Sci* **47**：5295-5302, 2006
47) Cheong AM, et al：Traffic gap judgment in people with significant peripheral field loss. *Optom Vis Sci* **85**：26-36, 2008
48) Hassan SE, et al：What is the minimum field of view required for efficient navigation？ *Vision Res* **47**：2115-2123, 2007
49) Geruschat DR, et al：Traffic gap detection for pedestrians with low vision. *Optom Vis Sci* **88**：208-216, 2011
50) Timmis MA, et al：Patients with central visual field loss adopt a cautious gait strategy during tasks which present a high risk of falling. *Invest Ophthalmol Vis Sci* **53**：4120-4129, 2012
51) Crowdy KA, et al：Rehearsal by eye movement improves visuomotor performance in cerebellar patients. *Exp Brain Res* **146**：244-247, 2002
52) Young WR, et al：Can telling older adults where to look reduce falls？ Evidence for a causal link between inappropriate visual sampling and suboptimal stepping performance. *Exp Brain Res* **204**：103-113, 2010

第3章

注　意

第1節 選択的注意

本章では注意の機能について，選択的注意（第1節）と分割的注意（第2節）の2つの観点から，その基本的役割を解説し，運動支援との接点について考えていく．注意の機能に関する情報処理モデルは多数存在するが，本書では，Wickensら[1]のモデルに基づいて概念を整理し，関連する話題を紹介していきたい．

選択的注意の基礎

■ 選択的注意とは ■

注意の重要な機能は，膨大な入力情報のなかから有益な情報を優先的に選び出すことにある．このような情報の選択機能としての注意を選択的注意（selective attention）と呼ぶ．選択的注意は，必要な情報に注意を焦点化していくという意味で，焦点化注意（focused attention）と呼ばれることもある．人間が一度に処理できる情報量には限界があるため，必要な情報を選択する注意の機能は，脳の円滑な情報処理にとって重要な役割を担っている．図3-1-1で紹介しているWickensら[1]のモデルにおいては，こうした選択的注意の機能を，必要な情報だけを透過するフィルター機能と表現している．

選択的注意が特定の空間の場所に向けられる場合，その注意を空間的注意（spatial attention）と呼ぶ．また特定の感覚モダリティの情報に向けられた場合，視覚的注意，聴覚的注意などと呼び分けることもある．通常，視覚的注意が向けられる位置は，視線の位置に一致する．視線を向けて注意することを顕在的注意（overt attention）と呼ぶ．しかし注意は必ずしも視線の中心だけで働くのではない．サッカーやバスケットなどのボールゲームにおいては，視線の位置からパスコースを察知されないように，視線を向けることなく周辺領域に注意を向け，状況を把握する．このように，視線を向けずに注意することを潜

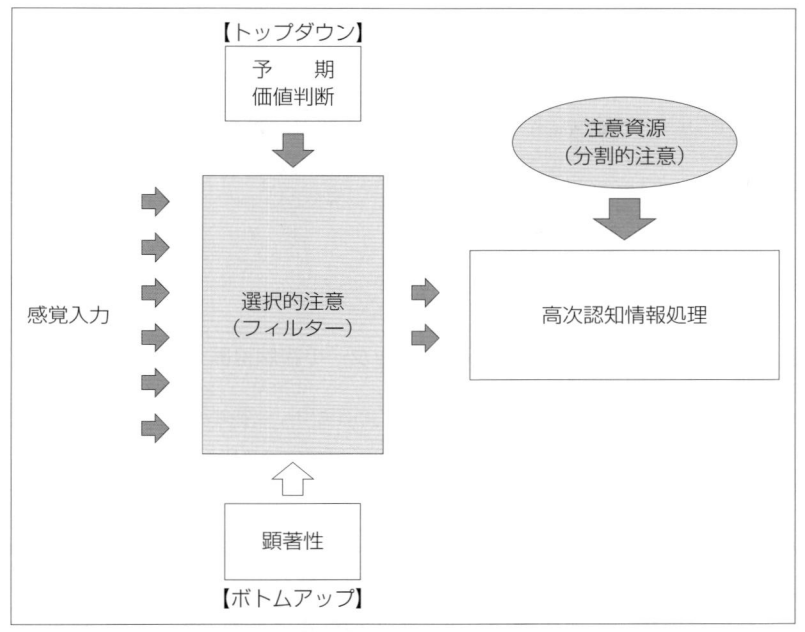

図 3-1-1 脳の情報処理過程における注意の2つの作用[1]
選択的注意と分割的注意が別々の位置に配置されているが，これは両者が完全に独立していた機能であることを表現しているのではなく，注意の作用の仕方が両者で異なっていることをわかりやすく表現したものである（図は文献2)より改変引用).

在的注意（covert attention）という．

選択的注意に影響するトップダウン要因

図 3-1-1 に紹介したモデルでは，選択的注意がトップダウン的な要因とボトムアップ的な要因の影響を受けることを示している．トップダウン的な要因とは，選択的注意を作動させる際の方略（ストラテジー）や一般則のことを意味しており，入力情報の性質にかかわらず作用する要因のことを意味している．これに対してボトムアップ的要因とは，入力情報そのものの性質のことを意味している．

トップダウン的要因としては，まず予期が挙げられる．予期とは，先行の手

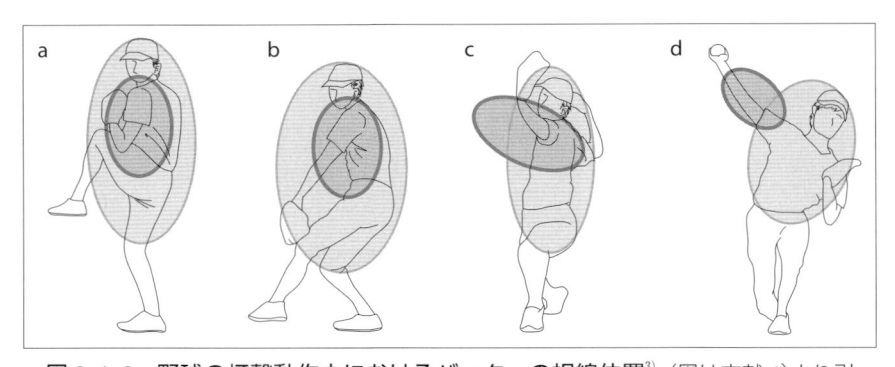

図 3-1-2 野球の打撃動作中におけるバッターの視線位置[3]（図は文献 4）より引用）
大きく薄い楕円が初心者，小さく濃い楕円が熟練者のおよその視線停留範囲を表している．

掛かりとなる情報や経験的知識を利用することで，注意をあらかじめ適切な情報や位置に向けることを指す．ベテランの運転経験者ならば，交差点を運転している時には，信号の変化や飛び出しの可能性など，急な対応が必要となりそうな場所に事前に注意を向けて運転をするであろう．ここで重要なことは，視野の隅から隅まで見るという対応ではなく，危険がありそうな場所を予期し，そうした場所で選択的注意の機能が優先的に働くようにするということである．

スポーツ競技熟練者の視線行動には，経験に基づく予期的な注意方略の一端がうかがえる．図 3-1-2 は，野球の打撃動作中にバッターがピッチャーのどこに視線を向けているかについて，模式的に示したものである[3]．これを見ると，熟練者は初心者よりも視線を動かすエリア（楕円で表現）が狭い．これは熟練者が投球動作の各局面においてどこに視線を向けておくかを，先行知識に基づき絞り込んでいることを反映している．さらにc図の局面を見ると，熟練者は一見したところ何もない空間に視線が向けていることがわかる．d図の局面を見ればわかるように，この視線位置は，ピッチャーがボールをリリースする際に腕がある位置に相当する．ボールのリリースに関わる情報はボールの軌跡を決定づけることから，熟練者はそうした重要な情報を見逃すことのないよう，先行して視線を動かしているものと推測される．

予期のほかにも，選択的注意に影響するトップダウン要因がある．価値判断の要因である．自分にとって価値のある情報については，そうでない情報よりも選択的に取り込まれる．たとえば休み時間の学校の教室のように，大人数が騒がしくしている状況では，個々の会話は雑踏に紛れ，ほとんど聞き取ることができない．しかし雑踏のなかで誰かが自分のことを噂し始めると，不思議とそのことに気がつき，その後は逆に無視しようとしても，その会話に強く注意を引きつけられることがある．自分の名前のように，自分にとって価値のある重要な情報に対して選択的に注意が向くという現象を，カクテルパーティー現象と呼ぶ[5]．新聞やテレビのニュースで自分や家族と同じ名前が出てくれば不思議と目にとまることや，もともと子どもに興味がなかった人でも，結婚して家庭を築いた後には街で見かける赤ん坊に目がとまるといったことも，価値判断に基づく選択的注意の事例である．さらに，虫嫌いの人にとっての虫のように，感情反応を強く引き起こすような刺激についても，優先的に注意が向けられる（第6章第1節参照）．

選択的注意に影響するボトムアップ要因

図3-1-3のなかから，つめ切りとスプーンを探すのにどの程度時間がかかるであろうか．このような探索課題においては，どの辺りに探している対象物がありそうかに関して，予期的に注意を向けるための手掛かりがなく，図の全体にくまなく注意を向けて探し出すしかない[注1]．こうした探索課題は，パソコンに慣れていない人がキーボード配列のなかから押すべきキーを探す場合にもみられる．こうした場面において対象物に素早く選択的注意が向けられるかどうかは，探索すべき視覚刺激のなかでターゲットがどの程度目立つ存在か（顕著性が高いか）という，ボトムアップの影響を受ける．

たとえば図3-1-3のような探索課題の場合，探索すべき対象の数が多いほど探索に時間がかかるという比例関係がある．しかし図3-1-4aのように，他の刺激に対してターゲットだけがひと際目立つ状況においては，探索すべき対象の数が増えても探索の時間は増加しない．こうした現象をポップアウトと呼ぶ．興味深いことに，図3-1-4aとbとでは，アルファベッドのOとQが，ターゲットになるかその他の刺激になるかが入れ替わっているだけの図であるにもかかわらず，Qがターゲットであるaの図のほうが容易にターゲットを探すことが

図 3-1-3　注意配分が難しい状況での対象物の探索の例[6]

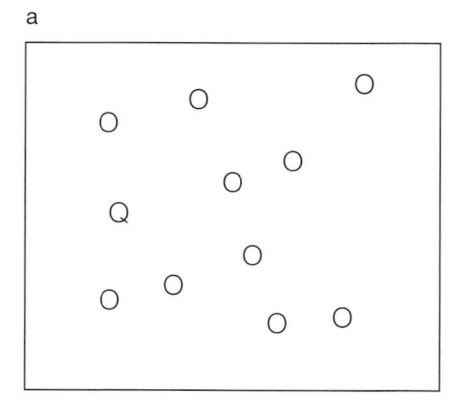

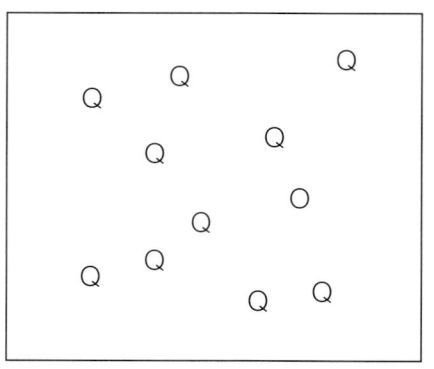

図 3-1-4　ターゲットのポップアウト現象[7]
　　　　aとbはターゲットと妨害刺激を逆転させただけだが，aに対して明確なポップアウト現象が生じるのに対して，bではターゲットを探すのに時間が要する．

できる．ターゲット以外の背景が均質であれば，一様にポップアウトの現象が発生するというわけではなく，ターゲットと背景との対比の明瞭性の程度により依存して発生すると考えられる[7]．

注1：図3-1-3のような探索課題に興味がある方は，子ども向きのシリーズ本である「チャレンジ！　ミッケ・コレクション」（ウォルター・ウィック著，小学館）をご覧いただきたい．美的センスも高く，大人も知的に楽しめる作品である．

選択的注意と意識

■ 非注意性盲 ■

目の前にはっきりと起こっている事象であっても，注意が向けられなければ意識にのぼらない．この事実については，拙著「身体運動学」[8]においても強調したところであるが，運動支援にも深く関わる知識であるため，再掲してその意義を解説する．

Simonsら[9]の実験では，ビデオ映像のなかで白いTシャツを着ている人たちと黒いTシャツを着ている人たちが，それぞれバスケットボールのパス交換をする映像が呈示された．実験参加者はこの映像を観察し，白いTシャツを着ている人たちのパス回数を数えた．映像の途中で突然，黒いゴリラの着ぐるみを着た人，あるいは傘をさす女性が，選手の間をゆっくりと通り過ぎた．実はこの実験は，白いTシャツを着ている人たちのパス回数を数えさせることで，画面上の白い刺激に参加者の注意を選択的に向けさせることを意図していた．

実験参加者がパス回数を回答した後，映像のなかで課題に無関連な刺激が映っていなかったか質問したところ，驚くべきことに，半数の参加者は着ぐるみのゴリラや女性に気づいていなかった．映像には，事前に無関連な刺激が映ることを知っていれば容易に気づくことができるほど，着ぐるみのゴリラや女性がはっきりと映っている．しかしながら実験参加者は事前に何の予告も受けておらず，さらにその刺激が白い刺激ではなかったことから，選択的注意が向けられず，意識にのぼらなかったと解釈できる．この例のように，目の前にはっきりと起こっている事象であっても，注意が向けられなければ意識にのぼらない現象は，非注意性盲（inattentional blindness）と名付けられた．

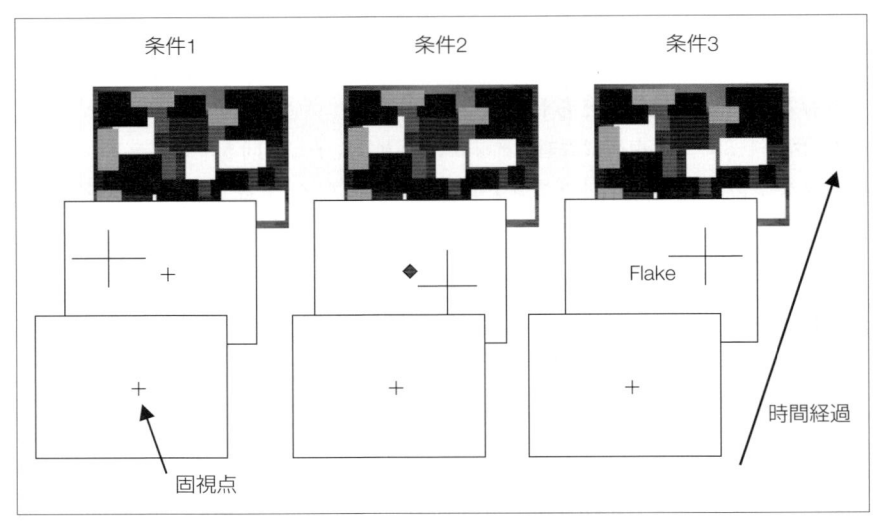

図 3-1-5　Mack らの実験課題[10]（図は文献 8）より引用）
実験参加者は固視点に視線を向けた状態で，画面に登場するクロス図形の縦と横の棒の長さを判断した（条件 1）．クロス図形に対して空間的注意が向いている最中に，固視点を黒いダイヤモンド図形（条件 2）や単語（条件 3）に切り替えても，約半数の実験参加者がその事実に気づかなかった．

　図 3-1-5 は，非注意性盲の現象を，よりベーシックな実験刺激に基づいて明らかにした実験の例である[10]．この実験において実験参加者は，コンピュータのディスプレイに呈示された固視点を見続けながら，周辺に瞬間的に呈示される大きなクロス図形の縦棒と横棒ではどちらが長かったかを回答した．参加者はクロス図形に対して，視線を動かさずに潜在的に注意を向けることで，高い正答率（約 90％）で長さを判断することができた．数試行の後，クロス図形が呈示されると同時に，固視点が小さなダイヤモンド図形や文字に切り替わった．ところが参加者の多くは固視点を見続けていたにもかかわらず，多くの人がダイヤモンドに切り替わったことに気づいておらず，やはり非注意性盲の現象が起きることが確認された．

■ 見えているのに見逃す：非注意性盲から学ぶこと ■

　非注意性盲の現象は，日常生活におけるさまざまな現象，特に日常のヒュー

マンエラーの問題と密接に結びついている．自動車運転中に携帯電話を使うことは，法律で禁止されている．しかし，やむをえず携帯電話を使用しなければいけない場合，ハンズフリー型の携帯電話であれば使用してもよい．この背景にある考え方は，「自動車運転中に携帯電話をすることの問題は，片手を取られてしまう弊害という運動性の問題にある」ということである．もちろん，こうした運動性の要因も自動車事故につながりうる[2,11]．

しかし非注意性盲の現象を知ると，この運動性の要因と等しく問題なのは，携帯電話で話している内容に選択的注意が向けられるという認知性の問題にあるとわかるであろう．たとえドライバーが前方に視線を向けていたとしても，視線の先に注意が向けられなければ，前方の信号や人の飛び出しが視野に入っても，見逃してしまう危険性がある．実際，ドライブシミュレータ上での運転を対象とした実験によれば，ハンズフリー型の携帯電話を使用しているにもかかわらず，会話している状況ではおよそ50％の確率で目的物を見落としてしまうという[12]．

運転中のこうした問題は携帯電話の使用中に限らない．考え事に過度に注意を奪われた状況で運転をすれば，やはり見落としの問題が生じる．ショックなことがあった直後や，嬉しさのあまり過度に興奮していると，運転に集中できない状態となり，見逃しの危険性が高くなる．こうした状態の時に運転を慎むことは，運転中に携帯電話を使用しないことと等しく，見落としによる自動車事故の防止に必要である．

さらに，非注意性盲に起因する見落としは，運転に集中している状況でも生じうるということにも理解が必要である．たとえば交差点を左折する際，巻き込み事故を防ぐために，左の歩行者の有無や左のカーブミラーに過度に注意を向け過ぎると，今度は信号の切り替わり，あるいは右からの車両進入に気づかない状況が発生しうる．また信号に気をとられ過ぎていると対向車の急な侵入に気づかないということもあるだろう．本人としては良かれと思って運転中の特定の作業に注意を集中させていることが，結果的に非注意性盲を起こしうるのである．自動車運転のようにさまざまな状況に対してバランスよく注意を向けておくべき行為については，何か1つの作業に対して過度に注意を向けることが，非注意性盲の状況を作り出すかもしれない．

日常動作の遂行もまさに，さまざまな状況に対してくまなく注意を向けてお

くべき作業の1つである．リハビリテーションの場面において，対象者が自身のバランスのことに注意を集中することで，なんとか姿勢を保持して歩いていたとする．こうした対象者が，訓練室において見かけ上バランスを保って歩くからといって，自立歩行可能と判断し，日常環境にて自由に歩いてもらうことは，適切な判断であろうか．日常環境において安全に歩いてもらうためには，環境情報に対してバランスよく注意を向ける能力が必要である．注意の観点からは，こうした能力をきちんと養ったうえで歩行ができることこそ，真の自立歩行となる．この問題については次節の「分割的注意」のセクション，および第5章第2節の「学習の特殊性」のセクションで再度議論する．

■■■ 運動支援者の教示のインパクト ■■■

運動支援の場面においては，運動支援者の教示が支援対象者の注意を一点に引きつけ，非注意性盲の現象を生み出す原因となることもあるかもしれない．第2章第2節では，歩行中の視線位置が協調的な歩行動作に重要であることについて触れた．こうした知識に基づき，下を向きがちな片麻痺患者に対して，「もう少し遠くを見て」と口頭で指示したり，前方の壁にマークをつけて固視させることで，視線を上げる努力をしたりする支援方法を考えることができるだろう．しかしながら，こうした支援者の指示を忠実に実践しようとすることで，視野に入っているそれ以外の情報には注意を向けられず，段差などの障害物を無視してしまう，といったリスクが発生しないとも限らない．

スキーやスノーボードの教習では，視線を上げさせるために「遠くの山を見て滑りましょう」と教示することがある．万が一初心者がこの教示に従うことによって，雪面の凸凹に対して注意が向けられず転倒したり，滑走姿勢を変えることでバランスを崩して転んだりしたとしても，たいていの場合は大きな怪我には至らない．すなわち，転びながら学ぶといったことが可能である．しかし，リハビリテーションの場面においては，転びながら学ぶという学習スタイルは認められない．支援対象者のパーソナリティによっては，運動支援者の教示を過度に重視するあまり，非注意性盲の状況を作り，転倒リスクを高めることにもなりかねない．運動支援者はこうした点にも一定の配慮が必要であろう．

誤解のないように説明しておくが，ここでの主張は決して「支援者対象の注意を局所的に向けさせるような支援をしてはいけない」ということではない．

むしろ，動作スキルを新規に（または改めて）学習するなかでは，身体部位に対してしっかりと注意を向けてもらうことも重要である[13~15]．身体部位に局所的に注意を向けることは身体感覚として生起する内容にも強い影響を与える（第1章第2節を参照）．さらには，身体部位に関する脳内情報処理にも影響を与える．たとえば示指をUの字型に動かしている際に，その指の動きに注意を向けた場合，注意を向けなかった場合に比べて，一次運動野における一部領域の活動が有意に高まった[13]．また，2本の指に対して物理的に等質な皮膚感覚入力を与えた場合，注意を向けた指に対する大脳皮質レベルの受容野の活動を選択的に強化した[14]．つまり，運動支援の局面において身体部位の一部に局所的に注意を向けてもらうとこと自体は，有意義な支援策の1つである．ただし次節で詳しく紹介するように，そもそも私たちの身体運動は意識的に制御するのではなく，潜在的に制御されているため，注意を過度に身体内部に向けることでかえって全身の協調性が崩れ，運動のパフォーマンスが低下するという理論もある[16]．運動支援者はやみくもに支援対象者の注意を操作するのではなく，本当にその局面において注意を操作することが有意義なのかについて，系統立てて判断することが求められているのである．

注意の観点から見たリハビリテーション対象者の諸問題

■ パーキンソン病患者の"逆説的歩行"と選択的注意 ■

　第2章第1節で紹介したように，パーキンソン病患者は隙間の存在といった視覚性の要因で，すくみ足の現象が生じてしまう．ところがその一方で，床面に横断歩道のような横線（縞模様）を付与することで，すくみ足が改善されることもある．視覚性の要因によってすくみ足が生じたり改善したりするという矛盾した状況を考慮して，縞模様の付与がもたらす歩行の改善のことを，逆説的歩行（paradoxical gait）と呼ぶことがある．

　縞模様の存在によって逆説的歩行が生じるのは，縞模様が視覚的手がかりとなって，パーキンソン病患者の注意を下肢（またはその近傍）に引きつけるからではないか，という考え方がある[17]．こうした考え方を注意誘導説という．パーキンソン病患者の場合，大脳基底核が関与する運動制御機構がうまく機能

表3-1-1 すくみ足を改善させると感じる方略についてのアンケート調査（上位項目の抜粋）[20]

方略	頻度（%）
歩行の各ステップに対して注意を払う	53.8
歩幅を長くしてみる	47.7
歩行時の荷重位置を調節してみる	44.6
階段を上る※	43.1
足を通常より高く上げてみる	35.4
足を踏み鳴らすように動かしてみる	32.3
頭の中で数を数える	31.5
横歩きしてみる	28.5
マーチ風の曲をハミングしてみる	28.5
床の線に沿って歩いてみる	24.6

※「going up stairs」の直訳．詳細不明のため，実質的な意味が異なる可能性がある．

していない．大脳基底核が関与する運動制御機構は，歩行速度や歩幅，歩行周期のような歩行パターンを自動的に制御することに関与する[18,19]．したがってこの経路が損傷を受けると，歩行の自動的な調整が困難になると予想される．注意誘導説では，足元に引いた縞模様が視覚的な手掛かりとなって患者の注意を誘導し，下肢を意識的に動かすことを促す結果，自動的な制御の問題が克服され，すくみ足が改善するのではないかと考える．

実際，パーキンソン病患者130名（うち，72%もの対象者がすくみ足を経験）を対象とした調査研究によれば[20]，すくみ足を克服する方法として試みていることは，歩行の各ステップに対して注意を払うこと，歩幅を長くすること，歩行時の荷重位置を調節したり，足をやや高く上げたりすることであった（表3-1-1）．これらはおおむね下肢の意識的な制御に関連する内容であり，注意誘導説の考え方に沿ったものといえる．

カナダのAlmeidaらのグループは，パーキンソン病患者の歩行障害について，知覚認知性の要因を特定するためにさまざまな研究を行っている．最近の研究によれば，床の縞模様がすくみ足を改善するのは，縞模様そのものに対して注意を向けるからではなく，下肢に注意を向けるからではないかと報告している[21]．この報告は22名のパーキンソン病患者を対象とした研究である（残念

ながら全員，日常生活においてすくみ足の症状を呈してはいなかった）．下肢に対する情報が重要であるかどうかを検証するため，この実験では，床に縞模様を引く条件のほかに，ウエスト部に取り付けたレーザーにより1歩先を常に照射して歩くという条件を設定した．レーザー条件の場合，自分が動けばレーザー光は常に1歩先にあるので，縞模様を引かなくても，足元に視覚的手掛かりを与え続けることができる．実験ではこのレーザー条件の効果を，これを通常の照明ありの場合となしの場合（暗室）とで検討した．もし床に視覚的手掛かりがあることが重要ならば，照明の有無にかかわらず，レーザーの効果が示されるはずである．一方で，視覚的手掛かりをきっかけに下肢に注意を向けることが重要ならば，照明のない暗室条件では下肢が見えないため，レーザーの効果は消えてしまうはずである．

その結果，白線条件とレーザー条件では，何も視覚的手掛かりを床に施さないコントロール条件に比べて，広い歩幅で歩くことができた．これに対して，暗室レーザー条件（つまり下肢の見えない条件）では，コントロール条件との間に差がみられなかった．この結果から，通路に視覚情報を付加することで歩行に改善がみられる理由の1つは，下肢に対する視覚的注意を促す役割を果たすからと考えられる．

ただしパーキンソン病患者のなかには，注意を適切に配分するために重要な役割を果たすといわれているワーキング・メモリ内の中央実行系（次節参照）にも障害がみられるという報告がある[22~24]．このようなケースの場合，下肢に注意を誘導させること自体が難しいため，仮に床の縞模様の効果が得られたとしても，それは別の要因によるものと考えたほうがよい．

床の縞模様の効果を説明する別の仮説として知られているのは，すでに第2章第2節で触れたオプティックフローの利用である[25,26]．縞模様をつけるということは，床面に輝度の異なる2色のコントラストをつけるということである．こうしたコントラストがついているほうが，歩行中に周辺視野下方部に投影されるオプティックフローを鮮明に知覚できるため，歩行の調節に利用しやすくなるというのが，この仮説の考え方である．

半側空間無視と選択的注意

脳卒中患者などにおいて発症する半側空間無視（unilateral spatial neglect,

または hemineglect) の症状についても，その原因の1つに選択的注意の障害があるのではないかという考え方がある．以下では，拙著「身体運動学」[8]において紹介した基本的な考え方を再掲したうえで，新たな話題として，座位時と歩行時の無視症状が同一現象かという話題について紹介する．

半側空間無視の症状はさまざまな病巣で生じるものの[27]，特に大脳右半球の損傷，特に頭頂領域に損傷を受けた患者が，対側空間である左側の空間を無視してしまうケースが多い[28]．大脳右半球の損傷患者は，視覚刺激が単独で呈示された場合には，それが左空間であっても認識できる場合がある．ところが左右両側で呈示されると，左空間に呈示された刺激を無視してしまう[29]．このような行動所見と，右頭頂野が空間的注意に関与する脳領域であるという事実から[28,30~32]，半側空間無視は脳損傷による注意の障害が原因なのではないかという仮説が示された．すなわち半側空間無視とは，複数の刺激に対して注意を向ける必要がある条件のもとで，脳損傷の対側空間である左側の空間に対して空間的注意を向けることができないために生じる，という仮説である．もしこの仮説が正しいならば，たとえ複数の刺激が両側に呈示されても，それが1つの図形として知覚され，注意を複数の刺激に配分する必要がない条件では，半側空間無視が軽減されるはずである．

Mattingleyら[33]は，物理的には存在しない主観的輪郭が意識的に知覚されるカニッツァ図形[34]を用いてこの問題を検討した（図3-1-6）．生理学的な知見から，カニッツァ図形の認識には注意が関与する以前の情報処理過程，すなわち後頭領域（V2野）を中心とした初期視覚の情報処理が関与することがわかっている[35]．したがって，半側空間無視の症状が注意の障害に由来するとしても，半側空間無視を呈する患者はカニッツァ図形における主観的輪郭を認識できると考えられた．実験の結果は仮説のとおり，主観的輪郭によって1つの図形が知覚される刺激（a図）では，左側の刺激に対する無視が改善されることを示した．この結果は，注意障害説の妥当性を強く支持する．

もちろん，すべての無視症状が注意の障害で説明できるわけではない．図3-1-7bは，図3-1-7aに示された上下2つのモデルについて，ある無視患者が模写した花の絵である[36]．上の図については，表面的には空間的に左側の花が描かれていないため，その問題は注意障害説でも説明ができる．しかし下の絵の場合，それぞれの花の絵の半分を描いている．もしこの患者の問題が注意の障

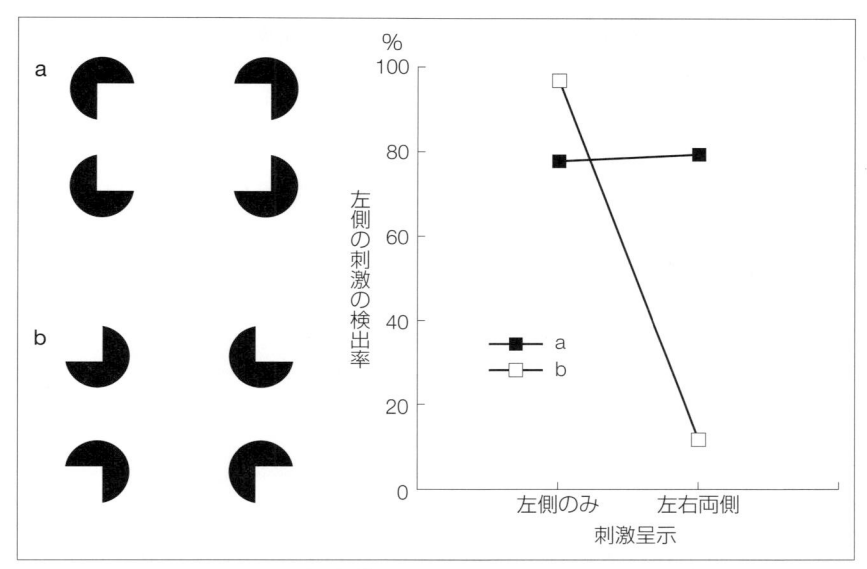

図 3-1-6　Mattingley らの実験[33]（文献 8)より引用）
　　　　　aのように，物理的には存在しない白い四角形が図の中央部で知覚される場合，視覚刺激が両側呈示されても，左側の刺激を無視する確率が低くなった．

害であるならば，下の絵に対して完全な花を一輪だけ描いたはずである．すなわちこの患者の場合，左空間を無視したのではなく，物体の左側が無視されていることになる．またこのケースとは逆に，自分の正中線を中心とした場合の左空間を無視する患者もみられる．こうした患者の場合，たとえば線分二等分課題などの検査を行っている最中，体幹を左側に若干回旋することで，左空間の無視症状が改善されるという報告もある[38,39]．

▌座位時と歩行時の半側空間無視は同一現象？

　座位で行う机上の検査において顕著な左無視の症状を呈する患者であれば当然，車いすで日常空間を移動している際にも，左側を壁や障害物に接触することが多いだろう．では，座位時にみられる無視症状と歩行時にみられる無視症状は，完全に同一現象であろうか．すなわち，効果的なリハビリテーションによって机上で半側空間無視がみられないほどに症状が回復した場合，歩行時の

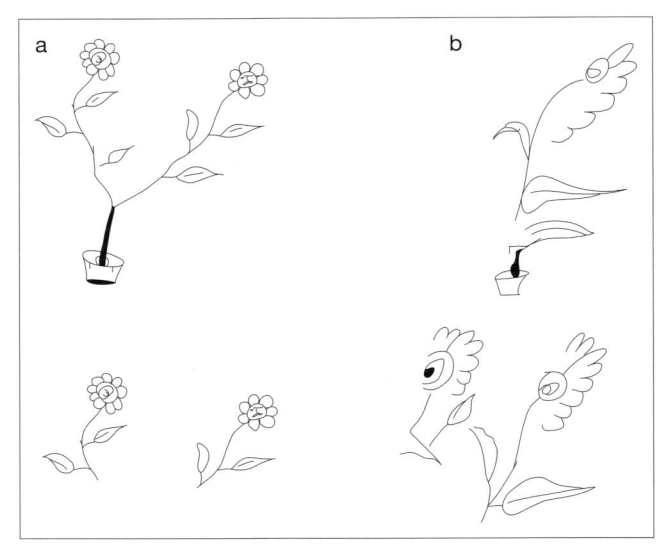

図3-1-7　花を中心にした座標系において花の左側を無視した患者の例[36]（図は文献37)より引用）

左接触は起こらないだろうか．一部の研究報告によれば，両者は100％完全に同一の原因により生じるのではない可能性がある．

　こうした議論を紹介するにあたり，まずは座位時と歩行時の半側空間無視が同一の原因により生じると主張する研究を紹介したい．実は，ここで紹介する研究の対象者は健常者であり，半側空間無視患者ではない．興味深いことに，たとえ健常者であっても空間を寸分違わず左右対称に認知していることはなく，まるで右空間をわずかに無視しているかのような現象がみられる．たとえば平行線の中点を正確に同定するという線分二等分課題であれば，まるで右空間に対する無視症状があるかのように，ごくわずかながら主観的な二等分点が左に寄る[40]．この現象は，半側空間無視に見かけ上似ている現象として疑似的空間無視（pseudoneglect）と呼ばれる[41]．

　オーストラリアのNichollsらのグループは，健常者がわずかながら右空間を無視するという疑似的空間無視の現象が歩行時にもみられると主張した[42]．彼らは276名の大学生を対象に，身体幅よりもほんの2cm広いだけの隙間を，体幹を回旋することなく通り抜けてもらった（図3-1-8a）．参加者は手におも

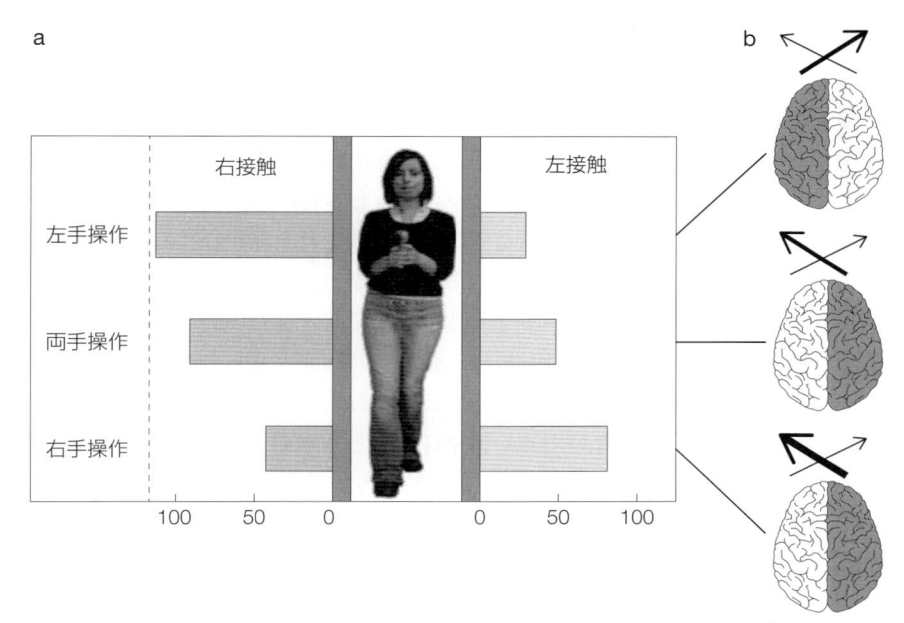

図 3-1-8 非常に狭い隙間を通過する際の接触の左右差に関する研究[42]（a）と手の操作によって接触の左右が変化することを説明する概念[43]（b）

ちゃのピストルを持っており，隙間の向こうにある的を狙いながら通り抜けた．その結果，両手でピストルを操作した場合（すなわち手の操作に左右差がない場合），隙間通過の際に身体の右側を接触した．さらに，ピストルを右手だけで操作した場合には右側の接触が減少し，逆に左手だけで操作した場合には右接触が助長されることも示した．

Nicholls らはこれらの結果を，空間的注意に関する大脳皮質の半球機能の左右差が原因であると解釈した（図 3-1-8b）[42]．空間的注意や視空間情報処理に関する脳内情報処理は，大脳皮質右半球において左半球よりも優位な活動がなされていると考えられている．その結果，視空間の認知にわずかな左右差がみられ，右側を無視してしまう．片手を動かすと対側半球の脳活動が活発になるため，この左右差が変化する．すなわち右手を動かせば対側の左半球の活動が活発になるため，右半球優位の状況が解消されて右無視の症状がなくなる．逆に左手を動かせば，右半球の活動がさらに活発になるため右無視の症状がさら

に強くなる．なおこの解釈は，なぜ大脳皮質右半球損傷における左無視症状がその逆よりも多いのかに対する理論的説明に立脚したものである[43]．

彼らは別の研究において，線分二等分課題の成績で右無視傾向（すなわち主観的二等分点が左に偏倚する傾向）と，右接触の頻度の間に有意な相関がみられることも確認している[44]．しかしながら，もし歩行中の隙間通過行動がいわゆる隙間の二等分課題に相当するならば，その軌道は右無視によって左に寄るはずであり，左接触を予想するはずである．実際 Nicholls らはこうした問題に気づき，のちに別の理論的枠組みを提唱している[45]．また隙間を通り抜ける際の歩行軌道の左右偏倚量は，通り抜ける際の支持脚がどちらの脚であったかに大きく依存するはずである（いわゆる lateral sway）．しかし Nicholls ら[42]ではこの要因が排除されていないため，結果に影響した可能性がある．

そこで著者の研究室では，当時大学院生であった藤懸大也を中心として，Nicholls らの研究手法に存在する問題点を排除したうえでも，本当に隙間を通り抜ける際の軌道が右偏倚するかを検討した[46]．その結果，やはり隙間を通り抜ける際の歩行軌道の左右偏倚量は，通り抜ける際の支持脚がどちらの脚であったかに大きく依存することを確認した．すなわち Nicholls らではこの要因が排除されていないため，結果に影響した可能性がある．この問題を排除すると，一貫して歩行軌道が右偏倚するという傾向はみられなかった．最も重要な結果は，座位で行う線分二等分課題と歩行軌道の左右偏倚量との間に，有意な相関がみられなかったということである．全部で3つの実験を行ったが，いずれの実験においても両者の間の相関関係を見出すことができなかった．以上の結果から，健常者が隙間を通過する際の歩行軌道のずれは，疑似的空間無視では説明できないのではないかと結論づけた．

リハビリテーション対象患者においても，座位時と歩行時の半側空間無視は100％同一現象ではないかもしれない．あるケーススタディでは，机上のテストでは無視症状がみられないのに，歩行時には左側の障害物への接触がみられる8歳の男児患者の事例を紹介している[47]．この男児は，交通事故による右頭頂葉-後頭葉の損傷により，半身麻痺や半側視野欠損といった症状がみられた．知能については全般的には大きな問題がなかった．さらに机上の検査（線分・文字抹消課題）でも顕著な無視は認められなかった．しかしながら歩行中には，左空間にある物体をあたかも無視して歩いているような症状が認められた．

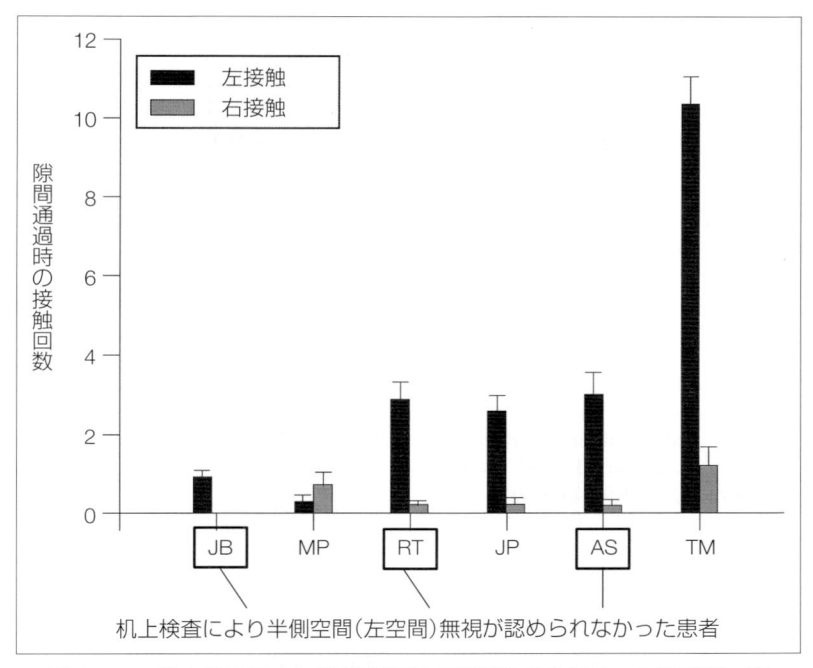

図 3-1-9 机上検査により半側空間無視が認められなかった患者が，車いすによる隙間通過時に左接触をしてしまうケース[48]

　また50代から70代までの半側空間無視患者7名を対象に，車いすによる隙間通過場面における無視症状について検証した結果，7名中3名の患者において，机上の検査では無視がみられなかったにもかかわらず，隙間通過場面では顕著な左無視症状（左接触）がみられた（図3-1-9）[48]．これらの結果を考えると，リハビリテーションの成果として机上検査による無視がみられなくなったからといって，日常生活における接触事故が完全に解消されるという保証はないのかもしれない．ただ現時点では，歩行時特有の空間無視現象の実態が明らかになっていない．こうした議論を具体的な運動支援につなげていくには，今しばらくの研究の進展を待たねばならない．

引用文献

1) Wickens CD, et al：Applied attention theory. CRC Press, 2008

2) 篠原一光：注意とヒューマンエラー―交通安全と注意問題を中心として―．原田悦子，他（編）：注意と安全．北大路書房，2011，pp 186-208
3) Kato T, et al：Visual search strategies of baseball batters：eye movements during the preparatory phase of batting. *Percept Mot Skills*　94：380-386, 2002
4) 加藤貴昭：視覚システムから見た熟練者のスキルデザイン．日本スポーツ心理学会（編）：最新スポーツ心理学―その軌跡と展望．大修館書店．2004，pp 163-174
5) Moray N：Attention in dichotic listening：Affective cues and and the influence of instructions. *Q J Exp Psychol*　11：56-60, 1959
6) 樋口貴広：注意の特性とヒューマンエラー．情報機構（編）：ヒューマンエラー対策事例集―仕組みの作り方，教育の仕方，2013，pp12-18
7) 岩崎祥一：注意の理論とその歴史．原田悦子，他（編）：注意と安全．北大路書房，2011，pp 2-35
8) 樋口貴広，他：身体運動学　知覚・認知からのメッセージ．三輪書店，2008
9) Simons DJ, et al：Gorillas in our midst：sustained inattentional blindness for dynamic events. *Perception*　28：1059-1074, 1999
10) Mack A, et al：Inattentional Blindness. London, MIT Press, 1998
11) Brookhuis KA, et al：The effects of mobile telephoning on driving performance. *Accid Anal Prev*　23：309-316, 1991
12) Strayer DL, et al：Cell-phone-induced driver distraction. *Psychol Sci*　16：128-131, 2007
13) Binkofski F, et al：Neural activity in human primary motor cortex areas 4a and 4p is modulated differentially by attention to action. *J Neurophysiol*　88：514-519, 2002
14) 井口義信，他：脳波・筋電図の臨床　注意の焦点の脳内表現：選択的注意によるヒト一次体性感覚野の可塑的変化．臨床脳波　47：372-377，2005
15) Sacco K, et al：Reorganization and enhanced functional connectivity of motor areas in repetitive ankle movements after training in locomotor attention. *Brain Res*　1297：124-134, 2009
16) Wulf G：Attention and motor skill learning. Human Kinetics, 2007
17) Morris ME, et al：Stride length regulation in Parkinson's disease. Normalization strategies and underlying mechanisms. *Brain*　119：551-568, 1996
18) 矢野雅文，他：適応的な歩行運動のシミュレーション．*BRAIN and NERVE*　62：1173-1181，2010
19) Takakusaki K, et al：Basal ganglia efferents to the brainstem centers controlling postural muscle tone and locomotion：a new concept for understanding motor disorders in basal ganglia dysfunction. *Neuroscience*　119：293-308, 2003
20) Rahman S, et al：The factors that induce or overcome freezing of gait in Parkinson's disease. *Behav Neurol*　19：127-136, 2008
21) Lebold CA, et al：An evaluation of mechanisms underlying the influence of step cues on gait in Parkinson's disease. *J Clin Neurosci*　18：798-802, 2011
22) 武澤信夫，他：大脳皮質と基底核の障害に伴う歩行障害．*BRAIN and NERVE*　62：1193-1202，2010
23) Matsui H, et al：Wisconsin Card Sorting Test and brain perfusion imaging in Parkinson's disease. *Parkinsonism Relat Disord*　12：273-278, 2006
24) Amboni M, et al：Freezing of gait and executive functions in patients with Parkinson's disease. *Mov Disord*　23：395-400, 2008

25) Azulay JP, et al：Visual control of locomotion in Parkinson's disease. *Brain* 122：111-120, 1999
26) Ferrarin M, et al：Effect of optical flow versus attentional strategy on gait in Parkinson's Disease：a study with a portable optical stimulating device. *J Neuroeng Rehabil* 5：3, 2008
27) 前島伸一郎：半側無視の下位分類. 高次脳機能研究 26：235-244, 2006
28) Driver J, et al：Perceptual awareness and its loss in unilateral neglect and extinction. Dehaene SE（ed）：The cognitive neuroscience of consciousness. MIT Press, Cambridge, 2001, pp 39-88
29) Vuilleumier P, et al："Both" means more than "two"：localizing and counting in patients with visuospatial neglect. Nat *Neurosci* 2：783-784, 1999
30) Snyder JJ, et al：Spatial-temporal anisometries following right parietal damage. *Neuropsychologia* 42：1703-1708, 2004
31) Corbetta M, et al：A common network of functional areas for attention and eye movements. *Neuron* 21：761-773, 1998
32) Shipp S：The brain circuitry of attention. *Trends Cogn Sci* 8：223-230, 2004
33) Mattingley JB, et al：Preattentive filling-in of visual surfaces in parietal extinction. *Science* 275：671-674, 1997
34) Kanizsa G：Subjective contours. *Sci Am* 234：48-52, 1976
35) von der Heydt R, et al：Illusory contours and cortical neuron responses. *Science* 224：1260-1262, 1984
36) Marshall JC, et al：Visuo-spatial neglect：a new copying test to assess perceptual parsing. *J Neurol* 240：37-40, 1993
37) 本田仁視：視覚の謎. 福村出版, 1998
38) Karnath HO, et al：Trunk orientation as the determining factor of the 'contralateral' deficit in the neglect syndrome and as the physical anchor of the internal representation of body orientation in space. *Brain* 114：1997-2014, 1991
39) 杉本 諭, 他：体幹左回旋により見かけ上の右無視（左偏位）を示した左半側無視の1例—線分2等分での検討. 失語症研究 15：209-214, 1995
40) Jewell G, et al：Pseudoneglect：a review and meta-analysis of performance factors in line bisection tasks. *Neuropsychol* 38：93-110, 2000
41) Bowers D, et al：Pseudoneglect：effects of hemispace on a tactile line bisection task. *Neuropsychol* 18：491-498, 1980
42) Nicholls ME, et al：Things that go bump in the right：the effect of unimanual activity on rightward collisions. *Neuropsychol* 45：1122-1126, 2007
43) Kinsbourne M：Orientational bial model of unilateral neglect：Evidence from attentional gradients within hemisphere. Robertson IH, et al（eds）：Unilateral neglect：clinical and experimental studies. Erlbaum, Hillsdale, NJ, 1993, pp 63-86
44) Nicholls ME, et al：Rightward collisions and their association with pseudoneglect. *Brain Cogn* 68：166-170, 2008
45) Nicholls ME, et al：A hit-and-miss investigation of asymmetries in wheelchair navigation. *Atten Percept Psychophys* 72：1576-1590, 2010
46) Fujikake H, et al：Directional bias in the body while walking through a doorway：its association with attentional and motor factors. *Exp Brain Res* 210：195-206, 2011
47) Grossi D, et al：On selective left neglect during walking in a child. *Brain Cogn* 47：539-

544, 2001
48) Punt TD, et al：From both sides now：crossover effects influence navigation in patients with unilateral neglect. *J Neurol Neurosurg Psychiatry* 79：464-466, 2008

第2節 分割的注意

分割的注意の基礎

分割的注意とは

　私たちが一度に行うことのできる情報処理には限界がある．このため同時に複数の作業を行う際には，それらの作業に優先順位をつけ，優先順位の高い作業が着実に遂行されるような情報処理がなされている．心理学では限りある処理資源が作業の優先順位に伴って適切に配分されることを，分割的注意（divided attention）という[1]．

　選択的注意が1つの課題や情報に集中的に注意を割り当てている状態であるのに対して，分割的注意は，2つ以上の課題や情報に注意を分割している状態を指す．第1節冒頭に紹介したモデル図（図3-1-1）では，これら2つの注意を別々に配置している．しかしこれは，両者が完全に独立した機構であることを表現しているのではなく，注意の作用の仕方が両者で異なっていることをわかりやすく表現したものである．したがって分割的注意の状況にあっても，注意が向けられた課題や情報に対してより高次の情報処理がなされていくという性質自体は，選択的注意の性質と同様である．

デュアルタスク課題を用いた分割的注意の評価

　分割的注意の状態を評価するにあたっては，2つの課題を同時に行わせるデュアルタスク（二重課題）という実験パラダイムがよく用いられる．さらに複雑な状況として3つ以上の課題を同時に行う場合には，その状況をマルチタスクと呼ぶ．図3-2-1は，複数の姿勢条件でバランスをとりながら（主課題），同時に音に対して素早く反応する（2次課題）というデュアルタスクの結果を，体操選手とその他のスポーツ競技の選手で比較したものである[2]．バランス課題は，両足立ちよりも片足立ちのほうが難易度が高く，また柔らかいマットの

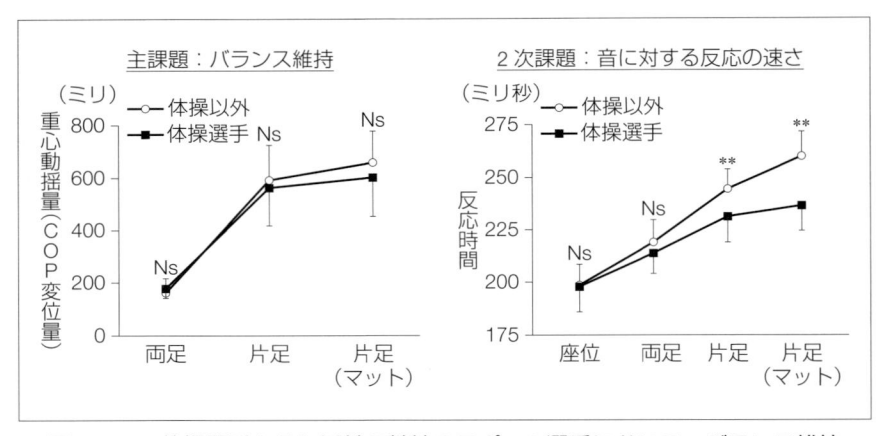

図 3-2-1　体操選手とそれ以外の競技のスポーツ選手において，バランス維持（主課題）と音に対する反応時間（2次課題）とのデュアルタスクを行った場合の成績[2]
グループ間に有意差があった場合に＊＊，なかった場合に NS と記載されている．

上で片足立ちをするとさらに難易度が高くなる．これをみると，主課題であるバランス課題については両選手群の成績に有意な差はみられない．つまりいずれの群の参加者も主課題の遂行を優先していることがわかる．

次に2次課題である音に対する反応時間課題の結果をみると，姿勢の難易度が高くなるにつれて，体操選手のほうが有意に反応時間が早いことがわかった．体操選手の場合，難易度の高い姿勢条件でバランスをとることに高度に熟達化していることから，難易度の姿勢条件であっても2次課題である反応時間課題に注意を向ける余裕があったと解釈できる．すなわち，経験をとおしてある行為が自動的に遂行できるようになると，その行為に対して分割的注意を払う必要がなくなるため，デュアルタスクの管理が容易になるといえる．

さらに，同時に行う2つの課題がどの程度類似した性質の課題であるということも，デュアルタスクの成績に大きく影響する．たとえば，右手の人差し指で一定のリズムを刻むという運動性の課題が主課題であるとしよう．この場合，左手の人差し指で別のリズムを刻むという運動性の課題のほうが，画面に提示された文字を読むという言語性の課題よりも，主課題への干渉が強い．デュア

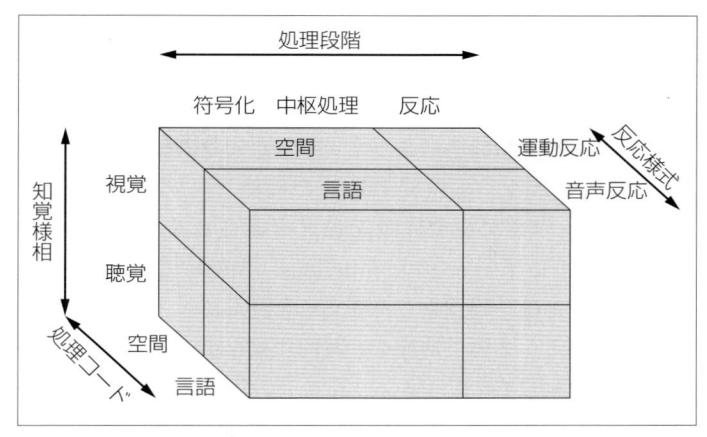

図3-2-2　注意資源の多重リソースモデル[3]

このモデルによれば，まず情報処理の段階を符号化・中枢処理・反応の3段階に分ける．情報の符号化の段階においては，情報が視覚か聴覚かといった知覚様相レベルの類似性が干渉を引き起こす．中枢処理の段階では，情報特性が空間性か言語性かといったレベルの類似性が問題となる．最後に反応のレベルでは指押しのような運動反応か，それとも言葉で回答するかといった反応の類似性により干渉が起きる（図は文献4)より引用）．

ルタスク課題にみられるこうした性質から，私たちの処理資源は単一のものではなく多重なものであり，同一種類の処理資源を複数の課題に対して同時に割り当てる状況で強い干渉の状態が生じると考えられている（**図3-2-2**)[3]．

ストループ課題という有名な課題がある．特にリハビリテーションの領域では抑制機能の評価として利用されるが，二重課題としての性質も持ち合わせている．この課題では「あか，みどり，あお，きいろ」といった文字が色つきで印字されており，実験対象者は文字が何色で印字されたかを順に読み上げ，文字そのものは無視することが求められる．この課題で明示された課題は「何色で印字されたかを順に読むこと」だけであり，典型的なデュアルタスクのパラダイムではない．しかし，「文字になっている色名は無視しつつ，印字された色を読む」という課題の二重性をもっている．ストループ課題の場合，文字が色の名前であることから，何色で印字されたかという色に関する情報処理を強く干渉する．このため，色と関係ない文字でストループ課題を行った場合に比べ

て，読み上げにかかる時間が遅くなる．

■■■ 注意を分割する機能：中央実行系の役割 ■■■

いったいどのような認知機能によって，注意が複数の作業に対して適切に配分されるのだろうか．多くの研究者はこの機能を，ワーキング・メモリ内 (working memory；作業記憶や作動記憶とも訳される) にある中央実行系 (central executive または executive functions) が担っていると考えている．ワーキング・メモリとは，暗算をしたり文章を読んだりといったなんらかの認知的作業を行いながら，必要な情報を一時的に保存する際に働く，動的な記憶システムである[5]．例えば暗算の場合，繰り上がりの数などを一時的に記憶しながら計算を行う必要がある．文章を読む場合には，それ以前の内容を理解しながら文を読み，全体として何が書いてあるかを理解する必要がある．ワーキング・メモリとは，こうした作業中に一時的に情報を記憶し，その情報に対して認知的な操作を加えていくための場として想定されている構成概念である．

ワーキング・メモリは，従来「短期記憶」と呼ばれていた記憶と，実質的には同じ記憶の情報を意味している．短期記憶の概念が，入力情報に対する瞬間的な記憶（感覚記憶）が一時的に格納される"場所"に焦点を当てていたのに対して，ワーキング・メモリの概念は，一時的に記憶した情報に対してどのような処理をするのかという"機能面"に着目している（図3-2-3）．ワーキング・メモリは，その概念が提唱された当初は中央実行系，音韻ループ，視空間スケッチパッドという3要素で構成されるものとされた[7]．より最近のモデルでは，これにエピソード・バッファという要素を加えた4要素で構成されると考えられている[8]．

ワーキング・メモリの中核の機能をなすのが，中央実行系である．中央実行系は，ワーキング・メモリ内の下位システムで処理された音韻情報（音韻ループ），視空間情報（視空間スケッチパッド），複数の情報を統合し表象化された情報（エピソード・バッファ）について，必要な処理を加えたり，情報を長期に記憶するための作業を行ったりする．

中央実行系（またはワーキング・メモリ全体の機能）を評価するための代表的な課題がいくつかある．リーディング・スパン課題（Reading Span Test）[9]では，実験対象者は連続的に提示される文を音読すると同時に，それぞれの文の

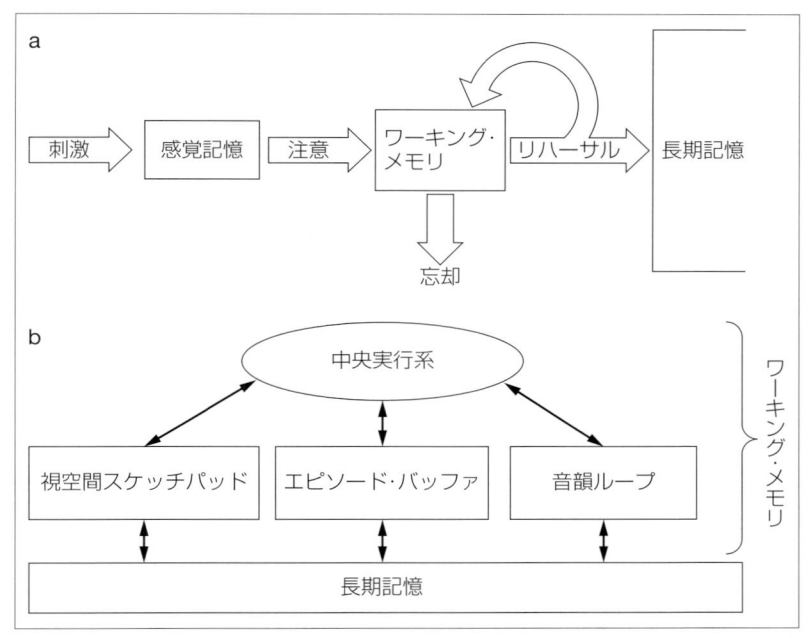

図 3-2-3　a：記憶のモデルにおけるワーキング・メモリの位置づけ
　　　　　　　従来"短期記憶"と呼ばれてきた記憶をワーキング・メモリと
　　　　　　　表現することが多くなった（図は文献5）より引用）.
　　　　　　b：ワーキング・メモリの構成　このうち中央実行系が注意の
　　　　　　　配分に関わるとされている（図は文献6）より引用）.

　最後の単語を覚えておくことが求められる．つまりこの課題では，音読に関する作業と同時に，ターゲットとなる言葉の記憶が求められる[6]．たとえば「When at last his eyes opened, there was no gleam of triumph, no shade of anger.」「The taxi turned up Michigan Avenue where they had a clear view of the lake.」といった文が1文ずつ提示されるので，対象者は提示された文書を正確に音読しつつ，「anger」と「lake」を記憶しなくてはならない．

　トレイル・メイキング課題（Trail Making Test）[10]は，2つの課題を切り替えながら連続的に作業を行っていく能力が測定される（図3-2-4）．この課題では刺激が2種類ある．aの刺激に対しては，数字を1から昇順に線でつないでいくだけの比較的簡単な課題が遂行される．これに対してbの刺激に対しては，

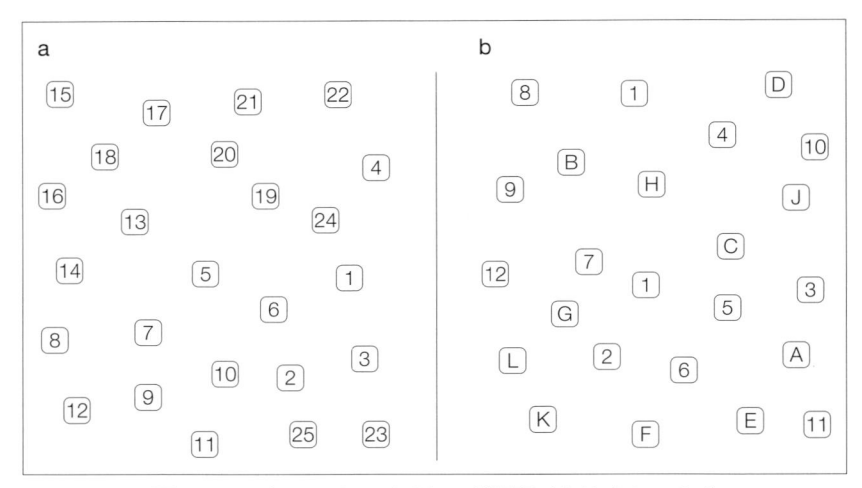

図3-2-4　トレイル・メイキング課題（文献1)より引用）

　数字とアルファベットを"交互に"昇順に線でつないでいく（1—A—2—B…の順につなぐ）ことが求められる．この場合，数字をつなぐ課題とアルファベットをつなぐ課題を切り替えながら遂行する必要があるため，難易度が高い．トレイル・メイキング課題では，bの刺激に対する作業遂行時間がaの刺激に対する作業遂行時間よりもどの程度長いかを測定することで，中央実行系の機能を評価する．

　このほか，同一の刺激に対して反応方式を切り替える能力を評価するという方法もある．図3-2-5で紹介した課題では，刺激である黒丸がコンピュータ・ディスプレイの上か下かに提示される[11]．実験対象者はこの刺激に対して3つのルールのいずれかに沿って反応する．第1のルールでは，上の丸に対して上のボタン，下のボタンに対して下のボタンを押す（ルール1）．逆に第2のルールでは，上の丸に対して"下"のボタン，下のボタンに対して"上"のボタンを押す（ルール2）．すなわちルール2では刺激と反応の上下がマッチしないため，課題の難易度はルール1に比べて高くなる．ただし刺激と反応の位置の関係性は常に一定であるため，この課題それ自体は中央実行系の機能を評価しているとはみなさない．中央実行系の機能を評価する課題は次のルール3であり，2試行ごとにルール1とルール2を切り替えて反応する．たとえば黒い丸が

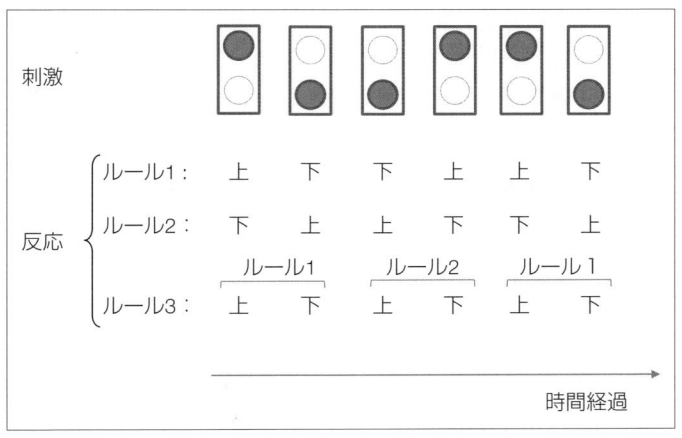

図3-2-5 同一の刺激に対する反応方式を切り替える能力を評価する課題[11]

「上，下，上，下」の順で出てきたら，対象者は「上，下，下，上」と反応することが求められる．実験中は，次にどちらのルールで反応すべきかの予告が提示されないため，対象者は2試行に1回ごとにルールが切り替わることを自分自身で管理しなければならず，その難易度は高い．ある研究では，姿勢バランス能力に問題のある高齢者は，3つのルール全般において一般高齢者に比べて反応が遅いものの，ルール3における反応が顕著に遅いことが報告された[11]．

分割的注意と高齢者の転倒

高齢者のデュアルタスク能力

注意を複数の作業に対して適切に配分する能力は，他の認知機能と同様，加齢に伴って徐々に低下する．高齢者の歩行や姿勢制御に関するさまざまな研究は，注意の分割に関わる加齢変化が，高齢者の転倒リスクに密接に関連していることを示している．こうした関連性を示した1つの研究が，高齢者のデュアルタスク能力に関する研究である．これらの研究の多くは，立位姿勢バランス課題あるいは歩行課題を主課題としながら，2次課題として同時に認知課題を遂行する際に，それぞれの課題をどの程度正確に実施できるのかを評価してい

る．こうした研究をより専門的に理解したい読者諸氏は，優れたレビュー論文を合わせて参照されたい[12〜14]．

たとえばある研究では，主課題の難易度を難しくした場合に，それが高齢者のデュアルタスクの成績にどのような影響を及ぼすのかを評価することで，分割的注意と転倒の問題にアプローチした．Teasdale らは，立位姿勢制御の際に目をつぶること（視覚情報が使えない），および柔らかいフォームの上で立つこと（体性感覚情報に外乱が入る）により，姿勢制御の難易度を上げることの影響を検討した[15]．また2次課題として，音が提示されたら素早く手に持ったボタンを押すことが求められた（反応時間課題）．その結果，立位姿勢時の動揺量そのものは難易度が高くなるにつれて高くなるものの，この傾向は高齢者であれ若齢者であれ変わりはなかった．

興味深いのは2次課題である反応時間の結果である（図3-2-6）．高齢者は，特に視覚情報が利用できない条件において，反応時間が顕著に遅れることがわかった．この結果は，いずれの課題条件においても反応時間に大きな差がなかった健常者の結果とは対照的な結果であった．高齢者の場合，視覚情報が利用できない条件下においてバランス維持に多くの注意配分を必要とするため，その代償として2次課題の成績が低下してしまうのだろうと考えられる．

高齢者のデュアルタスク能力を測定する際，主課題である立位姿勢バランス課題と同時に遂行される2次課題として実にさまざまな認知課題が利用されている．概観すると，計算課題，記憶課題，言語課題，反応時間課題など，あらゆる認知課題が立位姿勢時の動揺量を増大させている[14]．図3-2-2で紹介した注意資源の多重リソースモデルの考えに基づけば，同一種類の処理資源を複数の課題に対して同時に割り当てるような状況では，強い干渉の状態が生じると予測される．このため，複数の異なる種類の認知課題を2次課題とした時の影響を比較検討することで，いったい歩行や立位姿勢制御に必要なリソースとはどのような性質のものかという疑問に応えることができるはずである[16〜18]．ただし現状では，どのような2次課題が大きなインパクトがあるかについて，研究間で共通した特徴は得られていないという印象を受ける．

研究数は少ないものの，脳卒中患者[19〜21]やパーキンソン病患者[22〜24]におけるデュアルタスク能力を評価することで，転倒との関連性を明らかにしようとする研究もある．たとえば Harley らは，脳卒中患者36名の座位姿勢の安定性に

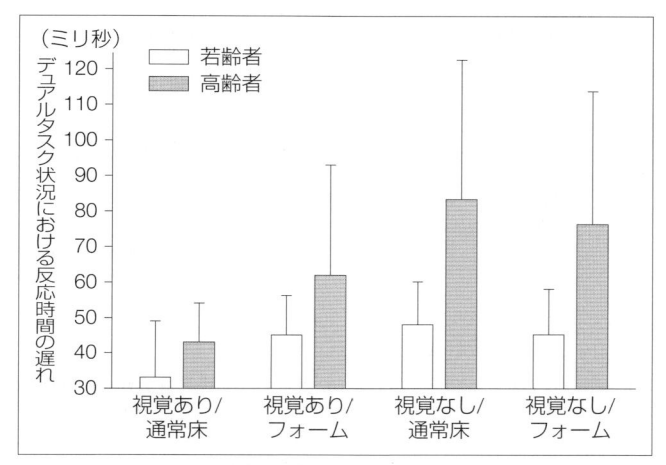

図 3-2-6 立位姿勢制御の難易度を上げた場合の 2 次課題（反応時間課題）の影響[15]

高齢者は若齢者に比べて，視覚情報が利用できない条件において反応時間が顕著に遅れていることがわかる．

ついて，言葉を発しながら座ることの影響について検討した[20]．その結果，背もたれなしで座っている場合には，"バ"という言葉を連続的に発するだけの単純な課題であっても，座位姿勢時の動揺量を高めることがわかった．

また回復度がきわめて高い脳卒中患者であっても，障害物回避時のように歩行動作の適応的な修正が必要な場面では，やはり注意資源が必要であるという報告もある．オランダの Weerdesteyn らのグループは，トレッドミル上の歩行課題において不意に出てくる障害物をまたいで回避させるという実験装置を利用して，自立歩行が可能な脳卒中患者のデュアルタスク能力を検討した（図 3-2-7）[19]．障害物回避課題を行うと同時に呈示される音のピッチの高低を判断するというデュアルタスク課題を行った影響を検討した結果，障害物回避の精度自体は健常高齢者と有意な差がなかった．ところが音のピッチの高低判断については，音が障害物の回避中に呈示された場合にのみ，脳卒中患者の判断が高齢者に比べて遅れることがわかった．以上の結果から，十分に自立可能なレベルにまで回復した脳卒中患者の場合，歩くことそのものに対する注意配分能力

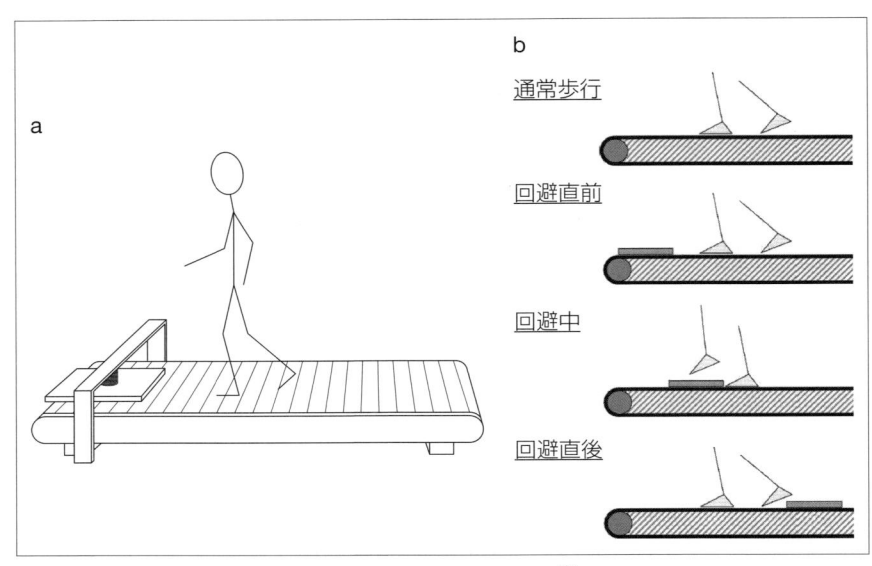

図 3-2-7 **a：トレッドミル上の障害物回避課題**[19]　トレッドミル歩行の最中に，不意のタイミングで，足元に近い場所で障害物が登場する．非常に限られた時間の中で回避動作を正確に実行することが求められる（図は文献 25)より引用).
b：音が呈示されるタイミングの操作　障害物をまたいでいる最中に提示される条件（下から 2 番目）でのみ，脳卒中患者における音の判断の反応が遅れた．

は，健常者と同程度に高いといえる．ただし障害物をまたぐために足上げの高さを調節する行為については，より多くの注意配分が必要であると考えられる．

以上のようにデュアルタスクに関する研究を概観すると，たとえ高齢者や脳卒中患者であっても，主課題である立位姿勢バランス課題や歩行課題の成績が著しく低下するわけではないことがわかる．その低下率はあくまで若齢健常者と同程度である場合が多い．両者の間に顕著な違いがみられるのは，主に 2 次課題の成績である．こうした現象は，「2 次課題を犠牲にしてでもバランス維持に努める」方略であるとして，"posture-first strategy" と表現されることがある．2 次課題で顕著な成績低下がみられる高齢者は，バランスを保つことに多くの注意資源を配分し，意識的にコントロールする必要があるため，その代償として 2 次課題への注意配分を最小限にせざるをえないと考えられる．

立ち止まらないと話ができない人は転倒リスクが高い？

歩行中の転倒リスクについて，これまで紹介してきたようなデュアルタスクの実験パラダイムを用いなくとも，日常の"ながら歩行"に関するたった1つの項目をチェックするだけで評価できるという結果が報告された[26]．1ページにも満たない短報であったが，この論文は関連領域の専門家に大きなインパクトを与えた[27]．

この研究では平均80.1歳の高齢者58名に対して，歩いている途中に実験者が質問をするという評価を行った．参加者は歩き続けたままその質問に答えればよいのだが，対象者のうち12名の高齢者は質問に回答する際に，立ち止まってから回答を始めた．この評価後，6カ月にわたる転倒歴を追調査したところ，驚くべきことに質問に対して立ち止まって回答した12名のうち10名が少なくとも一度は転倒していることがわかった．この転倒率は，歩き続けながら回答することができた残り46名の対象者の転倒率と比べて圧倒的に高かった（図3-2-8）．

こうした結果から，回答の際に立ち止まるということは，歩行しながら質問に答えるという比較的単純なデュアルタスクですら遂行できないことを意味しており，歩行中のほんの少しの外乱や負荷によって転倒しやすい危険な状況といえる．この論文は，その結果もさることながら，歩きながら質問に回答できるかどうかをチェックするだけで，転倒危険性を見抜くことができるという点で，強いインパクトを与えた．日本国内でも，こうした評価を積極的に利用しようとする取り組みがある．たとえば井上和章は，簡便な転倒リスク評価項目の1つとしてこの評価を導入した[28]．井上によれば，質問に対して立ちどまるかどうかは質問の内容，すなわちどのような記憶情報を検索すべきなのかの影響を受けるという．特に「昨日は何を食べましたか？」といった，エピソード記憶に関する質問をした場合に立ち止まりの現象が頻出しやすいと報告している．

中央実行系の機能低下と転倒との関係性

分割的注意と転倒との関係については，デュアルタスクを用いた研究だけでなく，注意の配分に関わる中央実行系の機能を評価した研究からも，多くの情報を得ることができる．たとえばある研究では，70代から90代の高齢者262

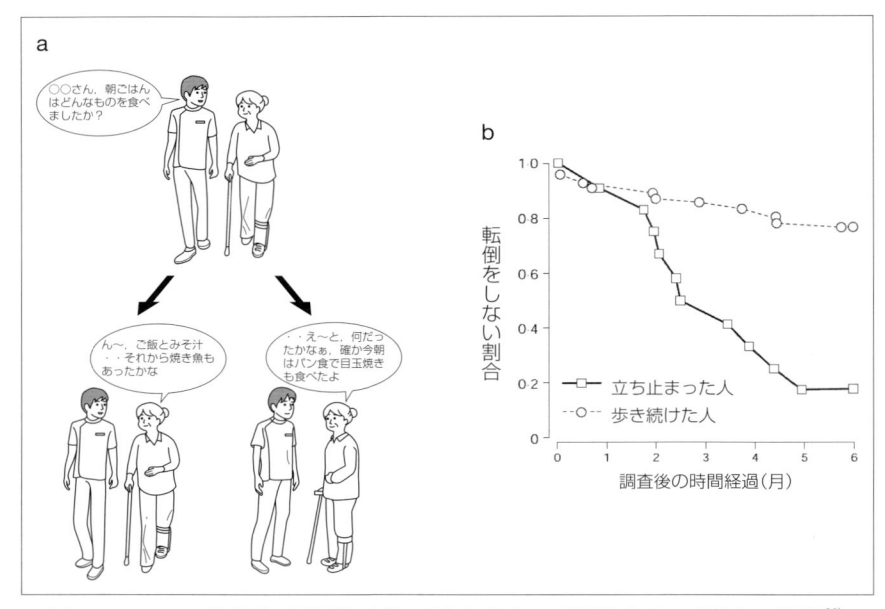

図 3-2-8　a：歩行中の質問に対して立ち止まって回答するかどうかの評価[26]
（図は文献 28）より引用）
　　　　　b：立ち止まって回答した高齢者（□）と歩きながら回答した高齢者（○）に対する評価後 6 カ月の転倒　縦軸の値が高いほど，転倒していない高齢者の割合が高い．

名を対象として，トレイル・メイキング課題や反応時間課題，数字の逆唱課題など全部で 12 種類の認知課題を行ってもらい，各課題が課題実施後 2 年間の転倒発生を予測できるかを検討した[29]．その結果，最も予測能力が高かったのは，中央実行系を評価するテストとして使用された「Mindstreams」と呼ばれる神経心理学検査であった．このテストは提示される刺激によって素早く反応するか，逆に反応を抑制するか，を切り替える能力を評価するテストであった．心理学ではこうした課題を Go/No-Go 課題と呼ぶ．

　また別の研究では，ストループ課題において干渉効果が強く出てしまう人（すなわち，色を示す文字に対して誘導されてしまう注意をうまくコントロールし，色情報に注意を切り替えることができない人）や，ウィスコンシンカード分類課題（Wisconsin Card Sorting Test）という課題において，カードを分類して

いくルール（色，模様，模様の数による分類）が突然切り替わった時に対応が難しい人は，歩行中に突如として現れる障害物の回避が難しいことが示された[30]．いずれの研究も，中央実行系の機能低下が転倒に結びつきうることを示している．

運動の要素を取り入れた分割的注意の評価

デュアルタスク能力は転移可能か？

これまで紹介してきた研究から，高齢者の分割的注意の能力をいかに高いレベルに保持するかということが，転倒リスクを高めないための重要な要素の1つであるといえよう．では，高齢者がデュアルタスク能力を鍛えるようなTVゲームを繰り返し練習し，上達したとしたら（すなわちゲーム上でのデュアルタスク能力が高まったとしたら），それは歩行場面におけるデュアルタスク能力を高めるであろうか．いわゆる脳トレ的なゲームを日々楽しむことが，知らず知らずのうちに歩行中の転倒予防にも役立つのかというのが，ここでの問いである．

確かに最近の研究のなかには，こうした問いにポジティブな答えを出しているものがある．たとえば非運動性のデュアルタスクを長期に実施することによって歩行速度が上昇すること[31]や，デュアルタスク条件下でのバランス能力が高くなること[32]が報告されている．高齢者の健康支援に対する産業的な支援の1つとして，今後こうしたゲーム性のツールも次々と増えることであろう．

しかし著者は，こうしたゲームの有益性については限定的であろうと考える立場をとる．なぜならば，歩行場面でのデュアルタスク能力を向上させるためには，歩行の要素を取り入れたデュアルタスク課題における訓練が重要と考えるからである．このように考える理由は，日常の事例からも説明できる．料理の上手な人は，鍋に火をかけながら別の調理をするといったデュアルタスク（マルチタスク）を行う．またサッカーの選手は，ドリブルをしながら周囲の状況を把握するといったデュアルタスクを行う．重要なことは，こうしたデュアルタスク能力は必ずしも別の行為に転移されないということである．たとえ料理を同時に何品も作ることができるようになっても，それはサッカーの向上を意味しない．その逆もしかりである．このように考えれば，歩行場面におけるデュ

アルタスク能力も，できるだけ歩行の要素を取り入れた課題を用いて訓練すべきではないだろうかというのが，著者の主張である．

分割的注意の要素を取り入れた運動課題

歩行や姿勢制御課題のなかに分割的注意課題の要素を取り入れることで，バランスをコントロールしながら注意を適切に配分できる能力を評価し，さらにはそうした能力を訓練する課題として利用できると期待される．たとえば，図3-2-4で用いたトレイル・メイキング課題の要素を歩行課題に取り入れた，歩行トレイル・メイキング課題という歩行課題がある[33,34]．この課題では3〜5m程度の歩行路に，数字または数字とアルファベッドが記載している着地ターゲットを設置する（図3-2-9）．対象者は，課題aでは数字の昇順に着地していく．課題bでは，数字とアルファベットのターゲットを交互に，昇順に着地していく．これまでの研究では，高齢者は若齢者に比べて課題bで顕著に作業遂行時間が遅延すること[33]や，アルツハイマー病患者や中央実行系の機能に障害のある高齢者の場合，同年齢の高齢者に比べてやはり課題bで顕著に作業遂行時間が遅延するという報告がある[34]．

分割的注意や中央実行系に関する基礎知識さえあれば，運動支援者が独自にその要素を歩行や姿勢制御の課題に取り入れることで，さまざまな形の課題を作り出すこともできるだろう．図3-2-10は，同一の刺激に対する反応方式を切り替える課題（図3-2-5）の要素を取り入れて，ステップ動作を行う課題を著者が考案したものである．あくまで本書の執筆に向けた考案であり，この方法に対する科学的エビデンスを得たうえでの紹介ではないことをご承知いただきたい．この課題では，運動支援者の「前」または「後ろ」の声に従って，支援対象者が前後のいずれかにステップする．そのペースは対象者の特性（年齢やバランス能力の程度など）によって決定すればよいが，ここではわかりやすい例として，2秒に1回の周期で「前」または「後ろ」の声を出すものとする．そして対象者は声の1秒後に対象者がステップするものとする．はじめは「前」の声に対して前にステップする動作（ルール1），および「前」の声に対して後ろにステップする動作を練習する（ルール2）．できるようになったら，2回に一度，ルール1とルール2を切り替えてステップしてもらう（ルール3）．

このステップ動作に慣れてきたら，左右動作で実施してみたり，前後左右の

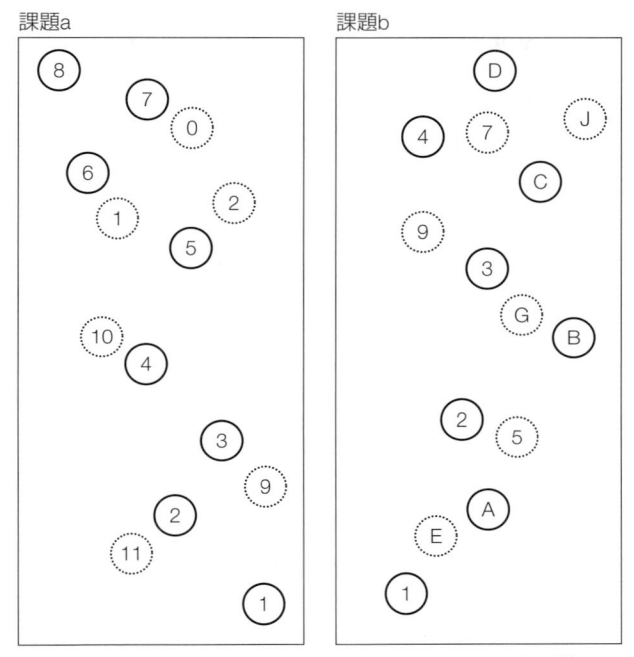

図 3-2-9　歩行トレイル・メイキング課題の実例[34]

4方向で実施したりするとこともできるだろう．逆にバランス能力が低くこうした課題が困難な場合には，座位の状態で足だけを前後に動かすことにするといった工夫もできるだろう．それも難しければ「上」または「下」の声に合わせて手を上げ下げするといった課題でもよいだろう．

歩行そのものの認知的負荷を高めることの有用性

　歩行や姿勢制御の最中の分割的注意の問題をデュアルタスク状況下で検討する場合，その多くは2次的課題として計算課題や反応時間課題など，歩行や姿勢制御とは無関連な認知課題を用いる．しかしながら日常生活における歩行を考えれば，歩行そのものに対する認知的な負荷が高く，そうした負荷に注意資源を配分しなくてはいけない場面も数多く存在するであろう．でこぼこした道や雪道では，安定した足場を見つけたり，その足場に正確に着地したりするために歩幅を1歩1歩調節することに注意資源が使われるであろう．人の流れに

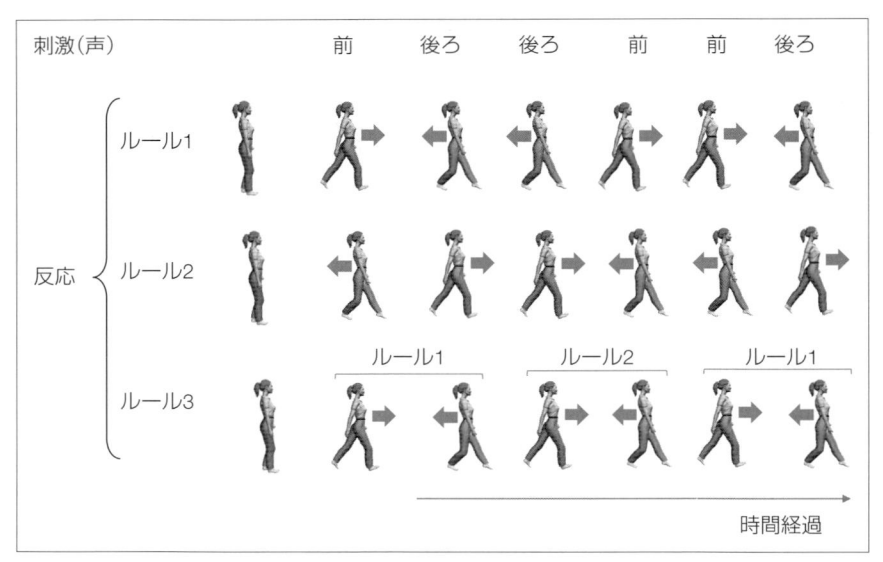

図 3-2-10 中央実行系を評価する反応切り替え課題の要素を取り入れたステッピング動作の実例.

沿って混雑した場所を歩く際には，常に人の動きに注意を向けながら最適な歩行軌道を選択し，適切な回避動作を選択する必要があるであろう．こうした実例を考えると，歩行や姿勢制御における注意を分割する能力は，まったく無関連情報に対する場合だけではなく，歩行や姿勢制御そのものにおける複数の情報に対して注意を分割する場合にも必要といえるであろう．

　高齢者の障害物回避動作に関する研究を網羅的にレビューした Galna らも，こうした考え方を支持している[35]．彼らは，たとえ転倒リスクの高い高齢者を対象としても，実験室場面における障害物回避場面において転倒やつまずきの現象がみられることはきわめてまれであることを指摘した．そのうえで Galna らは，転倒リスクの高い高齢者の問題を真に理解するためには，転倒やつまずきの現象がみられる実験パラダイムを利用して研究すべきだと主張した．彼らは高齢者を対象とした多くの障害物回避動作研究の中で，制限時間内にゴールに到着するように急いで歩くなど，時間的負荷の高い条件において，障害物との接触がみられる場合が多いことを明らかにした．

■ マルチ・ターゲット・ステッピング（MTS）課題 ■

　京都大学の山田実は，歩行中の認知的負荷に十分配慮した課題として，マルチ・ターゲット・ステッピング課題（Multi-Target Stepping Test；以下，MTS課題）を開発し，高齢者の転倒リスクの予測や，転倒リスクを下げるための介入課題として利用できることを示した[36〜38]．著者も共同研究者としてこの研究に関わっている．

　MTS課題は10mの直線歩行路に対して，3色の色ターゲット（白，黄，赤，10cm四方の正方形）を幅1mの通路内に均等に配置し，これを15列配置して行う（図3-2-11）．スタートラインに立った対象者は，その場で指定された色（例えば白）を着地ターゲットとして，各列にある色ターゲットにすべて着地することが求められた．色ターゲットは列ごとにランダムに配置されているため，対象者はターゲット位置に応じて常に歩行軌道を修正することが求められた．またターゲット以外の色は障害物とみなすため，それを踏まずに避けることも合わせて求められた．それ以外の拘束条件は特になく，歩行速度やターゲット間の歩数は対象者の任意であった．

　MTS課題は，でこぼこした道や雪道での歩行によく似た特性をもつ．すなわち，どこに着地すべきかを常に監視し，必要に応じて歩行軌道を修正しながら，バランスを維持することが求められる．平坦な路面での直線歩行に比べて，着地位置を決めるための視覚探索や，歩行軌道修正の計画と実行といった認知的負荷が常にかかった状態で歩行することになる．

　第2章第2節で示したように，若齢健常者であればこうした場面においてある程度視線を数歩先に固定し，先の状況を把握しながら予期的に歩行するため，たとえば歩行軌道が左から右に大きく切り替わる場面でも，バランスを崩さないで歩くことができる．もし高齢者がこうした状況での歩行に多くの注意を必要とするならば，自然とその視線は足元に向けられ，1歩1歩を正確にコントロールしなくてはいけなくなるだろう．もちろん1歩1歩の正確なコントロールは，ある一面では安全な歩行に有益と思われる．しかし歩行軌道が大きく切り替わる際には，そうした切り替わりを予期できず，無理な姿勢で軌道を修正することでバランスを崩しかねない．山田はMTS課題を用いることで，実環境にも存在しうるこうした危険な状況を疑似的に作り，認知的負荷の高い場面での高齢者のバランス評価に利用したり，転倒リスクの高い高齢者に対する介

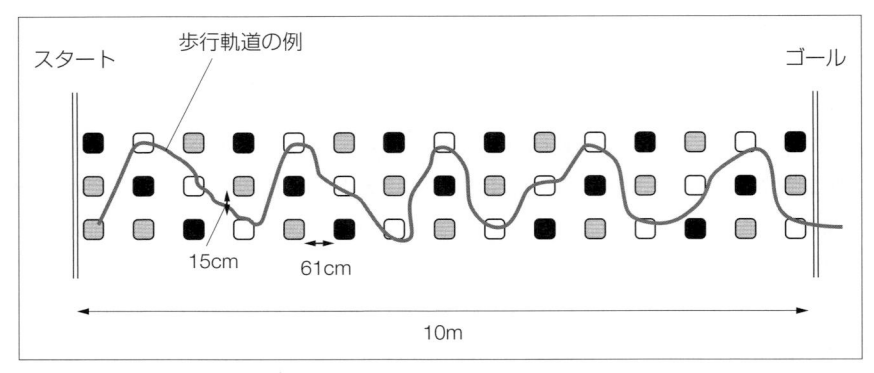

図 3-2-11 MTS 課題[36]
スタート直前に指定された色ターゲットに着地しながら歩く．色ターゲットは各列でランダムに配置されているため，歩行軌道が大きく切り替わる場合がある．

入に利用したりすることの有用性を試みた．

　MTS 課題を使ったある研究では[36]，転倒リスクが高い高齢者の約 65％が，15 個ある色ターゲットのうち最低 1 つは踏み外してしまうことがわかった．これは，転倒リスクが低いと評価された高齢者の踏み外し率（25％）よりもはるかに高い確率であった．MTS 課題ではターゲットの隅をかするように踏んでも着地成功とみなされることから，この踏み外し率は大変高い数字といえる．また，最低 1 回はターゲット以外の色を誤って踏んでしまうミス（誤侵入）も，転倒リスクの高い高齢者の 55％が経験した．これも，転倒リスクの低い高齢者による生起率（17％）よりもはるかに高かった．誤侵入がターゲット選択の際に起こるのではなく，次のターゲットに移動する途中で起こることから，誤侵入のエラーはターゲットの見間違えの問題ではなく，不適切な歩行軌道の選択の問題といえる．さらにこの研究ではロジスティック回帰分析という多変量解析を使って，一般的な転倒評価検査や MTS 課題の成績のなかで，過去の転倒経験の有無を最も正確に予測できるのはどれかについて検討した．その結果，MTS 課題における踏み外しエラーが最も転倒の有無を予測できることがわかった．

　MTS 課題を実践している際の視線行動を測定してみたところ，転倒リスクの高い高齢者は足元に視線が集中していることがわかった（**図 3-2-12**）[37]．

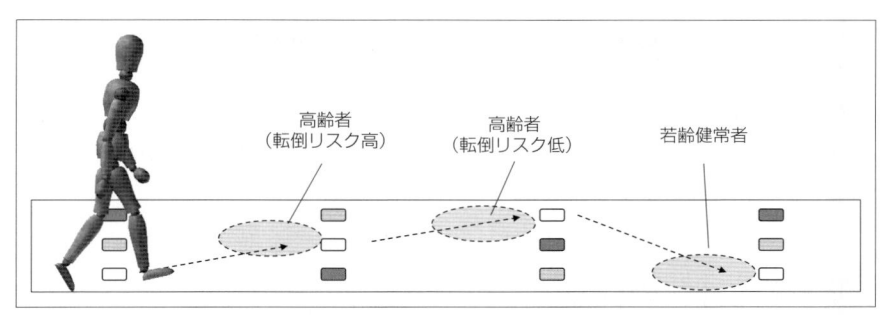

図 3-2-12　MTS 課題を行っている最中の視線位置の模式図[37]
若齢者の場合およそ 3 つ先のターゲットに視線を向けて歩くのに対して，転倒リスクの高い高齢者は足元に近い色ターゲットに視線を向けて歩く（図は文献 39）より改変引用）．

　MTS 課題を若齢者が行った場合，およそ 3 個先の色ターゲットに視線を向けて歩いていることがわかった．すなわち遠方の環境情報を視覚的に取り込むことで，予期的に歩行を制御するとともに，足元については下方の周辺視野情報を利用して制御するか（第 2 章第 2 節参照），あるいは視覚に大きく依存せずに足元の動きをコントロールしていることが考えられる．これに対して高齢者は 1 つ先のターゲットに視線が向ける傾向があった．特に転倒リスクが高い高齢者の場合，この傾向が顕著であった．
　このような結果を総合的に考えると，転倒リスクの高い高齢者は，足元付近に視線を向け，現状のバランス維持に多くの注意を配分しているにもかかわらず，足元のターゲットを踏み外していることになる．このような結果に対して，大阪大学の松尾知之から，「床や測定装置の上に書かれた足型に足を置いてくださいとお願いしても，うまく足を置けない高齢者もいる．MTS 課題における踏み外しエラーは，高齢者のこうした問題を反映しているかもしれない」というコメントを頂戴したことがある．このコメントに基づけば，視覚的なターゲットに対して正確に下肢の動きをコントロールできない問題が，MTS 課題により顕在化されるのかもしれない．
　さらに別の研究では，6 カ月間にわたり MTS 課題を介入として訓練した高齢者は，6 カ月間にわたり 50 m 直線歩行の介入を行った高齢者に比べて，介入後 1 年間の転倒発生数が少ないことがわかった[38]．この結果は，MTS 課題によ

り認知的負荷の高い歩行を数多く経験することで，日常環境における転倒リスク低下にも寄与しうることを示唆する．これら一連の研究結果から，MTS 課題を用いた評価，特にターゲットの踏み外しの有無を評価することは，高齢者の転倒リスクを予測しうるとともに，介入手段として利用可能性が高いことが示唆された．

身体内外への注意

デュアルタスク状況のほうが立位姿勢は安定する？

　実はこれまで紹介してきた研究とは全く異なる現象として，立位姿勢バランスはデュアルタスク状況下において何の影響も受けないか，むしろ改善傾向にあると結論する報告が少なからず存在する[40,41]．若齢者を対象とした研究ではあるが，Vuillerme らは立位姿勢バランス課題の遂行中に，視覚刺激として提示される LED の色を口頭で答えるという 2 次課題として行った場合の影響について検討した[40]．その結果，デュアルタスク条件のほうが姿勢課題だけのコントロール条件よりも姿勢動揺量が少ないことがわかった（図 3-2-13）．この結果は，2 次課題において反応すべき刺激の数が少なく，比較的簡単な場合（測定 5 秒間のうち LED 刺激が 2 度だけ呈示）でも，逆に難しい場合（測定 5 秒間のうち LED 刺激が 8 度呈示）でも変わりなかった．さらに興味深いことに，反応時間課題とのデュアルタスク状況を解消した直後（10 秒後）においても，引き続き姿勢動揺量を少なく保つことができた．

　なぜ立位姿勢時の動揺量が，デュアルタスク状況下において何の影響も受けないか，むしろ改善傾向を示しうるのであろうか．この現象に対する説明として，「少なくとも 2 次課題の難易度が高すぎないデュアルタスク環境においては，2 次課題に対して一定の注意配分を行うことが，立位姿勢に対する過度の注意配分を防止する」という考え方がある．つまり，ある程度潜在的・自動的な制御がなされるべき立位姿勢制御については，注意配分は決して過度であってはならず，注意を外部にそらしてくれる 2 次課題が付与されるほうが，場合によっては好ましいという考え方である．

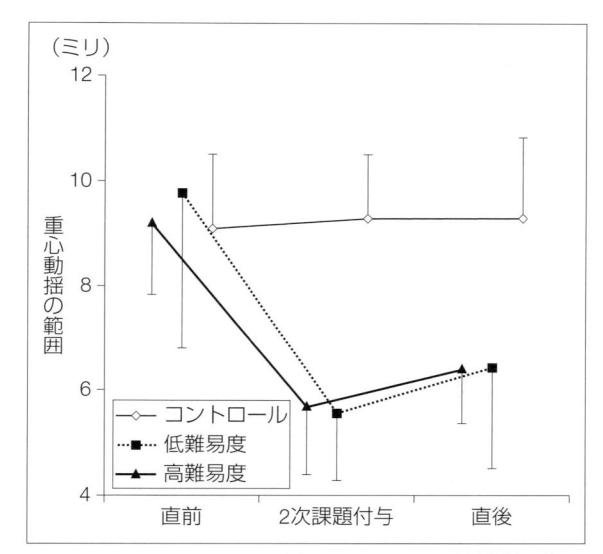

図 3-2-13　デュアルタスク条件下において立位姿勢時の動揺量が減少したことを示す事例[40]

2次課題として実施する反応時間課題の難易度が難しい場合と簡単な場合を設定し，2次課題がないコントロール条件と比較した．縦軸は立位姿勢の動揺量を示す指標の1つであった．実験の結果，デュアルタスクを行う2条件では，直前の測定に比べて2次課題を付与した時，およびその直後において動揺量が減少した．

身体内部への注意・身体外部への注意

　そもそも私たちの身体運動は潜在的に制御されている要素が大きい．したがって注意を過度に身体内部に向けることで，動きの細部を意識的に制御しようとすると，かえって全身の協調性が崩れて運動のパフォーマンスが低下するということが起こりうる．

　立位姿勢バランス課題は，こうした現象を体感するのに絶好の課題である．任天堂のゲーム「Wii fit」でバランス良く立つゲームを楽しんだり，あるいは厳密な測定としてフォースプレート上での重心動揺量を測定した経験のある人は，できるだけ揺れないように立つことを意識すればするほど，かえって身体の揺れが大きくなることを体感したことがあるだろう．健常者の場合，原則と

して立位姿勢を意識的に制御する必要がない．さらにいえば，健常者は立位姿勢を意識的に制御することに慣れていない．このため，いざ意識的に制御しようとするとかえってぎこちない制御となってしまい，バランスを崩しかねない．また，私たちの立位姿勢は一定レベルに動揺しながら（揺らぎながら）バランスが保たれている（第5章第1節参照）．普段こうした揺らぎを感じないのは，この揺らぎに対して注意を払う必要がなく，意識にのぼらないからである．いざ揺れずに立つことを要求されると，必然的にその揺れの状態に注意が向けられる．その結果，揺らいでいる状態を自覚し，なんとかその揺れを抑えようと意識的な努力をして，かえってその揺れが大きくなる場合がある．

　運動遂行中に身体の動きの細部に注意を向けることを，身体内部への注意（internal focus）という．逆に，運動遂行中に身体の動き以外の情報（たとえば運動中に操作している対象物）に注意を向けることを，身体外部への注意（external focus）という．これまで紹介してきた事例は，特に立位姿勢制御のように自動的・潜在的制御性が高い動作においては，できるかぎり身体外部へ注意を向けることが，そのコントロールに重要であることを示している．

　こうした発想に基づいて精力的に実験を行っているWulfは，著書「Attention and motor skill learning」[42]の中で，立位姿勢バランス課題における身体内部への注意と身体外部への注意に関するさまざまな事例を紹介している（理学療法士の水藤健らにより日本語訳されている[43]）．たとえば，部屋の蛍光灯を換えるために，脚立やいすの上で作業している場面を想像してほしい（Wulfの著書では，脚立の上でのペンキ塗りの事例が紹介されている）．この場面で私たちの注意は自然と蛍光灯の操作に向けられている（図3-2-14）．こうした操作に注意が向いている状態を，身体外部への注意という．もちろん蛍光灯を操作している手の動きにも注意が向くこともあるかもしれないが，そこでは決して，それぞれの指がどの程度伸びているかとか，手首がどの程度屈曲しているかといった，身体の動きの細部をモニターしているわけではない．

　では仮に図3-2-14における立位姿勢を，"蛍光灯なしで"保持したら，何が起こるだろうか（危険な行為となりうるので，どうか体験せずに想像してほしい）．注意を身体外部へ向ける対象であった蛍光灯がないことにより，その注意は身体姿勢に向けられ，かえってバランスが崩れやすくなる．綱渡りの曲芸師が手に棒を持つことで安定性が保ちやすくなることの背景には，棒がもたらす

図 3-2-14　身体外部への注意の例
　蛍光灯を換えている作業中は，行為者の注意が蛍光灯交換の作業そのものに向けられている．これは，身体外部に注意が向いた状態であり，高所でのバランス維持に貢献していると思われる（写真は文献 43)にヒントを得て著者が撮影）．

力学的安定性という主要因に加えて，曲芸師の注意を身体外部へ向ける効果もあると思われる．

立位姿勢バランス課題における身体外部への注意の効果

　立位姿勢時の姿勢動揺量は，揺れずに立つことに集中して立っている場合よりも，立位姿勢を伴うなんらかの作業を遂行してもらい，その作業に集中している場合のほうが少ないという報告がある．こうした報告もやはり，身体外部へ注意が向いている時のほうがバランスがとりやすいことを示唆する．

　ある研究では，立位姿勢バランス課題を行う際に参加者の前にカーテンを吊るしておき，右手の指先で軽くカーテンに触れている場合とそうでない場合の姿勢動揺量について比較検討を行った[44]．実験参加者は目をつぶった状態で立ち，右上腕を体幹に沿わせ，肘を 90°屈曲させた姿勢を維持しながらこのバランス課題を行った（図 3-2-15）．その結果，単に指が触れているだけでは，触れていない場合と動揺量が変わらなかった．しかし，「指とカーテンが触れる量をいつも最小に維持すること」という教示が与えられると，姿勢動揺量が減少し

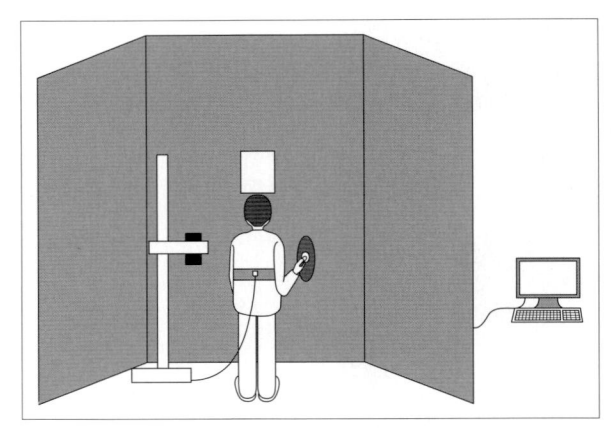

図3-2-15　カーテンに指で軽く触れながら行う立位姿勢制御実験[44]

た．指先とカーテンの接触に関する教示によって，参加者の注意が立位姿勢から別のポイントに移ったことで，姿勢動揺量が減少したのだろうと考えられる．

　この結果を受けてさらに別の研究[45]では，「指とカーテン[注2]が触れる量をいつも最小に維持する」という教示について，「指が動かないように努めること」という教示により身体"内部"に注意を向けさせた場合と，「カーテンが動かないように努めること」という教示により身体"外部"に注意を向けさせた場合の影響について検討した．その結果，残念ながら両条件とも期待に反して，指の触れない条件よりも姿勢動揺量が減少するという結果は得られなかった．しかしながら，フーリエ解析という手法を用いて姿勢動揺の動きの特徴を解析したところ，身体外部に注意を向けさせた条件においては，低振幅かつ高周波な周波数成分が多いことがわかった．著者らはこうした周波数の特徴から，身体外部へ注意を向けることで立位姿勢の調整が素早く（高周波），かつ小さな動き（低振幅）の中で実現可能なのではないかと解釈した．

注2：この研究ではカーテンでの代わりに布が使われていたが，他の研究とのつながりを考慮してカーテンと表現した．

■　身体内外への注意研究から学ぶこと　■

　身体麻痺などの理由により自立での立位姿勢制御ができない人にとっては，

そのバランス維持には意識的制御の関与が必要となるであろう．しかし，真に自立した立位姿勢ではこうした意識的制御を行っていないという事実や，過度に身体の動きに注意を向けることがいつでも立位姿勢の安定性に寄与しないこと（たとえば先に紹介した脚立の上で蛍光灯を交換する作業の事例）を考えれば，たとえリハビリテーションにおける立位姿勢制御の再学習段階といえども，過度に身体の動きに注意を向けさせ，意識的に制御するような支援は，必ずしも有効な支援方略ではないと考えるべきであろう．

　Wulfは前掲の書において，他者の発言として「動きの詳細から解放されたとき，身体はゴールを達成する方法を知る[注3]」という言葉を記している（訳本[43]におけるp46）．この言葉は，立位姿勢制御の事例においては立位姿勢そのものに注意を向けない状態が作り出せた時に，初めてその動きが理想的となることを意味する．このセクションで紹介したさまざまな研究に基づけば，このような理想的な状態とは，立位姿勢を維持すること自体を目的とする課題ではなく，別の目的を達成する他面の手段となっている状態のなかで作り出されるという可能性を示している．

注3：訳本の中では，"解放"ではなく"開放"，また"身体"ではなく"体"が使われている．

引用文献

1) 原田悦子，他：注意・制御と高齢化．原田悦子，他（編）：注意と安全．北大路書房，2011，pp 130-165
2) Vuillerme N, et al：Attentional demand for regulating postural sway：the effect of expertise in gymnastics. *Brain Res Bull*　63：161-165, 2004
3) Wickens CD：Processing resourses in attention. Davies DR（ed）：Varieties of attention. Academic Press, New York, 1984, pp 63-258
4) 小野瀬雅人：対話で学ぶ認知心理学．塩見邦雄（編）：対話で学ぶ認知心理学．ナカニシヤ出版，2006，pp 125-142
5) 塩見邦雄（編）：対話で学ぶ認知心理学．ナカニシヤ出版，2006
6) 齊藤　智：注意とワーキングメモリー．原田悦子，他（編）：注意と安全．北大路書房，2011，pp 61-84
7) Baddeley AD：Working memory. Oxford University Press, 1986
8) Baddeley AD：The episodic buffer：A new concept of working memory？*Trends Cogn Sci*　4：417-423, 2000
9) Daneman M, et al：Individual differences in working memory and reading. *J Verbal Learn Verbal Behav*　19：450-466, 1980
10) Boll TJ：Diagnosing brain impairment. Wolman BB（ed）：Clinical Diagnosis of Mental

Disorders. Plenum Publishing, New York, 1978
11) Hawkes TD, et al：Why does older adults'balance become less stable when walking and performing a secondary task？ Examination of attentional switching abilities. *Gait Posture*　**35**：159-163, 2012
12) Woollacott M, et al：Attention and the control of posture and gait：a review of an emerging area of research. *Gait Posture*　**16**：1-14, 2002
13) Zijlstra A, et al：Do dual tasks have an added value over single tasks for balance assessment in fall prevention programs？ A mini-review. *Gerontology*　**54**：40-49, 2008
14) Lacour M, et al：Posture control, aging, and attention resources：models and posture-analysis methods. *Neurophysiol Clin*　**38**：411-421, 2008
15) Teasdale N, et al：On the cognitive penetrability of posture control. *Exp Aging Res*　**19**：1-13, 1993
16) Woollacott M, et al：Non-visual spatial tasks reveal increased interactions with stance postural control. *Brain Res*　**1208**：95-102, 2008
17) Bock O：Dual-task costs while walking increase in old age for some, but not for other tasks：an experimental study of healthy young and elderly persons. *J Neuroeng Rehabil*　**5**：27, 2008
18) Maylor EA, et al：Age differences in postural stability are increased by additional cognitive demands. *J Gerontol B Psychol Sci Soc Sci*　**51**：143-154, 1996
19) Smulders K, et al：Community-dwelling people with chronic stroke need disproportionate attention while walking and negotiating obstacles. *Gait Posture*　**36**：127-132, 2012
20) Harley C, et al：Disruption of sitting balance after stroke：influence of spoken output. *J Neurol Neurosurg Psychiatry*　**77**：674-676, 2006
21) Haggard P, et al：Interference between gait and cognitive tasks in a rehabilitating neurological population. *J Neurol Neurosurg Psychiatry*　**69**：479-486, 2000
22) Yogev-Seligmann G, et al：Effects of explicit prioritization on dual task walking in patients with Parkinson's disease. *Gait Posture*　**35**：641-646, 2012
23) Bloem BR, et al：The "posture second" strategy：a review of wrong priorities in Parkinson's disease. *J Neurol Sci*　**248**：196-204, 2006
24) Marchese R, et al：Effect of cognitive and motor tasks on postural stability in Parkinson's disease：a posturographic study. *Mov Disord*　**18**：652-658, 2003
25) Weerdesteyn V, et al：Exercise training can improve spatial characteristics of time-critical obstacle avoidance in elderly people. *Hum Mov Sci*　**27**：738-748, 2008
26) Lundin-Olsson L, et al："Stops walking when talking" as a predictor of falls in elderly people. *Lancet*　**349**：617, 1997
27) de Hoon EW, et al：Quantitative assessment of the stops walking while talking test in the elderly. *Arch Phys Med Rehabil*　**84**：838-842, 2003
28) 井上和章：ながら力が歩行を決める　自立歩行能力を見きわめる臨床評価指標F＆S．協同医書出版社，2011
29) Herman T, et al：Executive control deficits as a prodrome to falls in healthy older adults：a prospective study linking thinking, walking, and falling. *J Gerontol A Biol Sci Med Sci*　**65**：1086-1092, 2010
30) Persad CC, et al：Neuropsychological predictors of complex obstacle avoidance in healthy older adults. *J Gerontol B Psychol Sci Soc Sci*　**50**：272-277, 1995
31) Verghese J, et al：Effect of cognitive remediation on gait in sedentary seniors. *J Gerontol*

A Biol Sci Med Sci 65：1338-1343, 2010
32) Li KZ, et al：Benefits of cognitive dual-task training on balance performance in healthy older adults. *J Gerontol A Biol Sci Med Sci* 65：1344-1352, 2010
33) Alexander NB, et al：Age differences in timed accurate stepping with increasing cognitive and visual demand：a walking trail making test. *J Gerontol A Biol Sci Med Sci* 60：1558-1562, 2005
34) Persad CC, et al：Executive function and gait in older adults with cognitive impairment. *J Gerontol A Biol Sci Med Sci* 63：1350-1355, 2008
35) Galna B, et al：Obstacle crossing deficits in older adults：a systematic review. *Gait Posture* 30：270-275, 2009
36) Yamada M, et al：Measurements of stepping accuracy in a multitarget stepping task as a potential indicator of fall risk in elderly individuals. *J Gerontol A Biol Sci Med Sci* 66：994-1000, 2011
37) Yamada M, et al：Maladaptive turning and gaze behavior induces impaired stepping on multiple footfall targets during gait in older individuals who are at high risk of falling. *Arch Gerontol Geriatr* 54：e102-108, 2012
38) Yamada M, et al：Multi-targets stepping program can prevent falls in community-dwelling older adults：A randomized, controlled trial., under revision
39) 山田　実：研究への私の取り組み：転倒リスク評価法の開発．理学療法　29：213-218, 2012
40) Vuillerme N, et al：Effects of a reaction time task on postural control in humans. *Neurosci Lett* 291：77-80, 2000
41) Prado JM, et al：Postural sway during dual tasks in young and elderly adults. *Gerontology* 53：274-281, 2007
42) Wulf G：Attention and motor skill learning. Human Kinetics, 2007
43) ガブリエル・ウルフ（著）・水藤　健，他（訳）：注意と運動学習―動きを変える意識の使い方．市村出版，2010
44) Riley MA：Postural Stabilization for the control of touching. *Hum Mov Sci* 18：795-817, 1999
45) McNevin NH, et al：Attentional focus on supra-postural tasks affects postural control. *Hum Mov Sci* 21：187-202, 2002

第4章

運動のイメージと観察

第1節 運動のイメージ

　競技スポーツの領域では，運動イメージを競技力の向上に役立てようとする考え方が古くから存在する．具体的な利用法の1つが，習得すべき動作を繰り返し頭の中でイメージすることで，実際に身体を使った練習と類似の学習効果を得ようとするものである．こうした利用法はメンタルプラクティス（mental practice）と呼ばれる．運動イメージの話題はここ十数年来，リハビリテーションの最新の話題の1つとして注目されている．その背景には，運動をイメージしている最中の脳の活動様態は，脳内で運動を企画する状態に限りなく近いという理論，ならびにそれを支持する実証的研究がある．こうした研究の成果は，運動イメージが単に"運動スキルの学習支援"という限局的な意味でのメンタルプラクティスに利用できるだけでなく，より幅広い意味でリハビリテーションに応用可能であることを示している．本節では，運動イメージがリハビリテーションを中心とした運動支援にもたらしうる恩恵について，初学者を念頭に置いて概論的情報をまとめる．より詳細かつ最新の知見に触れたい読者諸氏は，関連本を参照されたい[1,2]．

運動イメージの基礎

運動イメージ：古くて新しい問題

　運動イメージの話題は，研究領域およびスポーツやリハビリテーションなどの実践応用領域において，今なお重要な話題として位置づけられている．こうしたムーブメントに一役買ったのが，運動をイメージすることで，大脳皮質一次運動野など，運動の出力に関わる脳領域に活動がみられるという発見であった[3~5]．運動のイメージ中は身体を動かしているわけではない．にもかかわらず，伝統的に運動の出力に関わるといわれてきた脳領域に活動がみられたことから，運動のイメージの生成には運動の出力に関わる脳内システムが関与してい

るのではないか，という共通理解が生まれた[6]．

　運動イメージに対するこうした考え方は，リハビリテーションにおける運動イメージの有用性について多くの可能性を与えた．もし運動のイメージと実際の運動の実行とが共通の脳内システムを利用しているのならば，患者に正しい運動イメージを想起してもらうことが，運動の実行に関わる脳内システムを賦活させ，運動技能の（再）学習に貢献できることにつながりうる．たとえば急性期患者のように，運動をすることが望ましくない患者の運動機能低下を防止する手段，あるいは，運動量が制限される高齢者に対して，補助的な運動技能訓練をサポートする手段として，運動イメージが利用できるであろう．このように運動イメージ研究は，イメージという認知活動を通して身体運動に関わる脳機能にアクセスできる可能性を示したのである．

　リハビリテーションに対する運動イメージの応用は，さらに革新的な方向へと進んでいる．運動のイメージが脳内の運動実行系を賦活させるということは，脳への波及という意味に限局すれば，運動のイメージは運動の意図に相当することになる．よって，自分の意志で運動することができない人でも，正しく運動のイメージをすることができれば，その脳活動を計測することで意図を読み取り，機械的にその運動を代行させることもできる．これがブレイン・マシン・インターフェイス（Brain-machine interface）の着想であり，着実にその成果が出始めている[7,8]．

　なお運動イメージの研究成果は，心理学を含めた認知科学の研究領域においても非常に大きな発見であった．というのも，伝統的に認知科学では知覚・認知（情報の入力と処理）に関わる脳内情報処理と，身体運動（情報の出力）に関わる脳内情報処理は，おおむね独立した概念として個々に研究されてきたからである．運動イメージに関する研究成果は，次節で紹介するミラーニューロンシステムの発見と同様，伝統的な考え方が必ずしも正しくなく，知覚・認知系と運動系を共通のシステムとして考えることの妥当性を示した[9]．

■ 2種類の運動イメージ ■

　最近の研究では，運動イメージを2種類に大別して扱う場合が多い．1つは，自分自身が運動を行っている様子を体現したイメージであり，筋感覚的運動イメージ（kinethetic motor imagery）という．筋感覚的運動イメージは，自分が

その運動を実践したときに感じられる身体感覚，あるいは見える情景などをリアルにイメージするという意味で，一人称的イメージともいわれる．もう1つは，ビデオカメラで撮影した自分の動きを見ているようなイメージであり，視覚的運動イメージ（visual motor imagery）という．他者の視点から見ているようなイメージという意味で，視覚的イメージは三人称的イメージとも呼ばれる．

視覚的運動イメージの場合，そのイメージの主体はまさしく視覚的な内容となる．これに対して筋感覚的運動イメージの場合，確かに運動中に得られる筋感覚を想起することが想定されて命名されているものの，必ずしも視覚的な内容を排除しているわけではない．Lotzeら[10]の言葉を借りれば，筋感覚的運動イメージにおける視覚的内容とは「ヘルメットに取りつけた小型カメラから得られる映像（p37）」のようであり，自分自身が運動した際に一人称的に得られる情景である．ただしあくまで筋感覚的運動イメージの主体は筋感覚的な内容であって，視覚的な内容はそれに付随するものと位置づけられる．

これら2種類のイメージのうち，大脳皮質の運動関連領域を賦活させることが期待されているのが，筋感覚的運動イメージである．次のセクションで紹介するように，筋感覚的運動イメージの想起中にこそ運動に関わる脳領域の活動が顕著であることが報告されている．このように考えると，運動学習を促進するためのメンタルプラクティスとして運動イメージを利用する場合，その対象者が鮮明に筋感覚的運動イメージを想起できることが必要となる．

たとえば脳卒中片麻痺患者の場合，筋感覚的運動イメージを鮮明に描けないケースも決して少なくないであろう．特に急性期の患者に対して筋感覚的運動イメージを想起させることには困難が伴うかもしれない．こうした場合には，回復初期には導入として視覚的運動イメージの想起を促し，一定の回復後（例えば両手の協調運動やタイミングを要求する動作を再獲得するレベルの回復後）において筋感覚的運動イメージの想起を促していくことが効率的という指摘もある[11]．

運動イメージ中の脳活動

図4-1-1は，脳の中で運動の出力に直接的に関わるとされている領域の模式図である[12]．運動を意図すると，その指令が（前頭）連合野から各領域に伝わる．この指令が最終的な出力指令として一次運動野から筋肉に伝達される過程

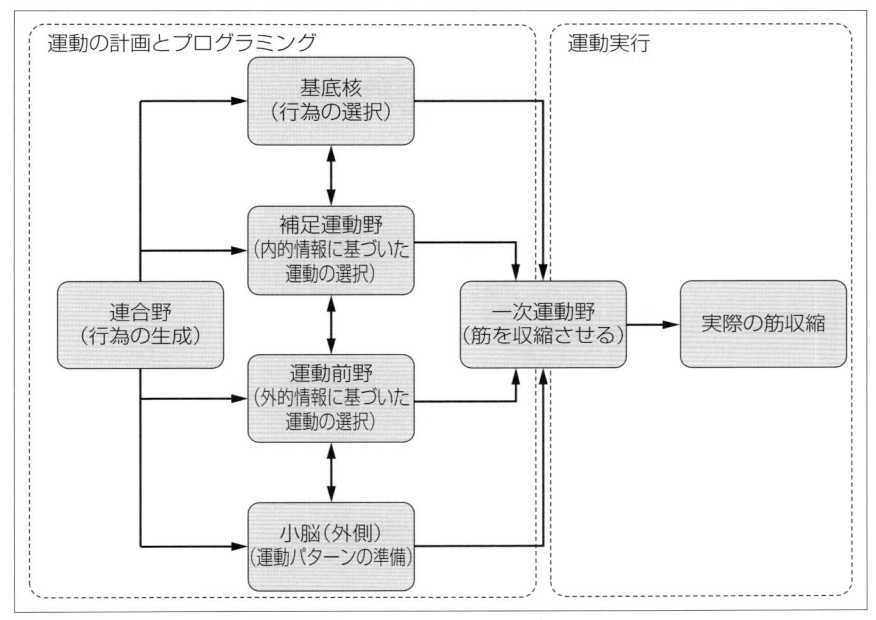

図 4-1-1 運動に関わる脳領域の外観図[12]

においては，補足運動野と運動前野における前処理や，小脳や基底核を経由して届く情報が利用されている．図 4-1-2 は，これらの領域のうち大脳皮質にある運動関連領域の位置関係を示している[13]．

運動イメージの最中の脳活動を，ポジトロン断層画像撮影法（positron emission tomography：PET）や機能的核磁気共鳴断層画像法（functional magnetic resonance imaging：fMRI）などの脳画像的研究手法を用いて測定した研究によれば，特に筋感覚的運動イメージを想起している最中には，大脳皮質の運動関連領域の一部に活動がみられる[3~5]．たとえばある研究では，手の開閉動作（1 Hz の周期で 60 秒間）を実際に行った場合とその動作をイメージした場合のいずれにおいても，補足運動野，運動前野，一次運動野などに活動がみられた[15]．運動イメージの最中には，主要筋の筋出力が生じていないことを確認しているため，イメージ中に得られた脳活動は運動由来のものではなく，イメージ由来のものと考えられる（図 4-1-3）．

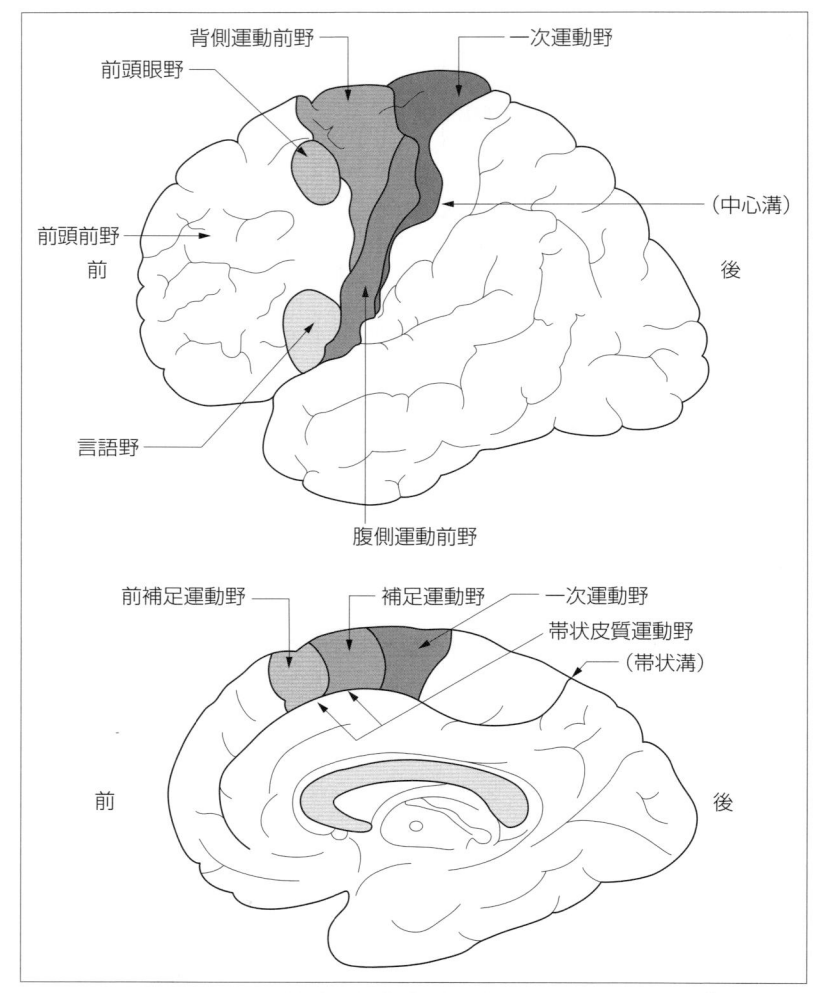

図 4-1-2　大脳皮質の前頭葉領域に存在する運動関連領域[14]

　こうした研究を概観するにあたって注目すべきポイントの1つは，運動のイメージ中に一次運動野が活動することにある．一次運動野は伝統的に運動の最終出力に関する部位とされ，そこに至るまでの知覚・認知情報処理には関わらないと考えられてきた．しかし実際には，運動イメージという認知的活動の最

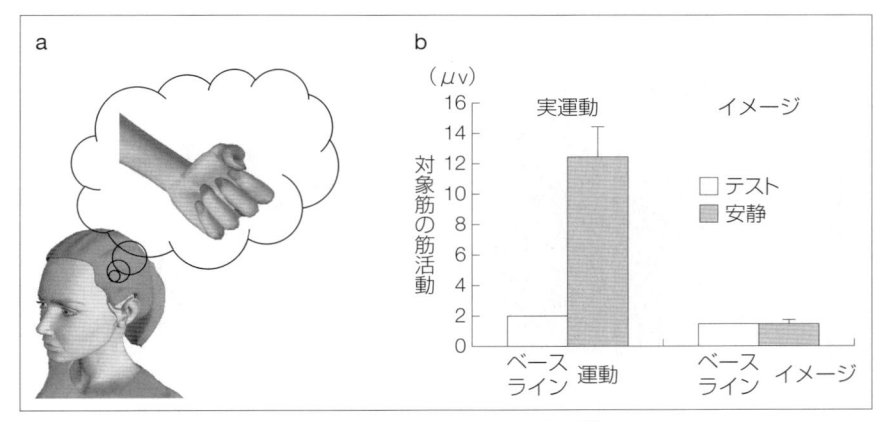

図 4-1-3　運動イメージ中の脳活動を測定した研究例[15]
　　　a：手の開閉動作を実際に行っている最中とイメージしている最中で脳活動を比較した（図は著者が作成）．
　　　b：実験に際してはイメージ中に対象筋の筋活動が起こらないようトレーニングを行った．実験の結果，実運動中だけでなく運動イメージ中にも一次運動野，補足運動野，運動前野において活動がみられた．

中に，有意な活動を示す場合があることがわかった[15~17]．一次運動野が確かに知覚・認知情報処理に関わるという発見は，運動イメージ以外の研究でも報告されている[18,19]．したがって，一次運動野が最終的な運動出力のためだけに働くという伝統的考え方は改めるべきであろう．

　ただし，運動イメージの最中に一次運動野の活動を認めなかった研究も比較的多くあることから[20,21]，本当に一次運動野が運動イメージの生成に本質的な役割を果たしているのかについては，議論の分かれるところである．複雑な運動のイメージには一次運動野が関与するといった指摘[10]や，イメージする筋肉の動きに依存して一次運動野が関与するかどうかが決まる[22]といった指摘があるため，条件に応じた関与を想定すべきと思われる．

運動イメージ中の皮質脊髄路の興奮性

　運動イメージ中の一次運動野の活動については，fMRIなどを用いた脳画像的研究だけはなく，経頭蓋的磁気刺激法（transcranial magnetic stimulation：TMS）という手法を用いた研究の成果が大きく貢献している[5,23]．TMSは，頭

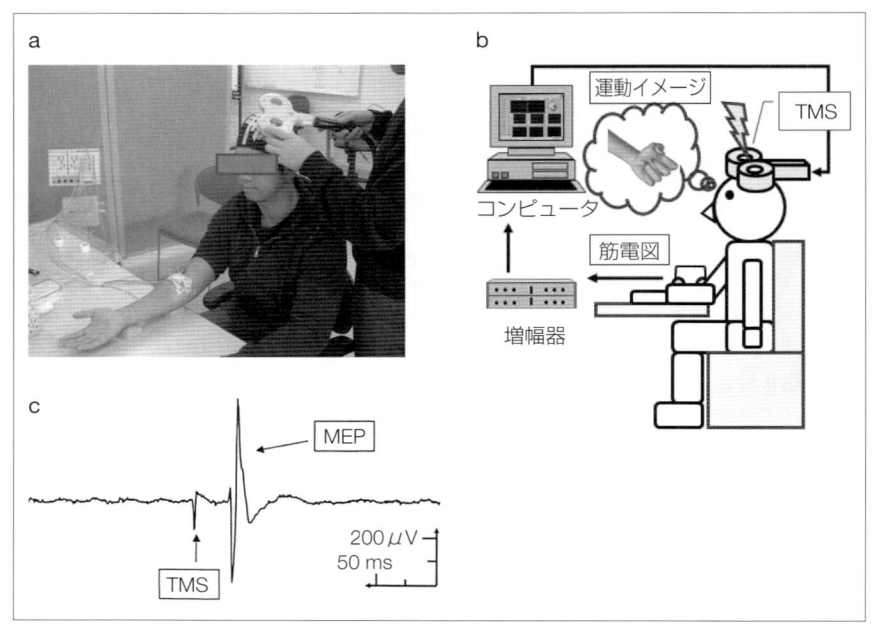

図 4-1-4　TMS を用いた測定の様子（a），TMS を用いた MEP 測定の概略図（b），TMS により導出される MEP（c）（a, b：杏林大学保健学部の門馬博氏より提供．c：文献 5) より引用）

　蓋骨上に置かれた通電コイル（通常，8 の字型の装置）に大容量の電気を瞬時に流すことにより，パルス磁場を作り，その磁場に沿って発生する誘導電流によって頭蓋骨下にある脳神経細胞を興奮させる（図 4-1-4a，b）[24]．ターゲットとする四肢（たとえば右手）の制御に関わる一次運動野の部位に正確にコイルが当たるように設定し，TMS を与えると，その刺激は直下の皮質脊髄路の興奮性を高める．その結果，ターゲットとなる四肢の皮膚表面上で記録可能な活動電位が生じる（図 4-1-4c）．TMS に対して瞬時に（短潜時で）出現するこの筋電図反応を，運動誘発電位（motor evoked potential：MEP）と呼び，皮質脊髄路の活動を電気的に捉える指標として利用する．MEP 振幅の大きさや，TMS を呈示してから MEP が生起するまでの時間の短さ（短潜時かどうか）を検討することで，一次運動野の運動神経細胞から手や足を動かす命令がその筋肉に伝わるまでの時間や神経の興奮の強さを測定する[25]．

TMSを用いて運動イメージ中のMEPを記録した研究によれば，たとえば肘の屈曲動作をイメージしている最中にTMSを呈示すると，上腕二頭筋から導出したMEPの活動が促進された[22]．また筋感覚的運動イメージと視覚的運動イメージの効果を比較検討した研究によれば[26]，親指の外転動作をイメージしている最中のMEPは，筋感覚的運動イメージによって促進されるものの，視覚的運動イメージでは促進されなかった．このようにTMSを用いた研究は，運動イメージの効果についてさまざまな情報を提供している．特にTMSは，fMRIなどの脳画像的研究に比べて時間解像度が非常に高いため，運動イメージが脳活動にもたらす時間的な側面を検証したい場合に大変有益な方法である．TMSがもつ時間解像度の利点を効果的に利用した研究の例については，次節の運動観察に関するセクションで紹介している．

運動イメージと実運動の類似性：Fittsの法則

メンタルプラクティスの有用性を示す根拠は，脳活動に関する研究だけではない．実運動のパフォーマンスにみられる特性が，運動イメージ上においても保持されるという知見も大変意義深い．ここではその1つとして，Fittsの法則[27]に関する研究について紹介する．一般に，さまざまな運動にはスピードと正確性のトレードオフ関係が存在する．すなわち，正確性を重視して運動すればスピードが遅くなり，逆にスピードを重視して運動すれば正確性が低下する．この反比例関係（トレードオフ関係）をFittsの法則という．

Fittsの法則は，イメージ上で再現された運動においても成立することが報告されている[28〜31]．たとえば実際の歩行において，非常に細い通路を歩く時は，広い通路を歩く時よりも正確な下肢のコントロールが必要であるため，自然と歩行速度が低くなる．その結果，当然ながら一定距離を歩く歩行時間が長くなる．今度はこうした場面をイメージしてみると，やはり細い通路を歩くイメージをもつほうが，広い通路を歩くイメージをもつ場合よりも，歩行に要すると判断された時間が長くなった（図4-1-5）[28]．この結果は，運動イメージが実際の歩行の一側面を忠実に反映していることを意味している．イメージ上の運動においてFittsの法則がみられることは，隙間通過のイメージ[30]や，上り坂や下り坂を歩くイメージ[31]においても確認されている．実運動にみられるFittsの法則が運動イメージにおいても当てはまることは，運動イメージの想起に脳の

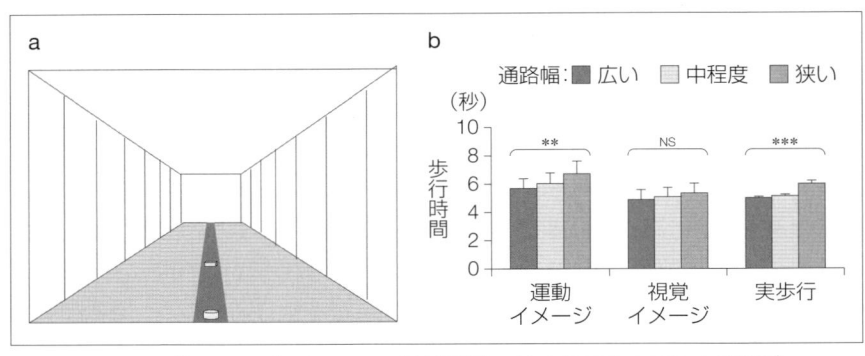

図 4-1-5　運動イメージにも Fitts の法則が当てはまることを示した実験[28]

a：実験課題（図は著者が作成）：実験条件は運動イメージ条件，視覚イメージ条件，実歩行条件の 3 条件であった．運動イメージ条件では，廊下中央部の細い通路を，手前のマーカーから奥のマーカーまで自分が歩くことをイメージした．視覚イメージ条件では手前のマーカーが奥のマーカーまで移動することをイメージした．

b：各条件での実歩行（またはイメージ上での歩行）時間：通路が狭くなるにつれて歩行時間が長くなるという Fitts の法則が，運動イメージ条件と実歩行条件において統計的に有意に確認された．＊は通路幅間の有意差あり，NS は有意差なし

運動関連領域が関与している可能性を行動科学的な見地から示している．

メンタルプラクティス：運動イメージを用いた運動学習

メンタルプラクティスを成功させる条件はあるか

本節の冒頭で述べたように，伝統的に運動イメージを用いた運動支援といえば，運動スキルの学習支援である．こうした意味での運動イメージの利用は，メンタルプラクティスと呼ばれる．メンタルプラクティスが運動学習に寄与しうると報告した研究を概観すると，その方法について複数の共通点がみられる．第 1 の共通点は，筋感覚的運動イメージを用いているという点である．この意義についてはすでに説明したとおり，筋感覚的運動イメージの想起に大脳皮質の運動関連領域が関与していると期待されるためである．第 2 の共通点は，メンタルプラクティスに先立ってイメージを鮮明にするためのセッションを取り

表 4-1-1　メンタルプラクティスを行う際の事前の教示例[32]

1. 座位または仰向けになってください．
2. 他人の動きを観察するようなイメージではなく，実際にあなたが動いているときのイメージをしてください．
3. リラックスした状態を保ち，実際に筋肉は動かさないでください．
4. 実際にあなたが動作をしていた時に見ていたこと，身体で感じたことを正確にイメージしてください．
5. イメージしている間は目を閉じてください．
6. 必要ならば指で数えながら，1ブロックに動作を6試行イメージしてください．
7. もし集中が途切れてしまったら，眼を開けてリラックスした後で，再開してください．
8. できるだけスピーディーな動作を正確にイメージしてください．

入れている点である．運動のイメージを鮮明に想起できるかどうかが，脳の運動関連領域の賦活に影響すると考えられており，各研究においてさまざまな工夫がなされている（その一例は**表 4-1-1**を参照）．第3の共通点は，メンタルプラクティスを単独で実施するのではなく，イメージする運動と同一の運動トレーニングと組み合わせている点である．実運動の直後であれば，その運動の際に得られる筋感覚的運動イメージを鮮明に想起することも比較的容易であり，こうした組み合わせのなかで実施することは，確かに理にかなっているように思われる．

　1つの研究事例を用いてより具体的に説明したい．Malouinらは脳卒中片麻痺患者を対象に，座り動作と立ち上がり動作時の均等荷重を学習目標として，メンタルプラクティスの効果を検討した（**図 4-1-6**）[33]．実験参加者が鮮明な運動イメージをもてるように，反復練習に先立って10分間の事前トレーニングが行われた．この事前トレーニングでは，座り・立ち上がり動作の際に両足にかかった荷重の結果がコンピュータの画面にフィードバックされた．実験参加者はフィードバックの画面を見ながら，荷重が両足で均一になるように動作を改善した．また正しく荷重できた場合とそうでなかった場合の身体状態に注意を向け，その違いが自覚できるよう努力した．さらに荷重を均一にするために試みた方略について言語化することで（たとえば，麻痺側に体重をかけてから立ち上がったなど），その方略を顕在化した．

　こうした事前トレーニングの終了後，本番の反復練習セッションを7ブロック実施した．各ブロックでは実運動トレーニングを1試行，メンタルプラクティ

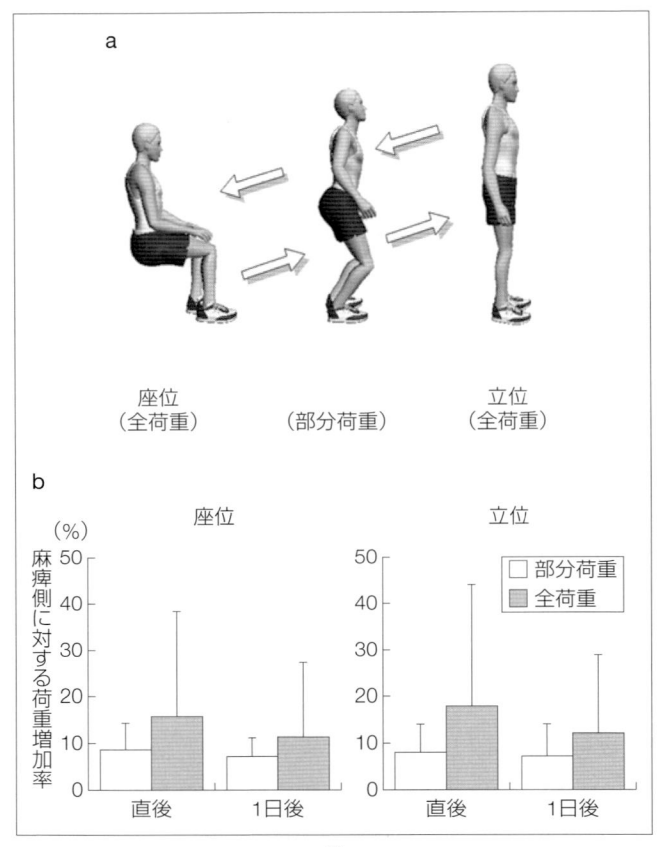

図4-1-6 Maloulinらの実験[33]（図は文献34)より転載）
　　　　a：実験課題．座り・立ち上がり動作に対して，それ
　　　　　ぞれ動作中（部分荷重）と動作完了時（全荷重）
　　　　　に麻痺側に対してどの程度荷重がかかっている
　　　　　か，フォースプレートを用いて測定した．
　　　　b：練習直後と1日後における麻痺側への荷重を，
　　　　　ベースラインからの上昇率（％）として示したも
　　　　　の．傍線は標準偏差を示している．

ス5試行を行った．メンタルプラクティスでは閉眼状態で座り・立ち上がり動作をイメージした．練習の効果を検証するため，フォースプレートを用いて反復練習前（ベースライン），セッション直後，練習の1日後の計3回，両足に対

する荷重をフォースプレートにより計測した．図 4-1-6b は麻痺側に対する荷重が，ベースラインに比べて練習後に何％上昇したかを示している．いずれの項目においても，麻痺側に対する荷重が大きくなっていることがわかる．1 日後の測定においてもその効果が保持されていることから，Malouin らはメンタルプラクティスの効果は少なくとも一定期間保持されると結論づけた．

　Malouin らの結果をみると，運動イメージを鮮明化させるための事前セッションの導入や，実運動トレーニングと組み合わせることが有用な印象を与える．実際，多くの研究がこうした組み合わせの条件下で運動イメージの効果を検証している[35～37]．しかし残念ながら，適切なコントロール条件と比較検討している研究が少ないため，こうした要素が成功の条件であるかどうかについては断言しがたい部分がある．たとえば Malouin らの研究では，確かにイメージを鮮明化させるための事前セッションの導入は重要な印象を与えるものの，事前セッションがないコントロール条件と比較しているわけではないため，この事前セッションが成功のための必要条件なのかどうかは推測の域を出ない．同様の問題は実運動トレーニングと組み合わせる条件の必要性についてもいえる．やはりここでも，組み合わせが必要であることを実証したければ，実運動トレーニングとの組み合わせのない条件と比較検討する必要がある．さらに Malouin らの研究の場合，わずかな試行数とはいえ実施している実運動トレーニングに一定の効果があれば，仮にメンタルプラクティスがなんら効果をもたなかったとしても，同じ効果が得られる懸念すらある．このように，コントロール条件の設定が十分でない研究が数多く積み重なったとしても，残念ながらそれは科学的な意味での研究の進展を意味しない．ただ，ここで挙げた問題点はさまざまな研究論文においてなされているため[38,39]，今後適切なコントロール条件と比較検討した研究が数多く登場するものと期待される．

運動イメージの鮮明性

　前述のように，運動イメージを鮮明に描くことができるかどうかは，メンタルプラクティスの成否に影響しうる[40～43]．一部の高齢者は，加齢により運動イメージ能力が低下し，若齢者と比べればイメージの鮮明性が高くないことが予想される．Mulder らは質問紙項目によって視覚的運動イメージと筋感覚的運動イメージの鮮明性を主観的に評価する VMIQ という質問紙を用いて，加齢

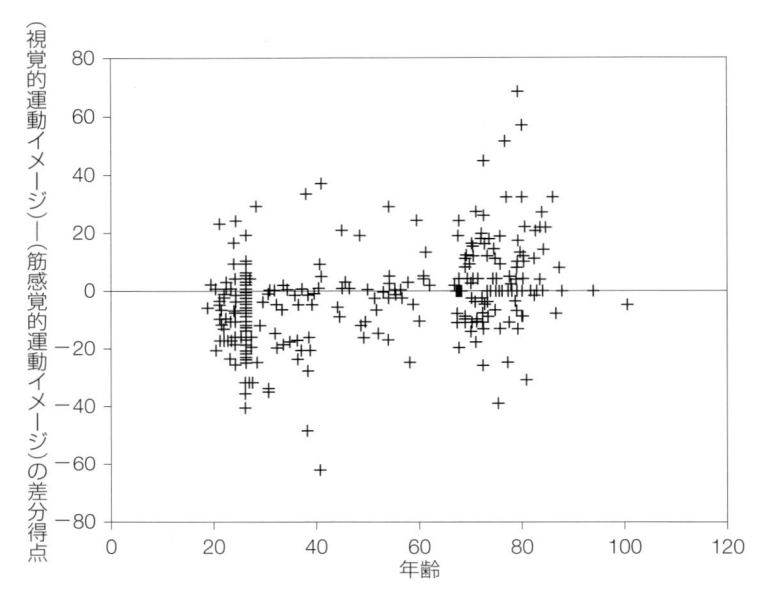

図 4-1-7　年齢に伴って視覚的運動イメージの鮮明度が筋感覚的運動イメージの鮮明度を上回ることを示したプロット
図（文献 41）より引用）

に伴うイメージの鮮明性について評価した[41]．その結果，65 歳以上の高齢者群は若齢者群に比べて，筋感覚的運動イメージに関する得点が低いことがわかった．さらに年齢と得点の相関関係を調べたところ，弱い関係ながら，加齢に伴って視覚的運動イメージの得点が筋感覚的運動イメージの得点を上回る傾向があることを確認した（図 4-1-7）．Mulder らはこの結果を，加齢に伴って筋感覚的運動イメージを鮮明に想起するのが困難になることから，運動イメージの内容が視覚的なものに移行していくと解釈している．

また別の研究[44]では，平均 71 歳の高齢者に対し，5 m の歩行通路を歩くイメージを想起してもらう課題と，実際に 5 m の歩行通路を歩く課題を行ってもらった．歩行通路として 50 cm，25 cm，15 cm という 3 つの幅が用意された．通路の幅が狭いほど，着地位置の厳密なコントロールが要求されるため，実際に歩行する際の所要時間が長くなる．実験では，イメージ上での歩行開始から終了までの時間が，実際の 5 m 歩行の所要時間とどの程度一致するのかを測定

することで，イメージがどの程度鮮明であるかを間接的に測定した．実験の結果，高齢者は通路幅が狭くなるほど歩行の所要時間がかかることを認識しており，イメージを想起する時間も長くなった．しかしながら高齢者は若齢者に比べて，通路幅が狭くなることがどの程度所要時間を長くなるのかを正確に把握しておらず，狭い通路幅に対して極端にイメージ上での歩行時間が長くなることがわかった．したがって高齢者の中には，自己の認識に基づいてイメージを想起することはできるものの，筋感覚的にリアリティをもってそのイメージを想起するという意味では，若齢者ほどの能力は有していない可能性がある．

　このような背景から多くの研究では，イメージを鮮明に描く能力が高い人を質問紙などにより選別したうえで，実験対象者として採用している．質問紙を用いて対象者を選別することの妥当性については，たとえば質問紙レベルでの鮮明度の個人差が，運動イメージ想起時の脳活動の強さに対応していることを研究がある（ただしここでの対象は色の鮮明なイメージという視覚的イメージの想起である）[45]．こうした成果は，質問紙に基づく主観的なイメージ評価であっても，その個人のイメージ能力をある程度正確に測定できることをうかがわせる[46]．

　このほか，脳卒中片麻痺患者や高齢者，脊髄損傷者のようなリハビリ対象患者を対象とした運動イメージ研究の場合，運動イメージ能力以外の実験参加の基準（inclusion criteria）として，十分な認知機能があるかについての基準を設けたり，残存運動機能がある程度備わっている患者に対象者を限定したりする．認知機能はイメージをするという活動そのものに影響するだろうし，残存運動機能が備わっている対象者ならば，動きのなかで得られる筋感覚を利用して，運動イメージを想起しやすいのだろうと期待されるからである．

　さらに運動イメージを想起させている間は，その動作を行う時となるべく同じ姿勢を保つのがよいという指摘もある[3]．たとえば上肢動作をイメージしている最中の皮質脊髄路の興奮性は，実際の手の姿勢とイメージしている手の姿勢が一致しているほうが，一致していない場合よりも高い[47]．こうしたことを考慮すると，たとえばいすに座った状態から起立する動作をイメージしてもらう場合には，いすに座ってもらいながら実施するほうが，より鮮明な運動イメージの想起が期待される．

■■■ メンタルプラクティスと運動支援 ■■■

　メンタルプラクティスの効果の検証を目的とした最近の医科学系論文を見ると，そのほとんどが，健常者またはリハビリテーション対象者を参加対象として，日常動作に対する効果を検証している．リハビリテーションの現場では，加齢や障害による筋力低下などの理由で，実運動トレーニングを長時間行うことが困難な対象者が数多く存在する．メンタルプラクティスは，限られたトレーニングの機会をカバーできる可能性があるため，その有用性を科学的に検証する意義は大きい．

　これに対し競技スポーツの場合，実運動トレーニングで動作の学習がスムーズに進むならば，メンタルプラクティスを導入する必要性そのものがない．すなわち，メンタルプラクティスが実運動トレーニングでは補えない重要な学習の要素をカバーする，といった魅力的な要素をもたないかぎり，競技スポーツを対象としたメンタルプラクティス研究の実践的意義は，それほど大きくないのかもしれない．こうした学術的背景から現時点では，怪我からの早期回復を目指すリハビリテーションの一環として用いることを中心に，その有用性が学術的に議論可能であるように思われる[48]．

　ただし，先ほど紹介した高齢者のイメージ能力の事例でわかるように，リハビリテーション対象者の場合，そもそも鮮明な運動イメージを想起できるのかという根本的な問題が存在する．脳卒中患者のように感覚・運動麻痺のあるケースの場合，麻痺側の運動に対する筋感覚的運動イメージを鮮明に保有していないことが予想される．こうしたケースの場合，メンタルプラクティスとしての運動イメージの利用というよりは，筋感覚的運動イメージを鮮明化させること自体に，リハビリテーションとしての意義があると期待される．こうした患者が筋感覚的運動イメージを鮮明に描けるようになったということが，脳制御のレベルで運動をスムーズに実行するためのリハビリテーションがある程度うまくいっていることを予測させるためである．

　また，運動支援者の立場にとって悩ましいのは，メンタルプラクティスの最中，対象者が本当に適切なイメージをしているのかについて，チェックする手段がないことである．指導者が要求したイメージを鮮明に描いたかどうかについては，対象者自身に委ねるしかない．もし対象者がメンタルプラクティスの最中に，積極的にイメージを想起せずに休養していたとすれば，貴重なトレー

ニングの機会を無駄にすることになりかねない．こうした懸念から，確かに運動イメージを想起しているということが行動指標により確認できる方法として，メンタルローテーション（mental rotation）を用いたメンタルプラクティスの有用性を検討する必要があると著者は考えている．次のセクションにて詳しく説明する．

メンタルローテーション

メンタルローテーションとは

メンタルローテーションとは回転した像（視覚刺激）からもとの正立像（視覚刺激）をイメージする心的活動のことである[49]．図 4-1-8a は典型的なメンタルローテーション課題の刺激例である．実験対象者は2つの刺激が同じ図形かどうかを，できるだけ素早く回答することが求められる．一般に，回答にかかる所要時間（反応時間）は，回転図形の回転角度が大きいほど反応時間が長くなる．これは実験参加者がこの課題を行うにあたり，図形をイメージ上で回転させていることを意味する．これが，この課題をメンタルローテーション課題と呼ぶゆえんである．

メンタルローテーション課題においては，回転角度が大きいほど反応時間が長くなるかどうかをチェックすることで，実験対象者がイメージを心的に操作したかどうかを可視化できる．これがメンタルローテーション課題の最大の魅力であり，認知科学の領域において古くからイメージの研究に利用されてきた理由の1つである．通常のイメージ想起と違って，実験対象者はこの課題の遂行中にイメージを操作していることを必ずしも自覚していない．このためメンタルローテーションは，潜在的な運動イメージ想起（implicit motor imagery）ともいえる．

身体刺激を用いたメンタルローテーション

メンタルローテーション課題に手や足の視覚刺激を用いると（図 4-1-8b），その回転の特性には実際の手や足の機能的・解剖学的特性が反映されたり，メンタルローテーションの遂行中に脳の運動関連領域の活動がみられる．こうした研究成果から，メンタルローテーション課題をメンタルプラクティスに利用

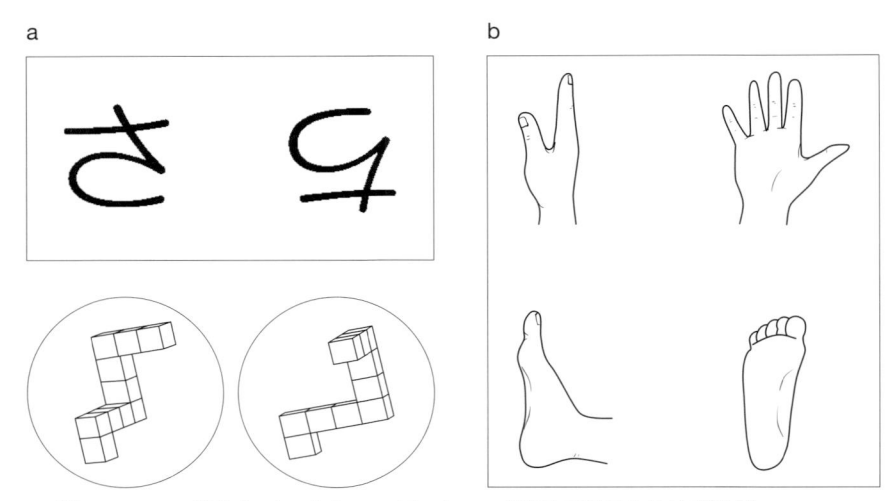

図 4-1-8　一般的なメンタルローテーション課題で使用される刺激例
　　　　a：2つの刺激が同時に呈示され，左と右の刺激が同じ図形かどうかを素
　　　　　早く正確に判断する．
　　　　b：身体刺激が1つずつ呈示され，それが右手（足）か左手（足）かを素
　　　　　早く正確に判断する．身体刺激を用いることで，運動イメージの潜在
　　　　　的想起が可能である（図は文献50）より引用）．

できるのではないかという期待がある．以下，実例をもとにメンタルローテーションの実験内容とその意義について紹介する．

　Schwoebelらは，3カ月以上にわたり腕に痛みを訴える患者群，および健常者群を対象として実験を行った[51]．実験課題は，呈示された回転刺激（手掌部が上向きの場合と下向きの場合がある）が右手か左手かをできるだけ素早く回答することであった．実験中は机に手を置き（図4-1-9aの0°条件と同じ向き），実際に手を回転して判断することはできなかった．

　図4-1-9bは手掌部が下向きの刺激に対する反応時間である．特徴的な結果として，まず両群ともに刺激の回転角度が大きいほど反応時間が長くなった．この結果は，呈示された刺激が実際の手の状態と異なるほど，反応時間が長くなることを示している．よって実験参加者はイメージ上で呈示された刺激，あるいは自分の手のいずれかを回転して回答するため，実際の手の状態が刺激と異なるほど反応に時間がかかったと考えられる．

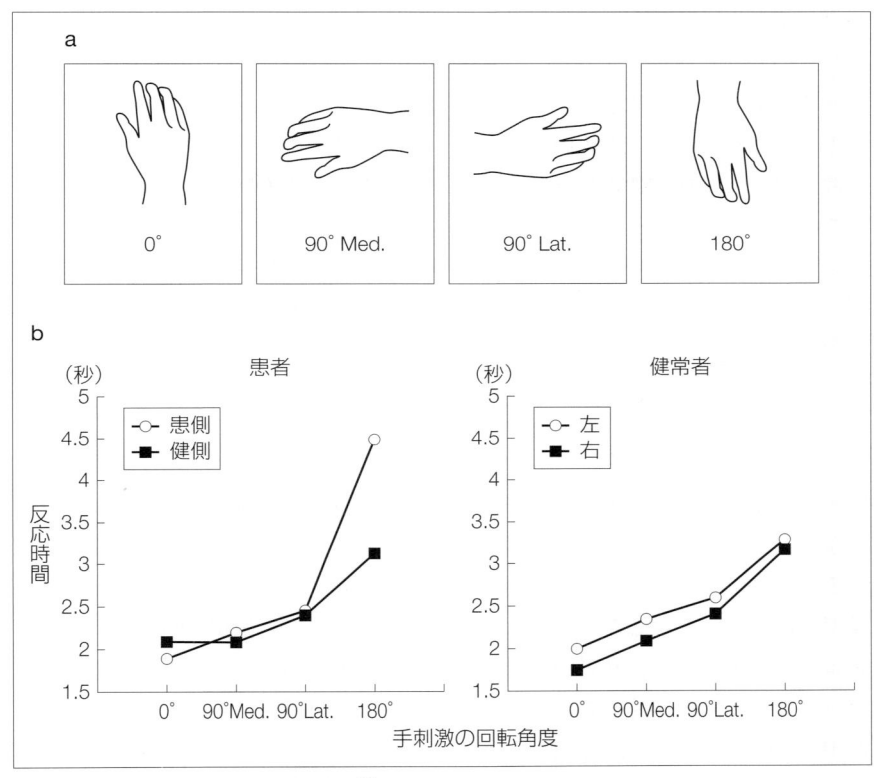

図 4-1-9　Schwoebel らの実験[51]（図は文献 34)より引用）
　　a：刺激の一例．回転角度は 0°，90°内転（90° Med.），90°外転（90° Lat.），180°回転の 4 パターンであった．
　　b：手掌部が下向きの刺激に対する反応時間の結果．縦軸の値が小さいほど素早く反応できたことを意味する．

　さらに，患者群は健常者群に比べて，180°回転した刺激に対する反応時間が長くなった．また 90°回転した 2 つの刺激を比べると，尺側方向（90° Lat）に回転した刺激のほうが橈側方向（90° Med）に回転した刺激よりも反応時間が長くなった．これら 2 つの結果は，実際の運動の困難度と非常によく対応している．すなわち患者群にとって，腕を大きく回転させる運動は痛みを伴う運動であり，その遂行には困難を伴う．また，実際の運動においても，解剖学的な制約から尺側方向のほうが橈側方向のほうが動かしにくい．これらの結果は，実

際に腕を動かすことのないメンタルローテーションにおいて，腕の特性が反映されていることを示唆する．

　同様の結果は他の障害においても確認されている[50,52]．たとえば，筆記動作の際に手の振戦といった書痙症状がみられるジストニア患者の場合，手の回転刺激に対しては健常者に比べて回答が遅いものの，足の回転刺激では健常者と回答時間に差がなかった[50]．この結果はやはり，メンタルローテーションに身体特徴が反映されることを示唆する．さらに，メンタルローテーションの遂行中には，脳の運動関連領域に活動がみられることも確認された[53〜55]．以上の結果から，メンタルローテーション課題の遂行は，運動イメージの想起と類似した特性が数多くあるため，メンタルプラクティスとして利用可能であると期待される．

■■■ メンタルローテーションを用いたリハビリテーション ■■■

　京都大学の山田実は，著者との共同研究として，メンタルローテーション課題を継続的に行うことが，肩に痛みをもつ患者のリハビリテーションとして有益である可能性を示した[56,57]．研究ではまず第1に，肩関節周囲炎患者60名，および年齢を揃えた健常者60名を対象にして，手の刺激を用いたメンタルローテーション課題を実施した[57]．その結果，肩関節周囲炎患者は手刺激の回転角度180°の時に反応時間が有意に遅延した（図4-1-10）．また，一定期間の理学療法によって痛みや肩の動きの改善が認められた後，再度メンタルローテーションの課題を実施した結果，手刺激の回転角度が180°の時の反応時間が有意に減少した．これらの結果は，メンタルローテーションの速さと肩の機能との間に，一定レベルの対応関係があることを示唆する．

　これらの研究結果を踏まえ，次の研究では肩関節周囲炎患者40名を2群に分け（介入群とコントロール群），介入群に対してのみ，通常の理学療法のほかにメンタルプラクティスを加えたリハビリテーションを実施した[56]．コントロール群では，通常の理学療法のみを実施した．その結果リハビリテーション1カ月後の評価において，介入群は非介入群に比べて，肩関節の機能改善（屈曲・外旋・外転角度が大きくなったこと）が促進された．この結果は，メンタルローテーション課題が運動イメージの想起と同様，メンタルプラクティスとして有用である可能性を示唆する．

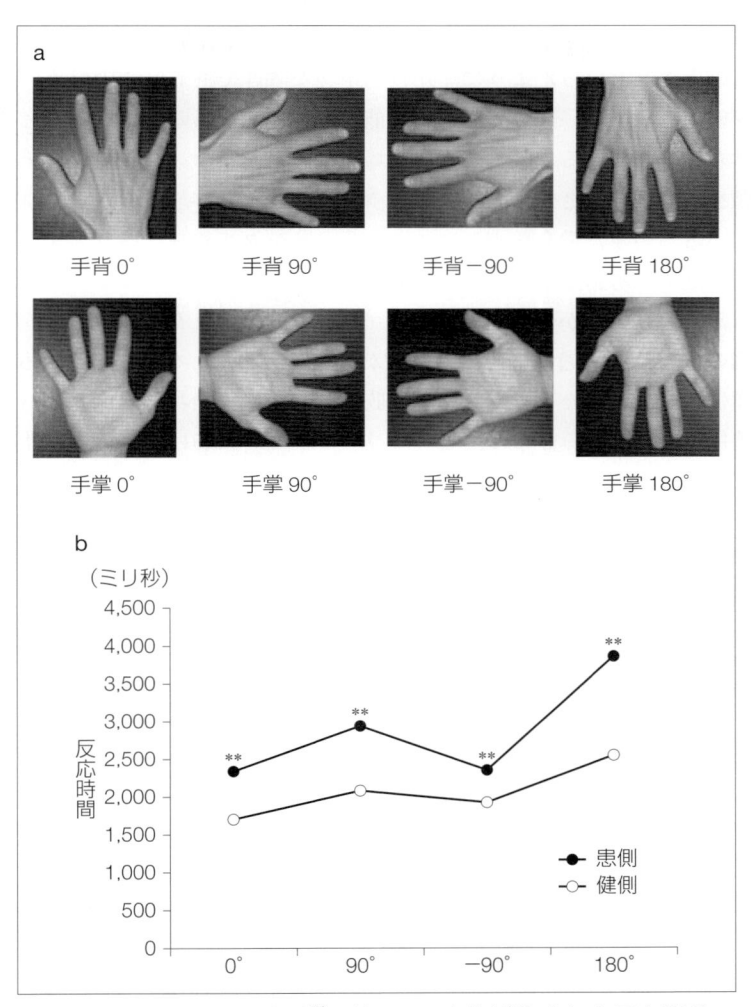

図 4-1-10 山田らの実験[57]で使用した身体刺激（a）と反応時間の結果（b）

痛みを伴う患側肢について，回転角度が大きい条件での反応時間が特に長くなった．**マークは，各回転角度において患側と健側の間の反応時間に有意差があったことを示している．

身体刺激を用いたメンタルローテーション課題は，「呈示された刺激が左右いずれの手か」といったように，比較的単純な課題である．このため，高いイメージ能力を有していなくても遂行可能という利点がある．著者のもとで社会人大学院生をしている理学療法士の川崎翼は，足刺激のメンタルローテーション課題を実施することが，立位姿勢バランスの改善に寄与しうるかについて検討している．いまだ学会発表レベルながら，メンタルローテーション課題の反応時間と立位姿勢動揺量には正の相関があり，素早くメンタルローテーションができる人は動揺量が少ないこと[58]や，10分程度のメンタルローテーション課題実施の直後には一過性に姿勢動揺量が減少しうることを報告している[59]．もし本当にメンタルローテーションが下肢の制御を伴う全身の立位姿勢バランスの改善にも寄与しうるならば，リハビリテーションにおける利用可能性は大きく広がるといえよう．

引用文献

1) 森岡 周，他（編）：イメージの科学．三輪書店，2012
2) Guillot A, et al (eds)：The Neurophysiological Foundations of Mental and Motor Imagery. Oxford University Press, 2010
3) Malouin F, et al：Mental practice for relearning locomotor skills. *Phys Ther* 90：240-251, 2010
4) Holmes PS, et al：A neuroscientific review of imagery and observation use in sport. *J Mot Behav* 40：433-445, 2008
5) Loporto M, et al：Investigating central mechanisms underlying the effects of action observation and imagery through transcranial magnetic stimulation. *J Mot Behav* 43：361-373, 2011
6) Jeannerod M：The representing brain：Neural correlates of motor intention and imagery. *Behavl Brain Sci* 17：187-245, 1994
7) ミゲル・ニコレリス，他：越境する脳 ブレイン・マシン・インターフェースの最前線：Beyond Boundaries．早川書房，2011
8) 櫻井芳雄：究極のブレイン―マシン・インターフェイスと脳の可塑的変化．*BRAIN and NERVE* 62：1059-1065, 2010
9) 樋口貴広，他：身体運動学 知覚・認知からのメッセージ．三輪書店，2008
10) Lotze M, et al：Contribution of the primary motor cortex to motor imagery. Guillot A, et al（eds）：The Neurophysiological Foundations of Mental and Motor Imagery. Oxford University Press, 2010, pp 31-46
11) Fery YA：Differentiating visual and kinesthetic imagery in mental practice. *Can J Exp Psychol* 57：1-10, 2003
12) 冷水 誠：運動の神経科学過程としての運動イメージ．森岡 周，他（編）：イメージの科学：リハビリテーションへの応用に向けて．三輪書店，2012，pp 101-121

13) 丹治　順：脳の「操縦士」はどこにいる．井原康夫（編）：脳はどこまでわかったか．朝日新聞社，2005，pp 115-137
14) 本田　学，他：脳のイメージ機能．乾　敏郎，他（編）：イメージと認知．岩波書店，2001，pp127-171
15) Lotze M, et al：Activation of cortical and cerebellar motor areas during executed and imagined hand movements：an fMRI study. *J Cogn Neurosci*　11：491-501, 1999
16) Porro CA, et al：Primary motor and sensory cortex activation during motor performance and motor imagery：a functional magnetic resonance imaging study. *J Neurosci*　16：7688-7698, 1996
17) Lotze M, et al：The musician's brain：functional imaging of amateurs and professionals during performance and imagery. *Neuroimage*　20：1817-1829, 2003
18) Naito E, et al：Illusory arm movements activate cortical motor areas：a positron emission tomography study. *J Neurosci*　19：6134-6144, 1999
19) Naito E, et al：I feel my hand moving：a new role of the primary motor cortex in somatic perception of limb movement. *Neuron*　36：979-988, 2002
20) Naito E, et al：Internally simulated movement sensations during motor imagery activate cortical motor areas and the cerebellum. *J Neurosci*　22：3683-3691, 2002
21) Binkofski F, et al：Broca's region subserves imagery of motion：a combined cytoarchitectonic and fMRI study. *Hum Brain Mapp*　11：273-285, 2000
22) Fadiga L, et al：Corticospinal excitability is specifically modulated by motor imagery：a magnetic stimulation study. *Neuropsychologia*　37：147-158, 1999
23) Stinear CM：Corticospinal facilitation during motor imagery. Guillot A, et al（eds）：The Neurophysiological Foundations of Mental and Motor Imagery. Oxford University Press, 2010, pp47-64
24) 小宮山伴与志：筋疲労と中枢性疲労．西平賀昭，他（編）：運動と高次神経機能．杏林書院，2005，pp 163-174
25) 宮井一郎：脳卒中とリハビリテーション．久保田競，他（編）：脳から見たリハビリ治療．講談社，2005，pp 31-88
26) Stinear CM, et al：Kinesthetic, but not visual, motor imagery modulates corticomotor excitability. *Exp Brain Res*　168：157-164, 2006
27) Fitts PM：The information capacity of the human motor system in controlling the amplitude of movement. *J Exp Psychol*　54：381-391, 1954
28) Bakker M, et al：Motor imagery of gait：a quantitative approach. *Exp Brain Res*　179：497-504, 2007
29) Caeyenberghs K, et al：Increasing convergence between imagined and executed movement across development：evidence for the emergence of movement representations. *Dev Sci*　12：474-483, 2009
30) Decety J, et al：Mentally simulated movements in virtual reality：does Fitts's law hold in motor imagery？ *Behav Brain Res*　72：127-134, 1995
31) Courtine G, et al：Gait-dependent motor memory facilitation in covert movement execution. *Brain Res Cogn Brain Res*　22：67-75, 2004
32) Jackson PL, et al：The efficacy of combined physical and mental practice in the learning of a foot-sequence task after stroke：a case report. *Neurorehabil Neural Repair*　18：106-111, 2004
33) Malouin F, et al：Training mobility tasks after stroke with combined mental and physical

practice : a feasibility study. *Neurorehabil Neural Repair* 18 : 66-75, 2004
34) 樋口貴広, 他：運動学習とイメージ. 理学療法 22：1008-1016, 2005
35) Page SJ, et al：Effects of mental practice on affected limb use and function in chronic stroke. *Arch Phys Med Rehabil* 86：399-402, 2005
36) Page SJ, et al：Mental practice combined with physical practice for upper-limb motor deficit in subacute stroke. *Physical Therapy* 81：1455-1462, 2001
37) Fairweather MM, et al：Ideokinetic imagery as a postural development technique. *Res Q Exerc Sport* 64：385-392, 1993
38) Dijkerman CH, et al：Motor imagery and the rehabilitation of movement disorders：An overview. Guillot A, et al（eds）：The Neurophysiological Foundations of Mental and Motor Imagery. Oxford University Press, 2010, pp127-144
39) 松尾　篤：イメージの障害とそれに対する治療介入. 森岡　周, 他（編）：イメージの科学：リハビリテーションへの応用に向けて. 三輪書店, 2012, pp 207-255
40) Malouin F, et al：Normal aging and motor imagery vividness：implications for mental practice training in rehabilitation. *Arch Phys Med Rehabil* 91：1122-1127, 2010
41) Mulder T, et al：Motor imagery：The relation between age and imagery capacity. *Hum Mov Sci* 26：203-211, 2007
42) Roure R, et al：Imagery quality estimated by autonomic response is correlated to sporting performance enhancement. *Physiol Behav* 66：63-72, 1999
43) Olivetti Belardinelli M, et al：An fMRI investigation on image generation in different sensory modalities：the influence of vividness. *Acta Psychol（Amst）* 132：190-200, 2009
44) Personnier P, et al：Temporal features of imagined locomotion in normal aging. *Neurosci Lett* 476：146-149, 2010
45) Cui X, et al：Vividness of mental imagery：individual variability can be measured objectively. *Vision Res* 47：474-478, 2007
46) Guillot A, et al：Functional neuroanatomical networks associated with expertise in motor imagery. *Neuroimage* 41：1471-1483, 2008
47) Fourkas AD, et al：Influence of imagined posture and imagery modality on corticospinal excitability. *Behav Brain Res* 168：190-196, 2006
48) 樋口貴広：運動イメージと運動学習. トレーニング科学 23：121-128, 2011
49) Shepard RN, et al：Mental rotation of three-dimensional objects. *Science* 171：701-703, 1971
50) Fiorio M, et al：Selective impairment of hand mental rotation in patients with focal hand dystonia. *Brain* 129：47-54, 2006
51) Schwoebel J, et al：Pain and the body schema：evidence for peripheral effects on mental representations of movement. *Brain* 124：2098-2104, 2001
52) Nico D, et al：Left and right hand recognition in upper limb amputees. *Brain* 127：120-132, 2004
53) Kosslyn SM, et al：Mental rotation of objects versus hands：neural mechanisms revealed by positron emission tomography. *Psychophysiology* 35：151-161, 1998
54) Bonda E, et al：Neural correlates of mental transformations of the body-in-space. *Proc Natl Acad Sci U S A* 92：11180-11184, 1995
55) Parsons LM：Superior parietal cortices and varieties of mental rotation. *Trends Cogn Sci* 7：515-517, 2003

56) 山田　実，他：肩関節周囲炎患者における簡易型メンタルローテーション介入の効果．理学療法科学　24：459-462，2009
57) 山田　実，他：肩関節周囲炎患者における機能改善とメンタルローテーション能力の関連性．理学療法学　24：281-286，2009
58) Kawasaki T, et al：Ability to mentally rotating a pictured foot stimulus is correlated with stability of upright posture. in International Society for Posture and Gait. 2012, Trondheim, Norway
59) Kawasaki T, et al：Immediate beneficial effects of a mental rotation of foot stimuli for upright postural control in young healthy subjects. in International Society for Posture and Gait. 2013. Akita, Japan

第2節 運動の観察

運動の観察の基礎

運動の観察とは

　私たちが動作スキルを習得するために幼少の頃から実践していることの1つが，手本となる動作を観察し，それを模倣するという行為である．リハビリテーションの現場においても，患者が目標とする動作を理解しやすいように，まずセラピストがその動作をやってみせ，十分に観察してもらい，その後で患者に模倣してもらうことがあるであろう．こうした観察の効果は，学術的には「行為の観察」（action observation）の問題としてさまざまな研究が行われている．本書では他章との関連性からこれを「運動の観察」と表現する．

　運動の観察は，その行為が身体運動を伴わない認知活動である点，また大脳皮質の運動関連領域にアクセスすることで運動の学習に寄与しようとするという点が，運動イメージの想起と共通している．しかし運動の観察と運動イメージの想起は，少なくとも認知活動の初期において異なる情報処理のプロセスをたどる．運動を観察する場合，手本となる動きの情報を視覚的に入力し，それを心的にシミュレートする．すなわち観察とは，入力される感覚情報（通常は視覚情報）に基づき遂行される活動であり，ボトムアップ的なプロセスといえる[1]．これに対して運動イメージの場合には，すでに持ち合わせている情報（記憶情報）に基づいて運動のイメージが内的に想起される．こうした活動はトップダウン的プロセスといえる．

　一般に心理学の領域では，映像の観察や模範者のデモンストレーションにより運動学習を促進させる方法を，観察学習（observational learning）またはモデリング（modeling）と表現する．本書では，観察によるスキルの学習が運動イメージを利用したスキルの学習と同様，身体運動を伴わない認知活動をとおして脳の運動関連領域にアクセスすることで運動の学習に寄与しようとする試

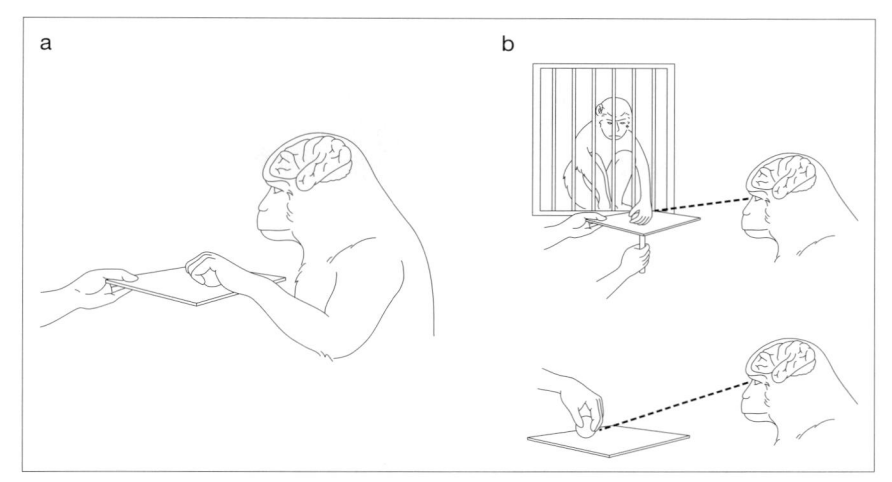

図 4-2-1　ミラーニューロンの発見[3]
腹側運動前野領域において，aのようにサルが餌をとる時に活性化される神経細胞群が，bのようにほかのサルや実験者がその餌をとる時にも活性化されることを発見した（図は文献4)より引用）

みであることから，広義のメンタルプラクティスとして扱う．

■ ミラーニューロンシステム：観察の背景にある脳内システム ■

　運動の観察が認知科学のホットな話題となった契機は，サルを対象とした研究において，ほかのサルや人間の動作を観察している最中に，自分がその動作を実行する時と同様のニューロン群が活動するという報告であった[2,3]．サルの運動前野腹側部（F5領域）にある視覚運動ニューロンのなかには，自分が餌を取る時に活性化するだけでなく，ほかのサルやヒトが餌を取るのを観察している時にも同様に活性化するニューロンが存在することがわかった．こうしたニューロンはミラーニューロンと名付けられた（図4-2-1）．ミラーニューロンは，運動を眼で見て観察する時だけでなく，運動中に発する音を聞くだけでも活動する[5,6]．よってミラーニューロンは単に動作の視覚映像に反応しているのではない．むしろミラーニューロンは，観察から得られた感覚情報を類似する運動様式に変換することで，他者の行為の意図を解読しているのではないかと考えられている[7]．

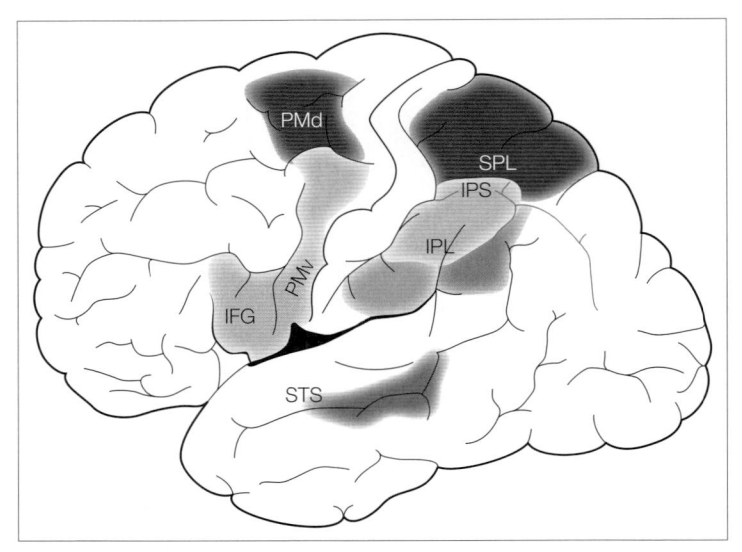

図 4-2-2　ミラーニューロンシステムとされる脳領域[10]

IFG：下前頭回，PMv：腹側運動前野，PMd：背側運動前野，IPL：下頭頂小葉，IPS：頭頂間溝，SPL：上頭頂小葉，STS：上側頭溝

　この発見を契機に，人間にもミラーニューロンが存在するのかという問題に関する研究が盛んに行われた（詳細はレビュー論文[8,9]を参照されたい）．その結果，運動の観察の際に活性化される神経細胞群は，腹側運動前野のほかに，下頭頂小葉（inferior parietal lobe：IPL）や上側頭溝（superior temporal sulcus：STS）という複数の脳部位に存在し，システムとして機能している可能性が示唆された（図 4-2-2）．人間の場合，サルの研究のように単一のニューロンの活動を電気的に測定することでミラーニューロンの存在を特定しているわけではないため，ミラーニューロンと同様の活動を示す神経細胞群をミラーニューロンシステムと呼ぶ．

　ミラーニューロンシステムの発見は，もちろん本書において話題としている「メンタルプラクティスとしての観察の効果」の背景にある神経基盤という意味でも意義深い．しかしながら，学術的にこの発見が非常に多くの研究者に注目された理由は別にある．ミラーニューロンシステムの存在は，私たちが他者

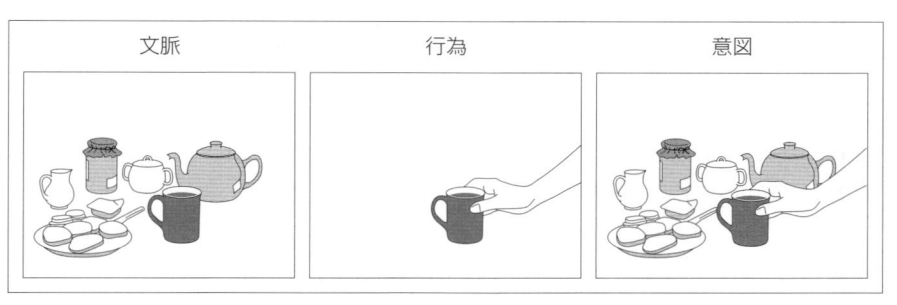

図 4-2-3 ミラーニューロンシステムが行為者の意図の推察に寄与するかを検証するための実験例[12]
実験対象者はいずれもティーカップが含まれる3つの映像を観察した．

のこころや意図を推察する際，ミラーニューロンシステムを利用して相手の行為を内的にリハーサルすることが重要な鍵になっている可能性を示したのである[9,11]．私たちは他者の表情やジェスチャーなど，相手の動作を内的にシミュレーションすることでその意図を解読し，他者とのコミュニケーションを円滑に行っているのかもしれない．こうなると私たちの運動実行系はもはや，他者のこころを認識するための重要なシステムの一部であり，決して運動の出力に特化したシステムではない．

意図の解読

ミラーニューロンシステムの機能の1つは，運動の背景にある行為者の意図を推察することにある[12]．ある研究では，若齢健常者が3種類の映像（厳密にはそれぞれの種類に対して2つの場面が用意されているため，計6種類の映像）を観察した（図 4-2-3）．いずれの映像にもティーカップが写っているが，異なる文脈のなかで呈示された．第1の映像では，ティーカップの周りにティーポットやお茶菓子が置いてあり，これがティータイムの場面であることが推察できた（文脈条件）．ただしこの映像には他者の行為の映像は含まれていなかった．第2の映像では，ティーカップだけが置いてある映像のなかで，他者がそのカップを手に取る映像が映し出された（行為条件）．第3の映像では，第1の映像と同様のティータイムの場面において，他者がそのカップを手に取る映像が映し出された．この第3の映像では，他者がこの行為により「ティータイムにお茶

を飲もうとしているのだろう」という意図を推察することができる（意図条件）．

　第2と第3の映像に含まれている行為はいずれも，「ティーカップに手を伸ばす」という行為である．もしミラーニューロンシステムの役割が「どのような行為なのか」の記述にあるのならば，第2と第3の映像においてミラーニューロンシステムが等しく活動するはずである．これに対して，ミラーニューロンシステムの役割が「他者はなぜその行為を行っているのか」という意図の理解にあるのならば，ミラーニューロンシステムは第3の映像において強い活動を示すはずである．なお，第1の映像においても第3の映像と同様，その場面がティータイムの場面であるという文脈は理解できる．しかし第1の映像では他者の行為が存在しないため，ミラーニューロンシステムは大きく寄与しないと予想された．実験の結果，第3の映像に対してのみミラーニューロンシステムの一部である腹側運動前野（正確には右下前頭回）において強い活動がみられた．この結果は，運動の観察におけるミラーニューロンシステムの役割の1つは，確かに運動の意図の理解にあることを示している．

観察と運動学習

観察した運動の脳内シミュレーション

　ここからは，運動の観察が運動学習支援のツールとして有用であることを示した研究事例を紹介する．TMS（第4章第1節を参照）を用いた皮質脊髄路の興奮性の検討が，運動の観察の効果についても意義深い成果を残している．Fadigaら[13]は，実験者の動作を観察している時とそれ以外の状況を観察している時で，TMSにより惹起されるMEPの大きさがどの程度異なるかを，健常者を対象に検討した．参加者の観察条件は4条件であり，実験者が行う物体の把持動作を観察する条件（把持動作），物体を3秒間注意深く眺める条件（物体），実験者が行う四角形やギリシャ文字（α, Ω）のなぞり動作を観察する条件（なぞり動作），そして光点を観察してわずかに薄暗くなる時点を検出する条件（光の明暗）の4条件であった．観察中に大脳左半球一次運動野に対してTMSを呈示し，手のいくつかの計測点からMEPを導出した．

　図4-2-4は，2つの計測部位におけるMEPの振幅の大きさが各観察条件においてどの程度異なるかについて，典型的な参加者1名の結果を示したもので

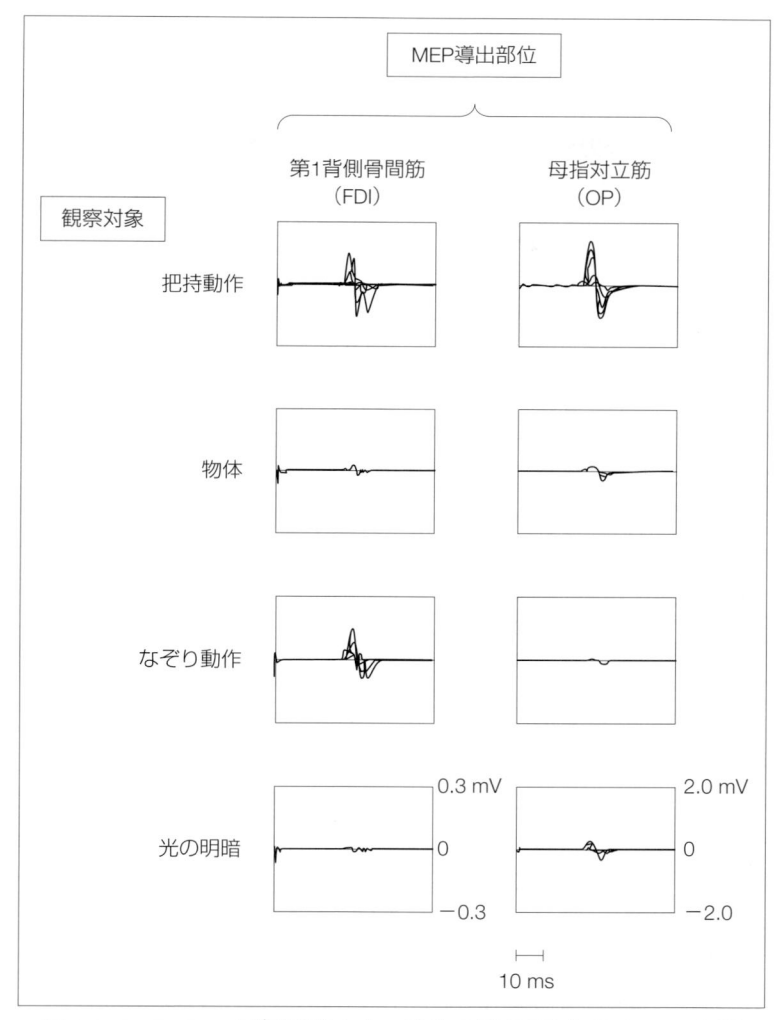

図 4-2-4 Fadiga ら[13]が報告した，動作の観察がもたらす MEP 振幅の増大反応

1 人の参加者から測定した各条件全 8 試行の結果をプロットしている．動作の観察をする 2 条件（把持動作，なぞり動作）において MEP の大きな振幅が認められる．

ある．動作を観察した2条件（グラスピング，なぞり動作）における MEP の振幅は，他の2条件よりも大きいことがわかる．さらに運動学習の観点から興味深い結果は，観察動作を実際に遂行する際に使う筋から MEP を導出すると，その振幅が大きくなることであった．これらの結果から，動作の観察中はその動作を正確に脳内でシミュレートするような活動が行われていると推察される．すなわち運動を観察することは，観察した動作を企画することに相当する脳活動を引き起こす可能性がある．

また別の研究[14]では，TMS を用いた研究の時間解像度が非常に高いことを利用して，観察動作の時間経過に伴って MEP の振幅がどのように変化するかを検討した．実験参加者は，図 4-2-5a のようにボールを把持する動作の映像を観察した．この観察中，異なるタイミングで TMS が呈示された．その結果，2つの測定部位のうち短母指外転筋（APB）については，手の開きが大きくなるにつれて MEP の振幅が大きくなり，手の開きが小さくなるにつれて，MEP の振幅も小さくなった．このような結果が得られるのは，ボールを把持する動作が，提示映像と時間的に同期された形で脳内において正確にシミュレートされるからであろうと推察される．

▰▰ 習熟した運動の観察 ▰▰

運動の観察中に大脳皮質の運動関連領域がどの程度強く活動するかは，観察者がその動作にどの程度習熟しているかに依存している．たとえばある研究では，バレエとカポエイラという2つのダンス熟練者群，およびいずれにも精通していないコントロール群を対象に，バレエの映像とカポエイラの映像を観察している最中の脳活動について fMRI を用いて測定した[15]．使用された2種類のダンス映像（全12ペア）はダンスの種類こそ違うものの，動作の速度や使用されている身体部位，空間的な身体位置などができるだけ同じになるように巧妙に統制されている（図 4-2-6a）．映像観察中の脳活動を測定したところ，それぞれの熟練者は，自分が熟練したダンスの映像を観察している場合に，ミラーニューロンシステムに含まれる脳部位が活動することがわかった（図 4-2-6b）．

ほかにも，ピアニストはピアノを弾いている指の動作を観察している時のほうが，単に指を系列的に動かしているときに比べて，やはりミラーニューロン

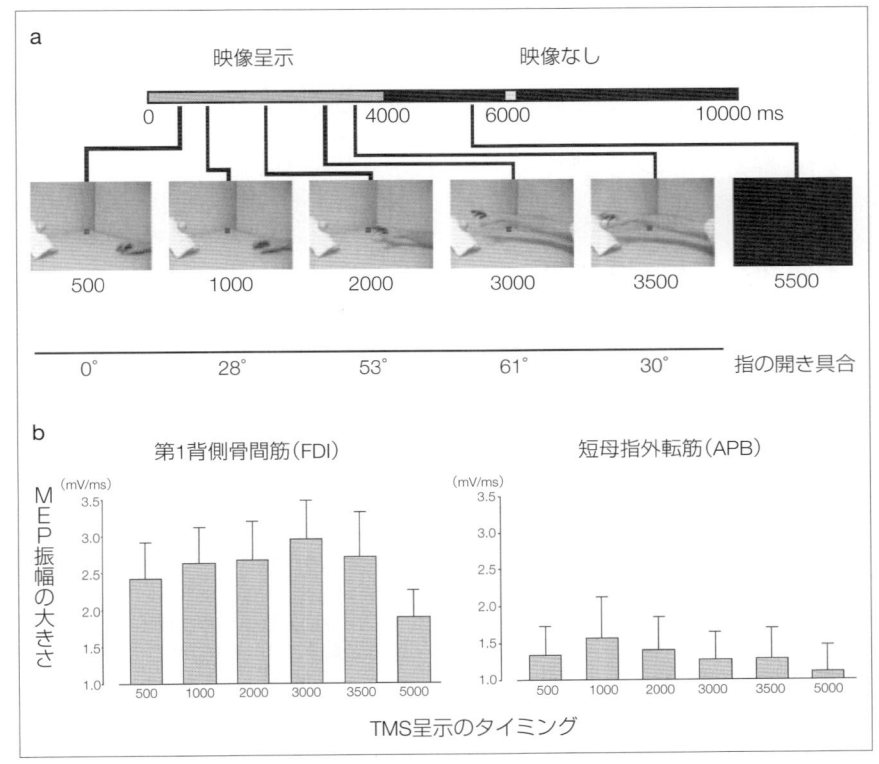

図 4-2-5 観察しているボールの把持動作のタイミングにより，MEP 振幅の増大反応が影響することを示した研究（文献 14）より引用）
    a：TMS が呈示されたタイミング．
    b：TMS が呈示された各タイミングに対して，2 つの測定部位から導出された MEP の大きさ．APB の部位において，ボールをつかむための 2 本指の開き具合に応じて MEP の大きさが変化していることがわかる．

システムに含まれる脳活動のレベルが高いこと[16]や，バスケットボールの選手はそうでない選手に比べて，フリースローの映像を観察している最中の皮質脊髄路の興奮性が高いこと[17]などが報告されている．これらの結果から，運動の観察をとおして大脳皮質の運動関連領域の活動が高まるのは，観察者がその運動に対してどの程度習熟しているのか，ということが重要な条件となっているといえる．よってたとえばこれからバスケットを始めようとする小学生が，マ

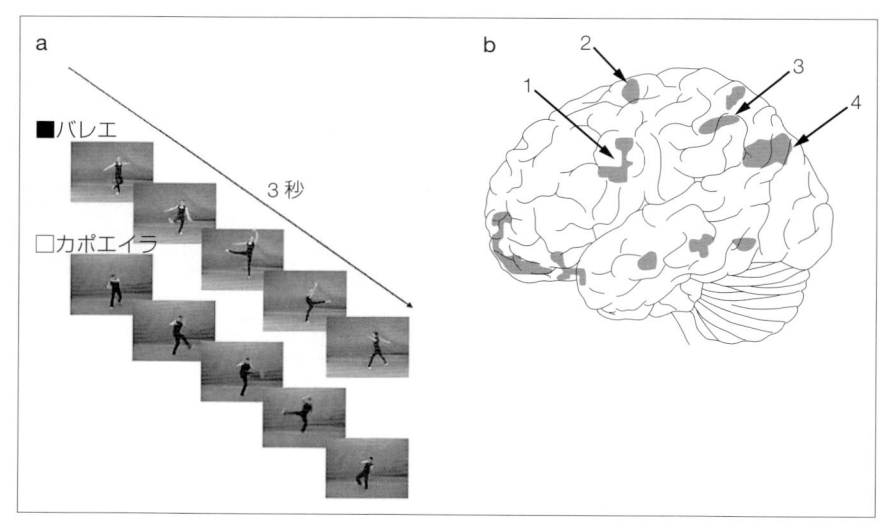

図4-2-6 運動の観察に対する運動習熟の影響を検証した研究[15]
　　　　a：バレエとカポエイラという異なるダンス熟練者が，それぞれバレエと
　　　　　　カポエイラの映像を観察した．
　　　　b：習熟した映像を見た時に高いレベルの脳活動が見られた部位．1：腹側
　　　　　　運動前野，2：背側運動前野，3：頭頂間溝，4：上側頭溝．

イケル・ジョーダンのようなスーパーアスリートのプレイにあこがれ，映像が擦り切れるほどに何度も観ることの意義は，大脳皮質の運動関連領域の活動を高めるといった意義というよりはむしろ，「マイケル・ジョーダンのようにうまくなりたい」といったモチベーションを高め，より熱心に練習を行うという効果なのかもしれない．

　なお，たとえ習熟していない動作の観察であっても，映像の観察中にその動作を実際に行っているイメージをしながら観察することで，皮質脊髄路の興奮性を高めることができることが，ジャグリング動作を観察対象とした最近の研究で報告されている[18]．したがって，特に運動初心者を対象とする場合や，リハビリテーションにより日常生活動作を再獲得する患者を対象とする場合には，動作を注意深く観察してもらうだけでなく，その動作を実際に頭の中でイメージするような促しをするのも，観察の効果を高める有効な方略かもしれない．

■ メンタルプラクティスとしての観察の効果 ■

運動学習のなかに手本動作を観察するプログラムを導入することで，学習効果を向上させることができたという研究報告が比較的多くある．ここではそうした研究のなかで，リハビリテーションに関わる研究であり，なおかつ観察効果に対するコントロール統制がしっかりとれている報告を2例紹介する．

Ertertら[19]は脳卒中患者を対象として，上肢動作の映像を観察し，なおかつその動作を実践する訓練により，上肢動作機能が改善したことを報告した．彼らは平均して100日以上の理学療法をすでに受けている脳卒中患者16名を対象として，その8名を観察群，残りの8名をコントロール群に振り分けて実験を行った．運動観察用に上肢の日常生活動作が54種類用意された．観察群の参加者は1日につき3種類の映像を観察し，さらに観察終了後にその動作を患側で6分間実践してみる，ということを繰り返した．たった3種類の映像の観察とはいえ，通常の理学療法も含めた1日のセッション全体の所要時間は90分であったため，観察映像に対する集中が求められることも含めて，比較的負荷の高いプログラムといえる．参加者はこの観察プログラムを4週間の期間中に18日間実践した．

介入後の患側の上肢機能をWolf Motor Function Testといった標準化されたテストにより評価したところ，その機能はプログラム実施前に比べて有意に改善していることがわかった（図4-2-7a）．こうした改善効果はコントロール群にはみられなかったことから，ここで得られた効果は運動観察の効果であって，単なる理学療法によるものではないといえる．また観察群の参加者に対して，介入が終了して8週間後にも同様の測定を行った結果，観察実施直後と同程度の上肢機能が残存していることを確認できた．さらに観察群の参加者が上肢で物体を操作しているときの脳活動を測定したところ，運動前野や上側頭回，補足運動野など，ミラーニューロンシステムも含めた大脳皮質運動関連領域の活動が，プログラム実践前に比べて有意に高くなった（図4-2-7b）．これらの結果からErteltらは，観察学習は大脳皮質における運動関連領域の可塑的な変化をもたらすのだと主張した．

Celnikら[20]は，TMSを用いたユニークな研究により，高齢者に対する観察学習効果を実証した．実験では事前の測定として，母指の運動に関わる一次運動野をTMSにより刺激し，母指がどの方向に動くかを測定した（図4-2-8a）．概

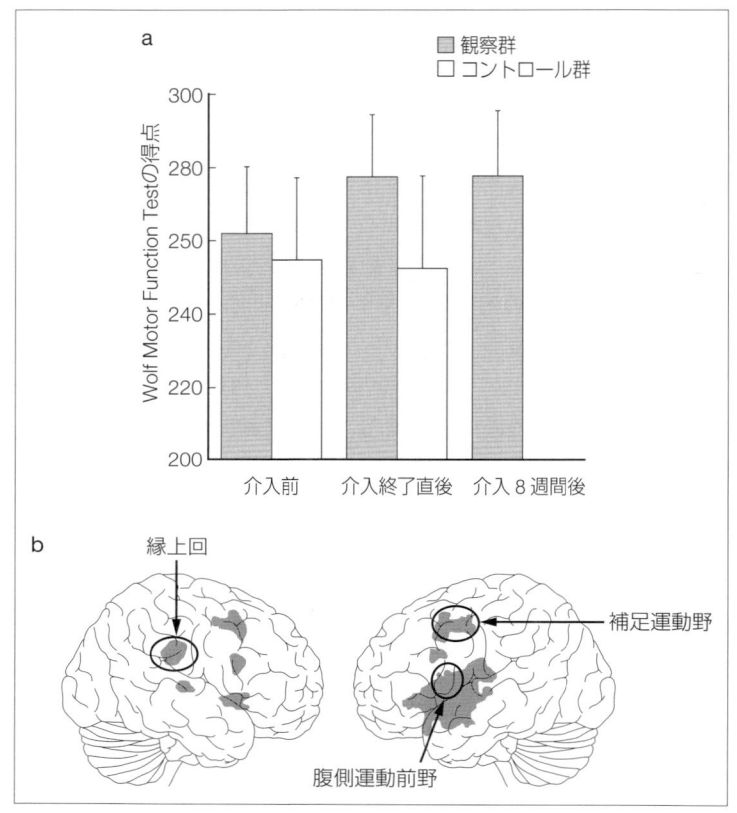

図 4-2-7 運動観察を用いたメンタルプラクティスによる脳卒中患者の上肢機能改善[19]
　a：上肢機能を評価する Wolf Motor Function Test の得点. 得点が高いほど上肢機能が高い.
　b：観察群の参加者が上肢で物体を操作しているときの脳活動. プログラムの実施前の測定に比べて, 14 日間の観察プログラム終了後の測定において, 運動前野や上側頭回, 補足運動野などの大脳皮質運動関連領域の活動が有意に高くなった.

して親指の伸展または内転動作が惹起された．訓練のセッションにおいて参加者は，TMS により自然に惹起される動作とは"逆方向に"母指を動かすことを訓練した．そしてこの訓練直後に再び一次運動野の同一箇所に TMS を呈示す

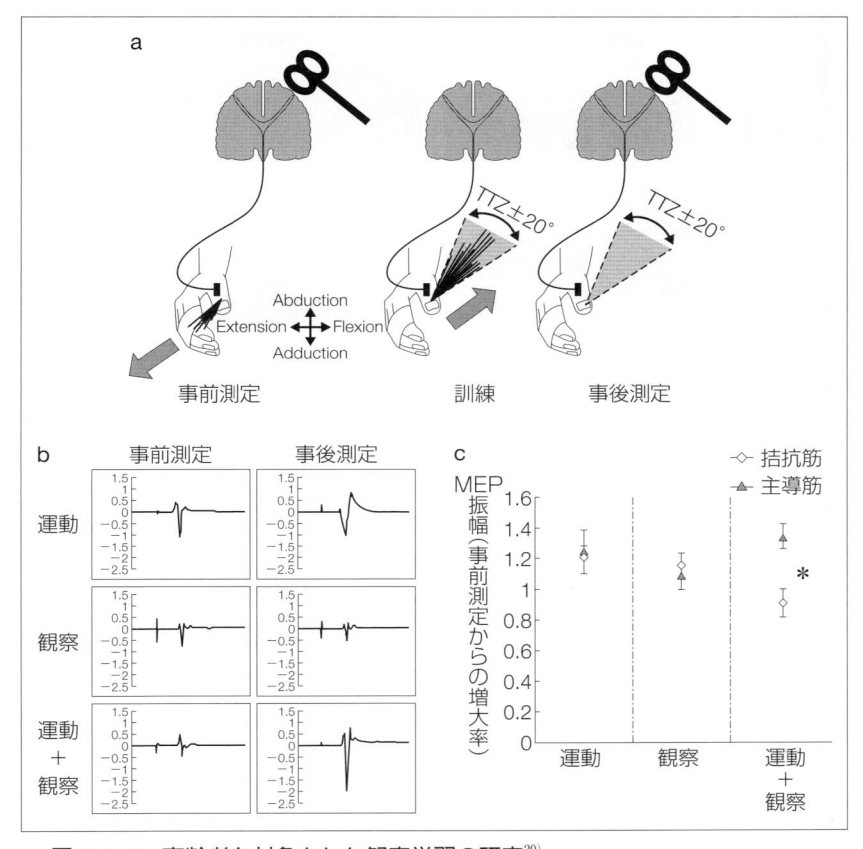

図 4-2-8　高齢者を対象とした観察学習の研究[20)]

a：事前測定として，TMS により一次運動野の特定部位を刺激し，親指の動く方向を特定した（矢印方向）．次にその方向と逆方向の親指の動きを訓練し，再度事後測定として，一次運動野の同一部位を TMS により刺激した．
b：動作の観察がもたらす MEP 振幅の増大反応．1 人の参加者から測定した各条件全 8 試行の結果をプロットしている．
c：各訓練条件における MEP の大きさ．事前測定との比率として評価した．観察と実際の動作訓練を組み合わせた条件でのみ，主導筋における MEP の振幅が大きくなっている．

ることで，訓練した逆方向の動きが出現するかどうかを検討した．

訓練条件は 3 条件用意された．1 つ目の条件は実際にその動作を実践する運

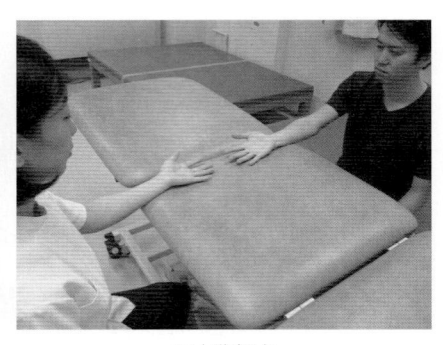

一人称視点　　　　　　　　　　　　三人称視点

図 4-2-9　支援者が手本動作を示す際の2つの視点（写真は首都大学東京大学院生（理学療法士）の渡辺塁氏より提供）

動条件，2つ目の条件は他者がその動作を行っているビデオ映像を観察する条件，そして3つ目の条件はビデオを観察しながら実際にその動作を実践する条件（運動＋観察条件）であった．実験の結果，運動＋観察条件においてのみ，事前の測定と逆方向の動作が有意に増大することを確認した．さらに，TMS刺激によって誘発されたMEPの振幅についても，運動＋観察条件においてのみ，事前の測定からの増大率が高くなった（図4-2-8b，c）．以上の結果から運動の観察は，観察動作を実際に実践するプログラムと組み合わせた場合には，動作に関わる皮質脊髄路の興奮性を高めたといえる．

手本動作の視点

　運動支援者が支援対象者の目の前で，手本動作として目標とする動作を実際に行う際，どのような視点で対象者に動作を見てもらうべきであろうか（図4-2-9）．大きく分けて，対象者と同じ向きから見せる視点（一人称的視点）と手本動作を対象者の対面から呈示する視点（三人称的視点）との2種類の視点がある．少なくとも脳活動のレベルからいえば，一人称的視点で手本動作を呈示したほうが，大脳皮質の運動関連領域の賦活に有益であるという指摘がある[21〜23]．

　著者のもとで社会人大学院生をしている理学療法士の渡辺塁は，手本動作と同じ指をできるだけ素早く上げるという課題における反応の素早さや脳活動

が，手本動作の視点によりどのような影響を受けるかを検討した[23]．参加者は右手で反応したため，手本動作を右手で見せた場合を一致条件，そうでない場合を不一致条件とした（図 4-2-10）．実験の結果，反応の素早さについては，自分の指の配列と手本動作の指の配列とが空間的に似ている映像（すなわち一人称一致視点と三人称不一致視点）が早いという結果となった．しかしながら脳活動に着目してみると，一人称で提示した2つの条件のほうが，腹側運動前野や縁上回，補足運動野など，ミラーニューロンシステムも含めた運動関連脳領域に有意な活動がみられることがわかった．したがって，一人称視点で手本動作を観察してもらうほうが，その動作を脳内でシミュレートすることが容易であり，少なくとも長期的にみれば運動学習に有益でないかと推察される．

観察を用いた運動支援

　ミラーニューロンシステムの発見を契機に，運動の観察がもたらす効果についての理解が飛躍的に高まった．今後，こうした学術的成果がリハビリテーションなどの運動支援において積極的に活用され，スキル学習を促進させるための有用なツールとしてますますその価値が高まっていくものと期待される．

　ただし，観察の効果についてこれだけの学術的成果が積み上がった背景には，運動を観察するという実験条件が，人間を対象として fMRI や TMS を用いて脳活動を測定するという研究手法にきわめて適しているという副次的背景があることを忘れてはならない．この副次的背景については，前節で紹介した運動のイメージの効果についても全く同様である．すなわち，観察の効果や運動イメージの効果についての最新の学術的成果が積み上がったからといって，それは決して既存の運動学習法よりも優れた学習法であるという結論を導くわけではない．対象者自身がダイナミックに身体を動かす従来の運動学習方法の有効性を，fMRI や TMS などの脳科学的手法では検証しにくいため，従来の方法が過小評価されている面もあるだろう．あくまで現時点では，運動支援者が利用可能な支援方法の選択肢が増えたと考えるべきである．

　観察を通した運動学習においては，対象者が手本動作にしっかりと注意を向けるよう，運動支援者が促すことが重要な要素の1つと思われる．映像の観察を利用したメンタルプラクティスの効果を実証した研究の多くは，映像観察に先駆けて，どこに注意を向けて映像を観察すべきかについてしっかりとした教

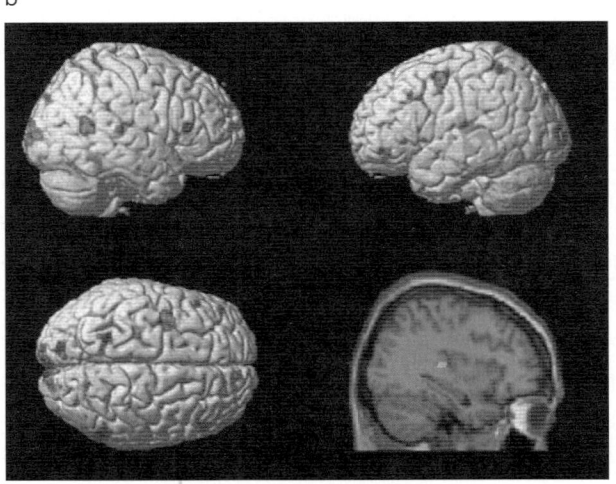

図4-2-10　a：手本映像の指上げ動作を観察し，同じ指を素早く上げる実験で用いられた映像刺激[23]
　　　　　b：手本映像が一人称視点で呈示された場合に有意な活動が認められた脳部位
腹側運動前野や縁上回，補足運動野などが有意に活動した．

示を行っている[19]．映像が長過ぎて対象者の集中力が切れてしまわないように配慮することも含めて，さまざまな工夫が必要である．

　映像を観察した直後に実際にその動作を模倣して練習することは，視覚的な入力情報を筋感覚的な情報と結びつけてもらううえで有用な手続きのように思われる．しかしながら，観察した映像や手本動作をそのまま模倣しようとしても，動作が複雑になるほどうまく実践できない場合もあるだろう．伝統的にこうしたケースにおいては，手引き指導という方法が補助的に用いられている．これは運動支援者が対象者の身体を補助的に動かしてあげることによって，目標となる運動の軌跡や姿勢を学習者に伝える方法である[24]．手引き指導のメリットは必ずしも，対象者の身体を補助的に動かすことにより，対象者に発生する筋感覚的情報の利用というわけではない．なぜならば，外部からの力によって生じたいわば受動的な筋感覚情報は，対象者自身が動いた場合の能動的な筋感覚情報とは異なるため，それ自体が学習にとって有益と断言できないからである．むしろ，正しい運動のパターンを自分の視点から（一人称的視点から）みた場合の動きを体験し，それを再現させるよう努力してもらうことのメリットのほうが大きいように思われる[24]．

引用文献

1) Holmes PS, et al：A neuroscientific review of imagery and observation use in sport. *J Mot Behav* 40：433-445, 2008
2) Gallese V, et al：Action recognition in the premotor cortex. *Brain* 119：593-609, 1996
3) Rizzolatti G, et al：Premotor cortex and the recognition of motor actions. *Brain Res Cogn Brain Res* 3：131-141, 1996
4) 森岡　周：リハビリテーションのための脳・神経科学入門．協同医書出版，2005
5) Keysers C, et al：Audiovisual mirror neurons and action recognition. *Exp Brain Res* 153：628-636, 2003
6) Kohler E, et al：Hearing sounds, understanding actions：action representation in mirror neurons. *Science* 297：846-848, 2002
7) 前岡　浩：運動イメージの神経基盤．森岡　周，他（編）：イメージの科学—リハビリテーションへの応用に向けて．三輪書店，2012，pp 123-179
8) Rizzolatti G, et al：The mirror-neuron system. *Annu Rev Neurosci* 27：169-192, 2004
9) Gallese V：Before and below 'theory of mind'：embodied simulation and the neural correlates of social cognition. *Philos Trans R Soc Lond B Biol Sci* 362：659-669, 2007
10) 冷水　誠：運動の神経科学過程としての運動イメージ．森岡　周，他（編）：イメージの科学：リハビリテーションへの応用に向けて．三輪書店，2012，pp 101-121
11) 子安増生，他（編）：ミラーニューロンと＜心の理論＞．新曜社，2011

12) Iacoboni M, et al：Grasping the intentions of others with one's own mirror neuron system. *PLoS Biol* 3：e79, 2005
13) Fadiga L, et al：Motor facilitation during action observation：a magnetic stimulation study. *J Neurophysiol* 73：2608-2611, 1995
14) Gangitano M, et al：Phase-specific modulation of cortical motor output during movement observation. *Neuroreport* 12：1489-1492, 2001
15) Calvo-Merino B, et al：Action Observation and Acquired Motor Skills：An fMRI Study with Expert Dancers. *Cereb Cortex* 15：1243-1249, 2005
16) Haslinger B, et al：Transmodal sensorimotor networks during action observation in professional pianists. *J Cogn Neurosci* 17：282-293, 2005
17) Aglioti SM, et al：Action anticipation and motor resonance in elite basketball players. *Nat Neurosci* 11：1109-1116, 2008
18) Tsukazaki I, et al：Effect of observation combined with motor imagery of a skilled hand-motor task on motor cortical excitability：difference between novice and expert. *Neurosci Lett* 518：96-100, 2012
19) Ertelt D, et al：Action observation has a positive impact on rehabilitation of motor deficits after stroke. *Neuroimage* 36 Suppl 2：T164-173, 2007
20) Celnik P, et al：Encoding a motor memory in the older adult by action observation. *Neuroimage* 29：677-684, 2006
21) Jackson PL, et al：Neural circuits involved in imitation and perspective-taking. *Neuroimage* 31：429-439, 2006
22) Watanabe R, et al：Neural activation during imitation of movements presented from four different perspectives：A functional magnetic resonance imaging study. *Neurosci Lett* 503：100-104, 2011
23) Watanabe R, et al：Imitation behavior is sensitive to visual perspective of the model：An fMRI study. *Exp Brain Res*, in press
24) 関矢寛史：運動学習における付加的情報と注意．麓　信義（編）：運動行動の学習と制御—動作制御へのインターディシプリナリー・アプローチ．杏林書院，2006，pp 123-147

第5章

運動の学習

第1節 運動学習の考え方

運動の学習をどのように捉えるか

■ 運動学習の評価 ■

　運動学習は運動支援の重要な柱の1つである．学習の度合いをどのようにして評価するかについてはさまざまな考え方がある．ただ共通しているのは，練習した動作をすぐに忘れてしまうのではなく，比較的長い期間持続的に覚えているかを評価する点にある．このセクションでは，研究領域における運動学習の評価方法について具体例を紹介する．

　図5-1-1は，運動学習の効果を練習効果の保持期間や類似動作への波及効果の観点から検討する実験パラダイムである[1]．図を見ると，練習期間（習得期間ともいう）は明らかに練習Aの成績が良い．しかしこの実験パラダイムでは，どれだけ練習期間のパフォーマンスが優れているかについては，あまり重要視されない．重要視されるのは，練習が終了した後もその動作を覚えているか（保持），もしくは練習効果が類似した動作にも反映するか（転移）といった点である．したがって保持または転移の得点がパターン2のようなケースでは，練習Aは練習中の成績は一時的に良くなるが，学習としては定着しないことを示唆する．またパターン3のようなケースでは，たとえ練習中のパフォーマンスが高得点でなくとも，学習という観点からいえばむしろ練習Bのほうが優れていることを意味する．

　一般に保持と転移の評価は，練習が終わった直後（直後保持・直後転移）や，1日程度経過した後（遅延保持・転移）に行われる．最近のレビュー論文[2]によれば，練習の効果をある程度クリアーに評価するには，遅延保持・転移の評価が望ましい．つまり，練習効果が記憶として定着しているかどうかを評価するには，練習からある程度の時間が経過してから評価することが必要と思われる．基礎研究では通常，遅延保持や転移を練習の1日後に設定する．しかしこれは

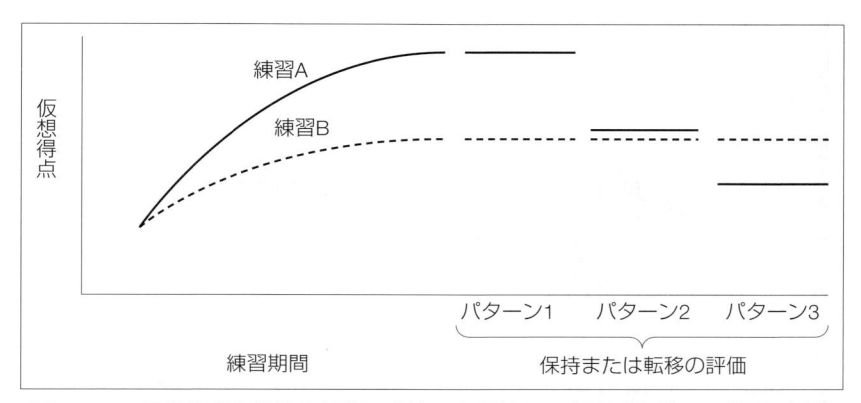

図 5-1-1　運動学習を保持と転移の成績から評価する実験パラダイム（仮想事例）
縦軸の値が高いほど成績が良いものとする（図は文献1）より改変引用）．

実験の組みやすさに基づいて設定されているため，どの程度の時間を空けるのが評価に最適かといったことについては，よくわかっていない．保持や遅延を用いた研究の具体例については，次節の「練習のスケジュール」を参照されたい．

運動学習についての別の方法として，すでに習得ずみの動作を通常とは異なるルールで遂行してもらい，その適応の度合いを評価するという実験方法もある．第2章第1節で紹介したプリズム順応の研究は，こうした研究手法を用いた典型的な事例である[3]．プリズム順応では，プリズム装着によって手を動かす方向と見えの方向をずらした状況を人工的に作りあげ，この状況に順応してもらう．その後，当初のルールに戻して動作を行ってもらった際の残効の強さ，すなわち順応したルールの影響がどの程度強く残存しているかを評価することで，学習・適応の程度を評価する．なお典型的な適応曲線については，図5-1-2を参照されたい．

学習の評価には，運動行動の変化を数値化する方法だけでなく，運動の実行や学習に関わる脳部位の神経活動が練習の前後でどの程度変容したのかという点から，運動学習を評価する方法もある（図5-1-3）[5]．後ほど「脳の可塑性」のセクションで詳しく述べるように，学習に伴う脳の変化は可塑的な性質（すなわち，一度与えられた変化が長く続く性質）をもっている．その結果，同じ運

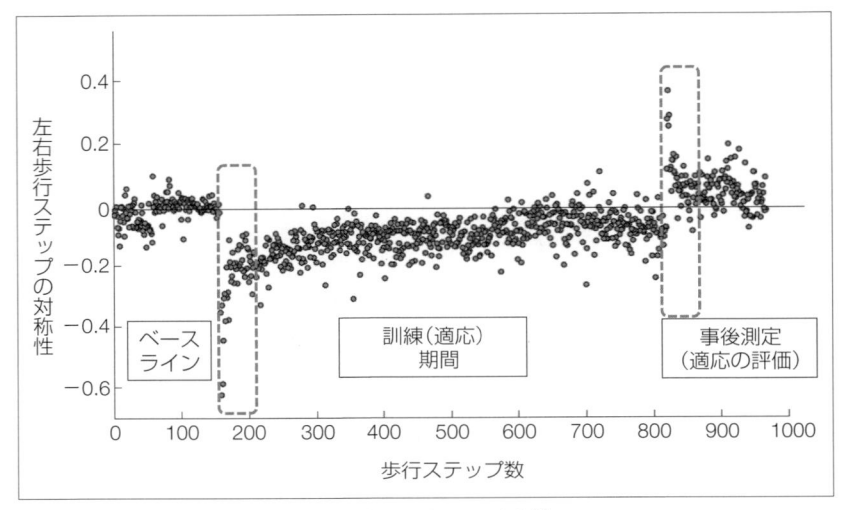

図 5-1-2　新しいルールへの適応を評価する事例[4]

この研究ではまずベースラインとして，トレッドミル上を歩く際の左右の歩行ステップの対称性を測定しておく（ゼロの線が完全に対称）．その後，左右の脚で異なる速度で歩くことに適応してもらった後で（訓練期間），再度左右の歩行ステップが対称な場面で評価する．対象者が訓練によって新しいルールに適応すればするほど，事後評価における最初の数試行の成績が，訓練期間の最初の数試行と逆方向のパフォーマンスを見せる（図中の点線部を参照）．

動を実行しても，運動の学習が進むほど運動関連脳領域の活動が強まったり，その運動に利用される脳領域の範囲が拡大したりする場合がある．そこで，運動学習前後の脳の神経活動について，fMRIなどを用いて画像的に診断したり，TMSを用いて一次運動野の興奮性を調べたりすることで，脳に可塑的な変化が起こったのかを評価する．

このほか，特定の運動の熟練者を研究対象にして，初心者や未経験者と何が違うのかを比較する研究もある．こうした研究は，スポーツ競技者や楽器演奏者，熟練工の職人など，非常に長い年月をかけてしか習熟できない動作（すなわち，実験を通して一般人を訓練することではその特性を理解することが難しい動作）を研究する際に有用である．運動熟練者の諸特性を理解することは，「初心者が運動を習熟させるうえで何を学習すべきなのか」について有益な情

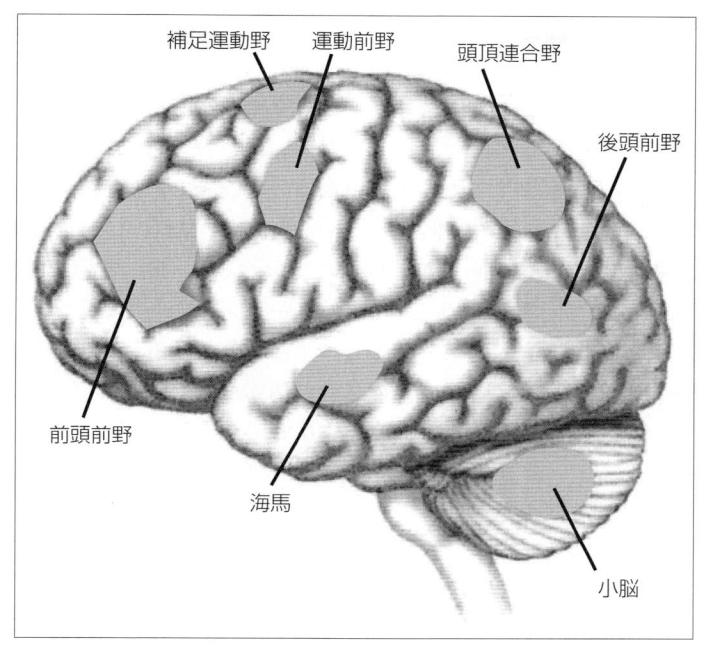

図 5-1-3　運動の学習に関与する脳領域（文献 5）より引用）

報を与えてくれる．具体的な研究事例については，次節の「学習の特殊性」のセクションを参照されたい．

運動の自由度

　長い月日をかけて獲得する動作の場合，対象者の現状のレベルが学習のどのステージにあるのか（たとえば学習の初期か，あるいは習熟期にあるか）について，正確に評価することも重要であろう．運動学習のステージを評価するにあたり，運動の自由度（degree of freedom）という概念が役に立つ．運動の自由度とは，「制御すべき変数の数」のことを意味する．自由度が少ないほど制御自体は容易となるが，動きのバリエーションが少なくなる．逆に自由度が多いほど，多様で柔軟な運動をすることができるが，その分だけ制御が複雑となる．いま，「自動車の進行方向を決定するための自由度」について考えてみる[6]．自動車の進行方向はタイヤの向きで決まる．タイヤは4つあるため，一見したと

ころ自由度は4と感じるかもしれない．しかし実際には後輪は左右に動かないため，進行方向の制御には寄与していない．また前輪の2つのタイヤも常に同じ方向にしか動かず，その向きはハンドルの操作で決まる．したがって自由度は1となる．

　人間の運動行為を制御するための自由度は，とてつもなく大きい．たとえば，机の上にある携帯電話に手を伸ばすというリーチング動作について考えてみる．「携帯電話をつかむ」という把持動作まで含めると，指の制御に関わる膨大な自由度が含まれてしまうため，ここではリーチング動作までとする．リーチング動作の制御を手首・肘・肩の関節レベルで考えてみると，手首と肩はそれぞれ3次元方向に動かせるため，この2つの関節それぞれの自由度を3と考える．これに対して肘は屈曲・伸展方向の1次元の動きであり，自由度を1と考える．よってリーチング動作の制御を関節レベルで考えれば，その自由度は7となる．すなわち，非常に単純なリーチング動作でさえ，関節レベルで7つのことを決定しなければ制御できないことになる．

　これをさらに筋肉のレベルで考えると自由度は26，さらに運動ニューロンの水準とそれらが関係する筋線維のレベルで考えると，自由度は2,600に跳ね上がる[7]．人間の運動行為を制御するための自由度はあまりにも膨大であり，理論的に考えればその制御はあまりにも複雑で困難である．そのため，「これだけの自由度のなかから最適な運動を瞬時に計画し実行するためのルールとは一体何なのか」といったことが，運動制御領域における本質的な問題として長年議論されている．この運動の自由度問題は，その提唱者の名前を取ってベルンシュタイン問題ともいわれる[8]．

　全身の身体運動ともなれば，関節レベルで考えてもその自由度が100以上となる．こうした運動を制御するためには，なんらかの方法で自由度を減らす工夫をしなければならない．その1つの方法として，個々の関節を独立に制御するのではなく，ある協調的な関係性をもって関節同士を結合させておくという方法がある．つまり，1つの関節の動きを決定すれば，結合した別の関節の値が一意に決まるようにしておくという方法である．こうした結合のことをシナジー（synergy）または協応（coordination）という[8]．協応構造を作ることは，自由度を一気に減らすことができる有効な方法である．

　ある研究者は，学習のステージによって協応構造を作るルールが変わるので

はないかと考えた[9]．学習初期は，できるだけ各関節が同じ動きとなるようにすること（たとえば，股関節を屈曲させれば足関節も屈曲させる）が，協応構造を作り出すためのルールとなる．この場合，動きのバリエーションが少なく，ぎこちない動作にはなるが，自由度を減少させて一連の動きをシンプルに制御することができる．こうした協応の様子を，自由度の固定（または凍結，"freezing" degrees of freedom）と呼ぶ．学習に伴ってある程度動きをコントロールできるようになったら，今度は逆に少しずつ自由度を解放し（"freeing" degrees of freedom），動きのバリエーションを増やすことで，運動行為を実現するための最適な協応構造を模索する．スキーシミュレータという装置でのスラローム動作（装置上で左右にダイナミックに動く動作）における下肢の各関節角度の相関係数の結果は，足関節と股関節の協応構造について，自由度の凍結と解放が行われ，さらに最適な協応構造に収束していることを連想させる（図5-1-4）．

　脳卒中患者など一部のリハビリテーション対象患者においては，特に回復初期において"固い動き"とも表現すべき動きの様子を観察することができる．たとえば体幹を前傾した状態で，頭部の動きや視線の動きが見られず，方向転換の場面でもまるで一点を見つめているかのようにして歩いている様子が，固い動きにあたる（この視線方略が問題であることについては，第2章第2節「方向転換時の視線の先導」のセクションを参照されたい）．こうした状況はまさに，自由度を固定することでどうにかバランスを保っている状況といえる．第2章第2節の「眼球運動の独立性」のセクションにおいて，旭川リハビリテーション病院において拝聴した症例報告として，歩行中に理学療法士の口頭指示によって視線位置を変えてもらっただけで，姿勢が著しく崩れたという脳卒中片麻痺患者の症例について触れた．この患者は，姿勢と独立して眼球の動きを制御する自由度を持ち合わせていないという意味で，学習初期のステージにあると評価できる．こうした患者がある程度自由に視線を動かしながら歩行ができるようになったならば，それは自由度の一部が解放されたことを意味し，次の学習ステージに進んだと評価できるだろう．

■ 運動のばらつきをどのように評価するか ■

　一般に運動の習熟度が高いほど，意図した動きを正確に遂行できるため，そ

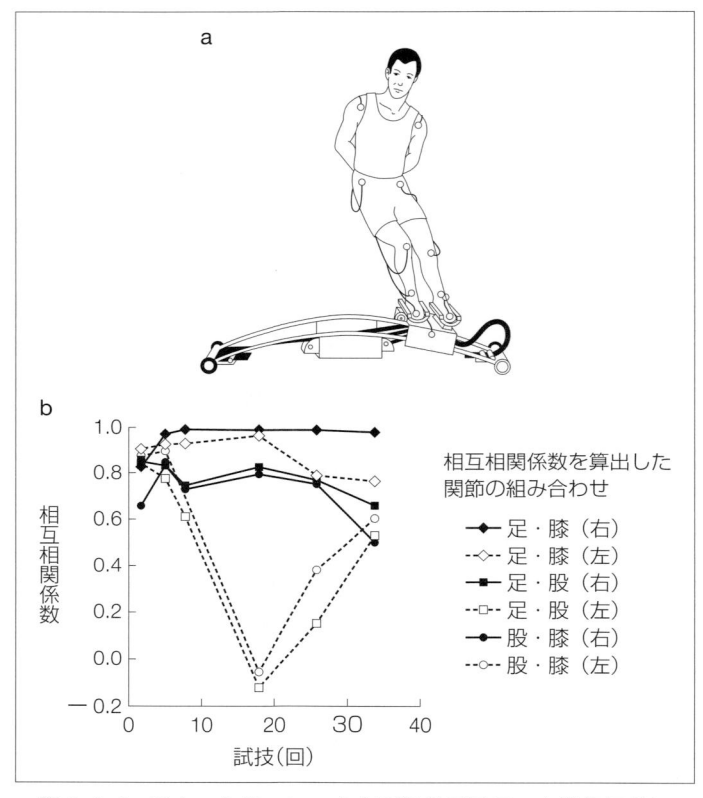

図 5-1-4 スキーシミュレータ上で行うスラローム動作において観察される自由度の"固定"と"解放"[9]

相関が高いほど，協応性が高い（すなわち同じように動く）と解釈する．練習初期（開始から5試行程度）は，いずれの関節においても相関係数が高く，自由度が固定される印象を与える．一方，特定の関節の組み合わせ（左の股関節と足関節，および左の股関節と膝関節）において，練習の過程で相関係数が極端に低くなっており，自由度が解放されたと考えられる．その後また相関係数が高くなるのは，探索的な動作の中で最適な協応構造を再獲得したためと解釈できる（図は文献10)より引用）．

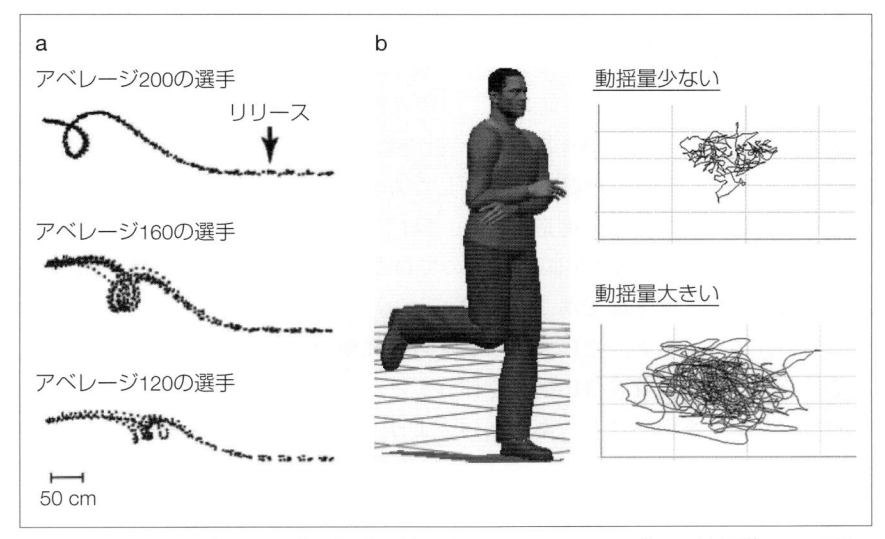

図 5-1-5　a：ボウリングの投球開始からリリースまでのボール位置[11]　10 試技分を重ね書きすると，競技レベルが高いほどばらつきが小さいことがわかる（図は文献 10)より引用）．
　　　　　b：片脚立位姿勢バランス課題遂行時の足圧中心位置の変動の様子
　　　　　一般に，動揺量が小さいほど立位バランスが良いと評価する（図は川崎翼氏（首都大学東京大学院生）より提供）．

の再現性は高くなる．実際，ある動作に対して熟練した人とそうでない人を比較すれば，熟練者のほうが動作のばらつきは少ない（**図 5-1-5a**）．またリハビリテーションなどの現場において，立位バランスの良し悪しをフォースプレートにより測定する場合も，基本的には対象者の足圧中心位置のばらつきがどの程度少ないかということについて，多角的に捉える．すなわち，足圧中心位置のばらつきが小さいほど姿勢動揺量が少なく，安定した姿勢が得られていると解釈するのが一般的である（**図 5-1-5b**）．

　運動学習の度合いを運動のばらつきの少なさで評価するという視点は，ある側面においては正しい．しかしながら「運動の究極の完成型は，運動のばらつきが一切ない状態である」という考え方は，残念ながら正しくない．人間の身体は無機質な物体のように定常状態にあるわけではなく，常に一定の揺らぎをもった状態にある[10]．これには，内部環境の変化（心臓の拍動や呼吸，神経系の

揺らぎ）などが関係している．つまり不可避な変動との共存を強いられるなかで，比較的安定したパフォーマンスを実現することが，運動学習の目的といえる[12]．たとえば銃で的を狙う時には，できるだけ銃口が揺れないように制御する必要がある．この際，できるだけを腕が動かないようにするという方略が有益に感じられる．しかし熟練者はそうした方略をとっていない．熟練者は，手首と肩の関節の動きに協応構造を作り，銃口に近い手首の揺れを，肩関節の動きで相殺している[7]．動きを固定するのではなく，協応的に動かすことが結果的に動作を安定させるのである．

　このように考えると，立位姿勢バランスの究極の目的は，完全に静止することではなく，身体全身の協応構造を作り上げることで，揺らぎのなかでも常に動的なバランスを保つことにあるといえよう．このような観点から，立位姿勢バランスの評価においては単に動揺量が多いか少ないかだけを見るのではなく，その揺らぎがどの程度システムとして安定した構造をもっているのかに着目すべきだという主張がある[13~15]．立位時に著しくバランスを崩すほど足圧中心位置がばらつく場合（あるいは学習初期のそうした段階）を除けば，ばらつきがいかに少ないかという従来のやり方だけで立位バランスを評価するのは，限界があるのかもしれない．

　自由度の観点からみれば，動作がばらついている状態とは，自由度を解放した状況のなかでどういった協応構造を作り出すのが最適なのかを模索している状況ともいえる[16]．最適な協応構造を探索する結果として動作のばらつきについては，特に身体環境の変化が著しい幼児期には不可欠という指摘がある[17]．このような指摘の背景には，脳に障害をもつ乳幼児において極端に動作のばらつきが少ないことなどがある[18]．

　また熟練した運動行為は，パフォーマンス（すなわち動作が生み出す結果）は常に安定しているものの，動きそのものは柔軟であるがゆえにばらついているという指摘もある[19,20]．たとえばリーチング動作の優れているところは，たとえ動作の途中に対象物が動いてしまっても，即座に（半ば無自覚的に）手の軌道を微調整し，対象物に到達することができる点にある[20]．つまり，時々刻々と変化する環境において安定した運動行為を実現するためには，いつも同じ手の軌道を描けることよりも，あらゆる腕の軌道において対象物に到達できることのほうが重要である（図5-1-6）．

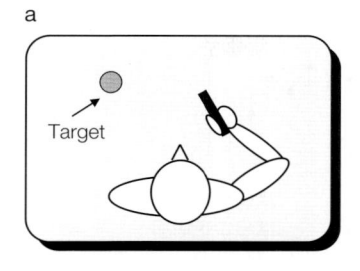

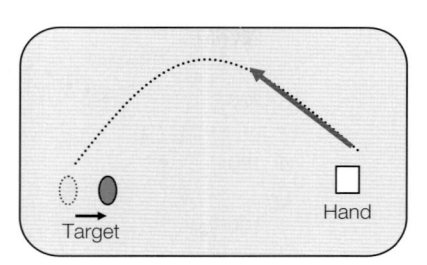

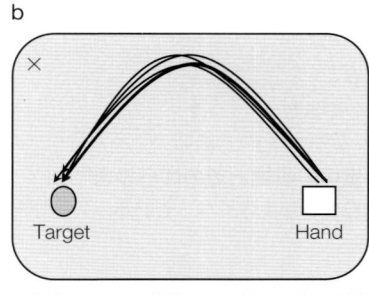

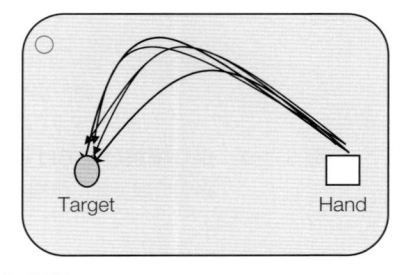

図 5-1-6　習熟したリーチング動作の例
　　a：リーチング動作の最中に不意に対象物の位置が変わっても，即座に手の軌道を修正して対象物に到達することができる[20]．
　　b：習熟したリーチング動作とは，いつでも同じ手の軌道を描く動作ではなく，あらゆる手の軌道においても常に対象物に到達できる動作と考えるべきである．

　陸上の走り幅跳びにおいて好成績を残すためには，踏切板に正確に足を合わせることが必要不可欠である．一般人が走り幅跳びに挑戦すると，踏切板に足を合わせようとするあまり，歩幅を極端に狭くしてステップを刻むことがある．これに対して熟練者はいつでも同じ歩幅でダイナミックに走り，正確に着地している印象を与える．しかしながら，実は熟練者も踏切直前の歩幅がばらついている[19]．つまり，歩幅を極端に狭くしないレベルで直前に微調整することで，いつでも正確な踏切を実現している（図 5-1-7）．

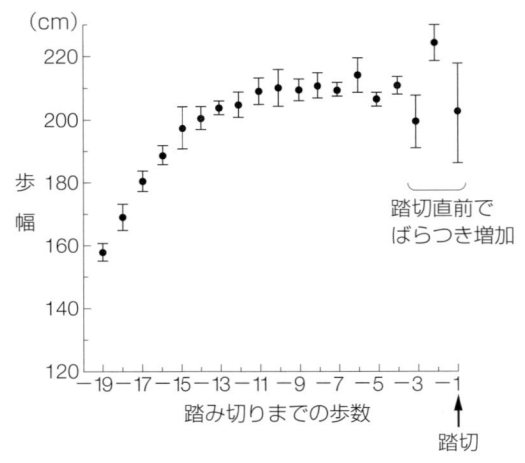

図 5-1-7　走り幅跳びにおける助走中の歩幅とそのばらつき[19]
踏切の数歩前に歩幅のばらつきが大きくなっている．

脳の可塑性

可塑性とは

　私たちの脳には可塑的な性質がある．可塑性とは，粘土を指で押した場合のように，一度与えられた変化が長く続く性質のことをいう．可塑性と対比的な性質は可逆性である．可逆性は変化を加えてもすぐに元に戻る性質のことであり，柔らかいゴムボールを押した場合や，伸縮性の高いゴム紐を伸ばした場合に元に戻る性質を指す．脳の可塑的変化には，発達段階の特に初期に起こる急激な変化のように，遺伝情報に基づきあらかじめ規定された要素が大きいものと，成熟した脳が学習や記憶によって特性を変化するものとがある[21,22]．

　従来，私たちの脳は一度成熟すると，ハードウェアとしての構成や機能を変更できないと考えられてきた．こうした考えの背景には，脳を構成している神経細胞（ニューロン）がいったん分化すると細胞分裂しないことや，脳部位損傷後にその部位に新しいニューロンの再生がみられないといった，旧来の研究手法に基づく知識がある[22]．脳の可塑性の考え方が登場した当初は，脳は部位によって役割が厳然と決まっているという「脳の機能局在論」が常識的な考え

方であった．したがって，経験によって脳がその役割を柔軟に変えていくという可塑性の発想は非常に奇抜であり，ともすればその信憑性について誤解を招かれる危険性すらあった．

しかしながらここ数十年間にわたる研究の結果，哺乳類の大脳皮質は，かつて考えられていたよりもはるかに可塑性に富んでいるということが示された．私たちの脳は成人になってからも，現存するニューロンの配線（シナプス結合）を変えて新しい神経回路を形成できるという意味で，変化の余地がある．こうした知見はリハビリテーションの概念にも大きな影響を与えた．すなわち，リハビリテーションを通して対象者に適切な経験を与えることは，運動を再学習するために必要な脳の可塑的変化をもたらす行為でもあり，単に出力としての身体運動を再獲得させるための支援（たとえば筋力や関節可動域の回復）や，障害により失った動作を残存動作で代償させるための支援にとどまらない．これがのちに紹介するニューロリハビリテーションの考え方である．

ノーマン・ドイジの著書「The Brain that changes itself」（竹迫仁子訳「脳は奇跡を起こす」[23]）は，脳の可塑性が今日のように重要な科学的問題として取り扱われるようになった背景を解説する名著である．この本では，脳が可塑性をもつことを示した先駆的研究者の生き様や，可塑性に基づく治療により壮絶な問題を克服した患者自身のヒストリーが，インタビューをとおして詳細に記されている．そのなかの登場人物の1人であり，認知科学・神経科学領域における研究者であるPascual-Leoneは，脳の変化が可塑的であることを比喩的に表現するため，以下のような説明をしている．「脳の活動は絶えずこねている粘土のようなものです．粘土の四角い固まりから始めて丸いボールにし，それを丸いボールにして，また四角に戻すことはできるでしょう．でも最初と"同じ"四角にはなりません（p246，一部改編）」．私たちの脳が変化し続けるといっても，"私が私のままでいられなくなるほど"に脳が変化するというわけではない．これは脳の構造や機能が遺伝的な要因によって規定されている部分も大きいためであろう．しかしPascual-Leoneは，まるで雪道に轍（わだち）ができるように，経験によりもたらされる脳へのさまざまな入力は，脳に確かな筋道を与え，変化を作り出していくと説明する．

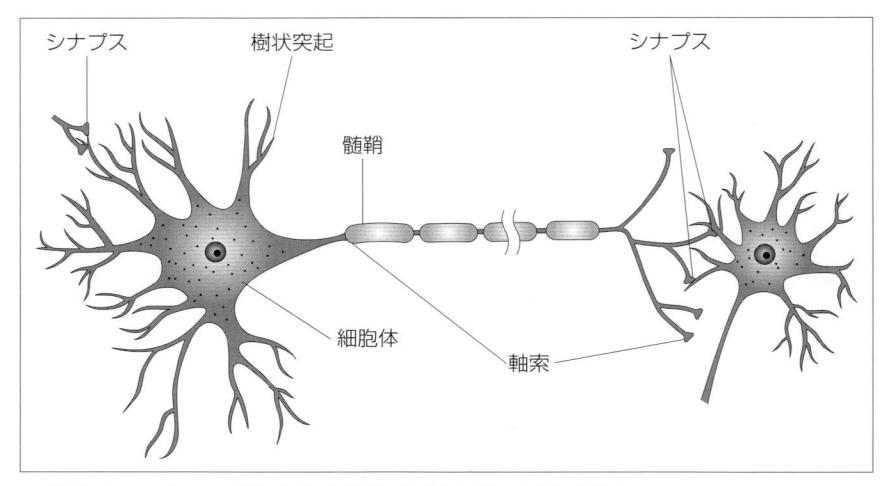

図 5-1-8　ニューロンとシナプス（図は文献 24)より引用）
細胞体から出ている 1 本の長い突起は軸索と呼ばれ，隣接する細胞体とシナプス結合をすることで神経回路網を形成する．軸索は髄鞘で覆われている．髄鞘は軸索を絶縁し，電気信号が全長にわたって効率よく伝道する手助けをする．

■ ニューロンのシナプス結合 ■

　脳の構成要素はニューロン，そしてニューロンが形成する神経回路網（ネットワーク）である．脳の可塑的変化とは，ニューロンの間に一度でき上がった神経回路が変化することを意味する．図 5-1-8 はニューロンの模式図である．ニューロンの本体である細胞体からは，多数の樹状突起と 1 本の長い軸索が伸びている．一次運動野から脊髄を下降する錐体細胞の軸索のように軸索が 1 m 近くにも及ぶものもある．この軸索が他のニューロンの樹状突起や細胞体と結合することで，神経回路ができる．ニューロンとニューロンとの結合部をシナプスという．ただし結合部といっても，実際にはわずかな隙間があり（シナプス間隙），その隙間で神経伝達物質のやりとりがなされている[24]．

　神経細胞は出生前に細胞分裂を完了しているのだが，過剰に作られているために細胞密度が非常に高く，出生前から出生後にかけてどんどん減少するという現象が起きる．およそ半数の神経細胞が生まれるまでに消失すると推定されている．これをアポトーシス（自然細胞死）という．アポトーシスには，過剰

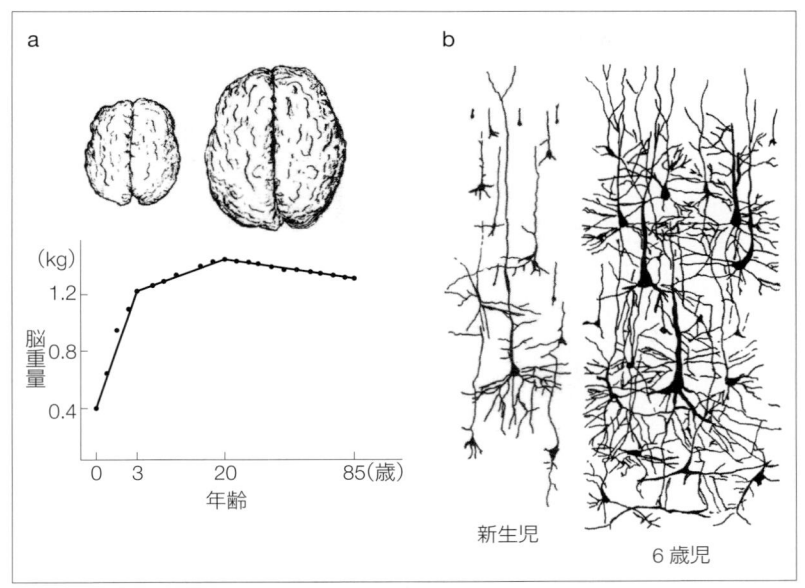

図 5-1-9　a：**年齢に伴う脳重量の変化**　最初の 3 年で脳重量が急速に増加し，その後は緩やかな増加にとどまる．20 歳を過ぎると緩やかで持続的な減少に転じている．
　　　　　b：**新生児と 6 歳児におけるニューロンの成長の違い**　6 歳児の場合，細胞体が大きくなることに加えて，樹状突起の数が増加し，シナプス結合の複雑性が増している様子がわかる．
（文献 22）より改変引用）

に作られた神経細胞を整理することで細胞密度を低くし，残った神経細胞の発達を促進するという働きがある．神経細胞の間引きが行われることで残された細胞の樹状突起の発達がしやすくなり，シナプスも急速に増えることができる[25]．

　脳重量に関していえば，生まれた時の脳の大きさは生成 400 グラム足らずである．これは大人の脳重量の約 3 分の 1 の重量であり，6 歳までは脳重量が増加する（図 5-1-9a）．この脳重量の増加には，ニューロン自身の成長（細胞体の大きさが増すこと，樹状突起が広がっていくこと）に加えて，シナプスの数が増えていることが関係している（図 5-1-9b）[22]．この期間は単にシナプスの数が単純増加しているのではなく，膨大なシナプスの再編成が行われている．す

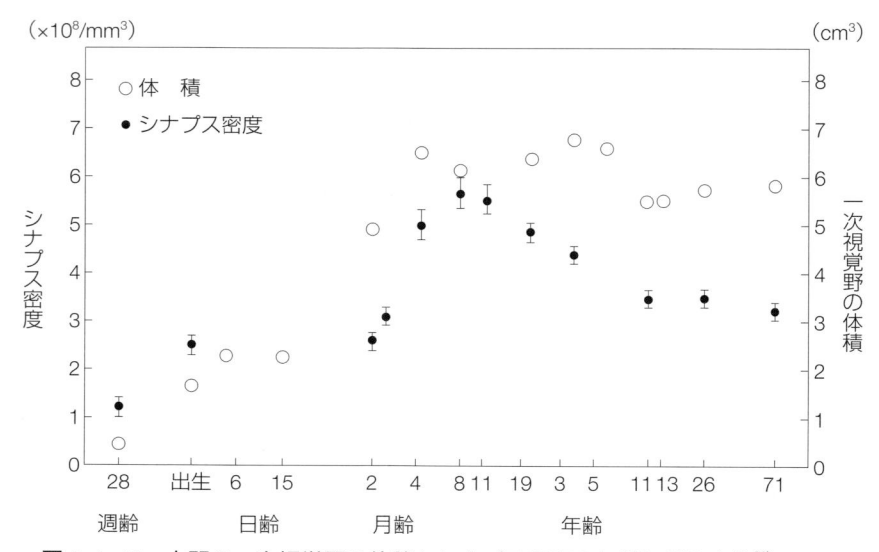

図5-1-10　人間の一次視覚野の体積とシナプス密度の年齢に伴う変化[26]
シナプス密度（すなわち単位面積当たりのシナプスの数）は生後1年あたりをピークに徐々に減少していることがわかる（図は文献27)より引用）．

なわち，多くの新しいシナプスが生まれ，また同時に多くのシナプスが消失する．図5-1-10は，人の視覚野のシナプス密度（すなわち単位面積あたりのシナプス数）を定量的に調べた結果である．シナプス密度はまず生後2カ月から8カ月までに急激に増加している．その後，一次視覚野自体の体積はほぼ横ばいであるにもかかわらず，シナプス密度は急激に減少している．

こうした時期に起こるシナプスの急速な増加や減少は，原則として遺伝的に規定されている変化と考えられている．しかしここで起きているシナプスの増加や減少は，私たちが新しいことを学習したり逆に忘却したりする過程でも同様に生じる．ある神経細胞から別の神経細胞にシナプスを介して信号が伝達されることで，そのシナプス結合が強化される．2つの神経細胞間におけるこうした伝達頻度が多くなるに従って，シナプスの伝達効率が高くなる．これにより，多くの情報がスムーズに伝達されるようになる．こうしたシナプスの可塑的な性質が，学習の神経基盤となる最も重要な仕組みと考えられている[25]．こうした事実から，生後初期にみられるシナプスの急速な増加や減少は，単に遺

伝的な要素だけでなく，環境（経験）の要素によっても影響を受けるのではないかとも考えられている．「子どもにとって早期教育は必要か？」といった今日的な話題も，生後初期のシナプスの急激な増減の問題と結びつけられて議論されている．

生後初期経験のインパクト：動物の場合

前述のように，脳の神経回路網が劇的に変化する生後初期の経験は，私たちの脳が正常に発達するうえできわめて重要な役割をもっているという考え方がある．こうした考え方の妥当性を印象づけたのは，卵からかえったばかりの鳥のヒナが見せる，後追い行動に関する研究成果であった．1983年にノーベル医学・生理学賞を受賞した動物行動科学者のLorenzは，孵化したばかりの鳥のヒナが親鳥を後追いするのは，愛情の発露としてではなく，生まれて初めて目にした「動くもの」を後追いするよう遺伝的にプログラムされているためであることを確認した（図5-1-11a）[28]．鳥のヒナが見せるこの後追い行動は，刷り込み（インプリンティング）と呼ばれる．この刷り込み現象に関して，後続の研究者がおもちゃの鳥を使って実験室的に明らかにした重要な事実は，刷り込みが成立する期間は，孵化してから8時間から24時間というわずかな時間のみであるということである（図5-1-11b）[29]．鳥のヒナが孵化してから24時間以上経過してから動く対象物を見せても，刷り込みは成立しない．孵化後に親鳥を後追いする行動は，未熟な時期に外敵から身を守るために必要不可欠な行動であることから，刷り込みが成立しないということは自然界における生存の可能性を著しく低めることとなる．

このように，ある能力を有するうえできわめて重要とされる発達期間のことは，古くから臨界期（critical period）と呼ばれてきた．後述するように，人間の多くの能力の場合には，必ずしも生後初期が決定的な（すなわちcriticalな）時期と固定されているわけではないことから，現在では臨界期という呼び方が誤解を招くものとして，敏感期あるいは感受期と呼ぶほうが一般的である．

生後初期の経験の重要性は，動物の視覚能力に関する研究においても指摘されている．生まれてすぐに縦縞，または横縞しか見ることのできない環境で生育された子ネコは，その後実環境においても縦縞，または横縞にしか反応を示さなくなった（図5-1-12a）[32]．また同じ視環境にある2匹の子ネコにおいて，

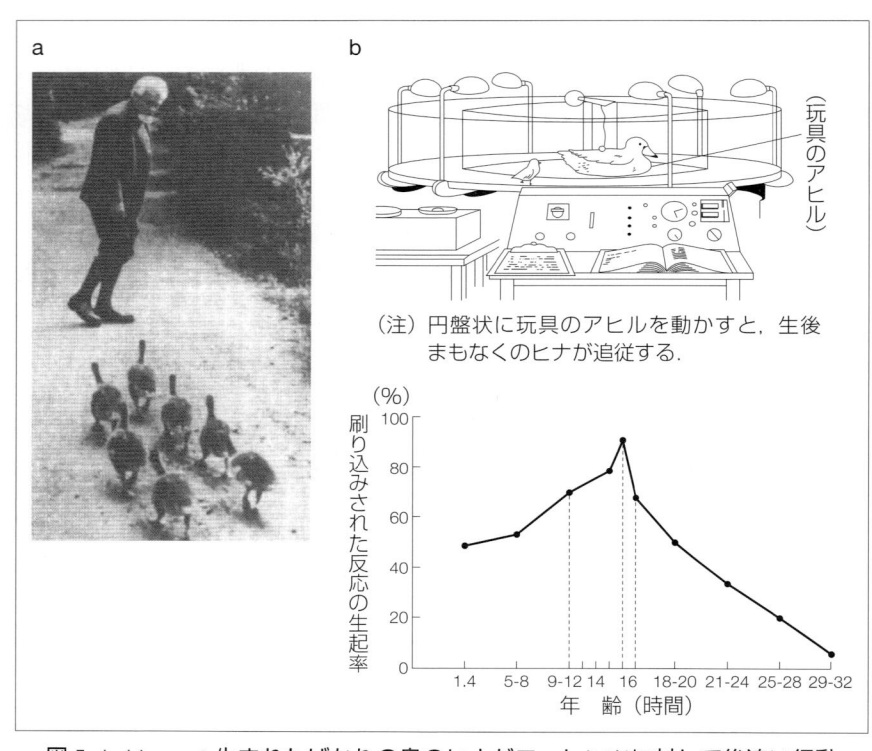

図 5-1-11　a：生まれたばかりの鳥のヒナがローレンツに対して後追い行動
　　　　　　　（刷り込み）を示している様子（図は文献 30）より引用）
　　　　　　b：鳥のヒナの刷り込みが生じる臨界期に関する実験室的研究[29]
　　　　　　　玩具のアヒルを「動くもの」として提示した場合に刷り込み反応が
　　　　　　　生起した確率を示した（図は文献 31)より引用）．

　自分の意志で動くことができず，絶えず他者のネコの動きに合わせて受動的に移動するだけの子ネコは，能動的に移動できた子ネコに比べて空間認識能力が低かった（**図 5-1-12b**）[33]．さらに，生まれてすぐに片眼を遮蔽した状態で長期間生育された子ネコの場合，視覚野の神経細胞は遮蔽された眼からの光刺激に反応しなくなった[34]．これらの知見はいずれも，哺乳類であるネコであっても視覚機能の発達には臨界期がある可能性を示唆した．

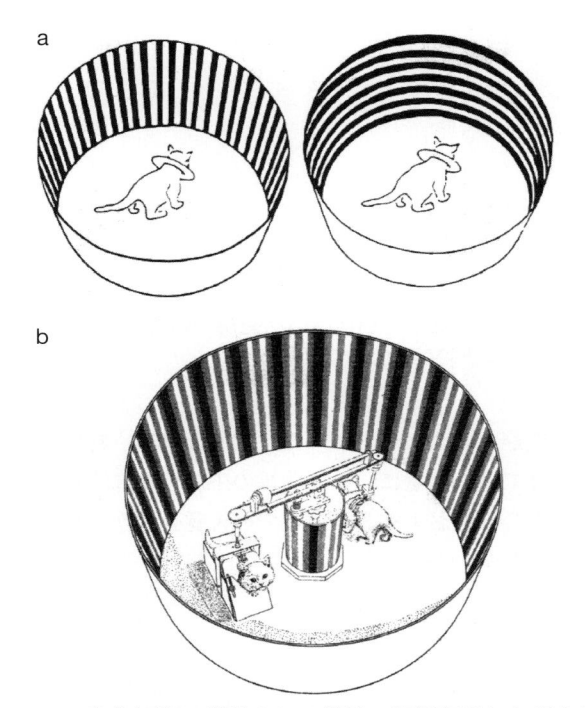

図 5-1-12　a：生後初期に縦縞または横縞の視覚経験しか得られない環境で育つ子ネコの様子[26]　身体や足元の情報も利用できないように，首に遮蔽物をつけている．
　　　　　　b：能動的視覚と受動的視覚がもたらす影響を検討した実験の様子[33]
（図はいずれも文献 31）より引用）

生後初期経験のインパクト：人間の場合

　人間を対象とした研究においても，生後初期の経験が大きな影響を与えうることを示す研究がある．その 1 つは動物の研究事例と同様，やはり視覚能力の研究である．ある研究では，片眼だけが弱視である児童（視力が 0.1 以下であり，かつ眼鏡による視力矯正が困難である児童）を対象として，この児童が乳幼児期に眼の病気などの理由で眼帯をかけていたか，つまり動物実験における片眼の遮蔽と同じような状態を経験していたかどうかについて調査を行った[35]．その結果，3 歳頃までに眼帯をつけていた経験のある児童については，弱

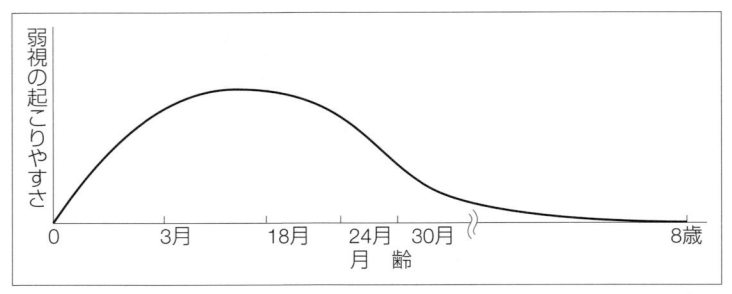

図 5-1-13　眼帯をしていた時期と弱視の起こりやすさの関係[35]
（図は文献 27) より引用）

視を起こす可能性があることがわかった（図 5-1-13）．特に 1 歳から 1 歳半頃までに眼帯をつけていた児童について弱視の生起率が高くなっている．この結果から，人間の場合でもおよそ 3 歳頃までの視覚経験が，正常な視覚能力の発達に重要であることがわかる．

　音楽の能力や第 2 言語の能力についても，生後初期の経験の有用性を示唆するような研究がある．ある研究では，バイオリンなどの弦楽器奏者（演奏経験は 7 年から 17 年，平均 11.7 年），および楽器の未経験者（コントロール）を対象に，非利き手である左手の小指に対する刺激に対する脳活動を，fMRI（第 4 章第 1 節参照）を用いて測定し，大脳皮質の体性感覚野における反応がどの程度大きいかを比較検討した[36]．弦楽器奏者の場合，左手小指は弦を押さえて音色を決めるうえで重要な役割を果たしている．これに対して一般の人の場合，日常生活おいて非利き手の小指の感覚が鋭敏である必要性はほとんどない．研究ではこうした生活経験の差が，左手小指への刺激に対する脳活動にどのような影響を与えるかを検討した．

　その結果が図 5-1-14 に示してある．弦楽器奏者は何歳から演奏を始めたかについての情報が横軸に反映させてある．まず全体を概観してみると，弦楽器奏者（●）はコントロールの参加者（○）に比べて，刺激に対する反応が強いことがわかる．日頃から左手小指の鋭敏な感覚が必要な人は，それだけ脳活動も活発になるのだろう．そしてさらに重要な発見が，演奏を始めた年齢のもつ効果であった．すなわち 12 歳頃まで（中学校入学頃まで）に演奏を開始した人は，12 歳以後に演奏を開始したよりも強い反応が得られた．この結果は，でき

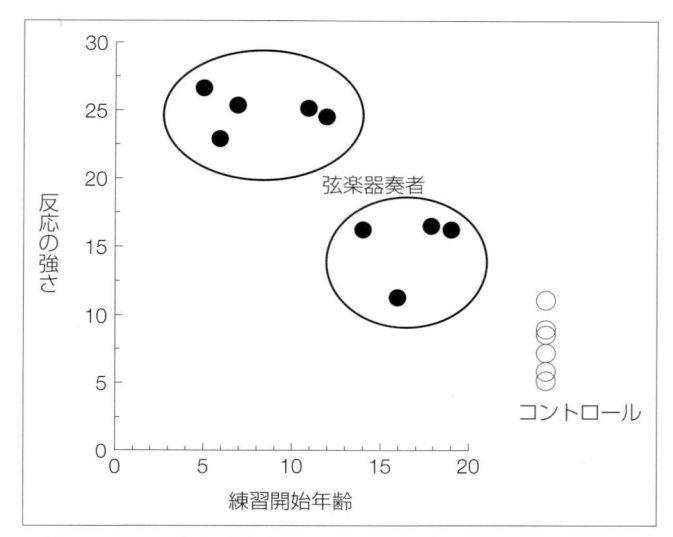

図5-1-14 弦楽器奏者における左手小指に対する大脳皮質感覚野の反応の強さ[36]
弦楽器を演奏し始めた年齢が早いほど，より反応が強いことがわかる．

るだけ早い段階から演奏を開始したほうが，より鋭敏な脳活動を期待できることを示唆する．

 第2言語としての英語の能力についても，早くから英語に触れる環境にいることのメリットを示唆する研究がある[37]．中国と韓国から米国に移住した人を対象に，英文のリスニングにおける文法テストを実施した調査研究によれば，移住時の年齢が若いほど，文法テストの成績が良いことがわかった（図5-1-15）．特に，7歳まで（小学校入学頃まで）に移住した人の成績は，米国で育ったネイティブの英語話者と比べても遜色ないことがわかる．

 ただしこの図5-1-15を表面的にみると，17歳以降に移住した人の英語の成績は芳しくないような印象を与えるが，これは必ずしも正しくない．グラフの縦軸の値をよく見ると，こうした人たちでも270点満点のうち210点程度の得点をとっていることがわかる．つまり70～80％程度のテストには正解していることになる．一般論として，文法の70～80％程度が理解できていれば，日常生

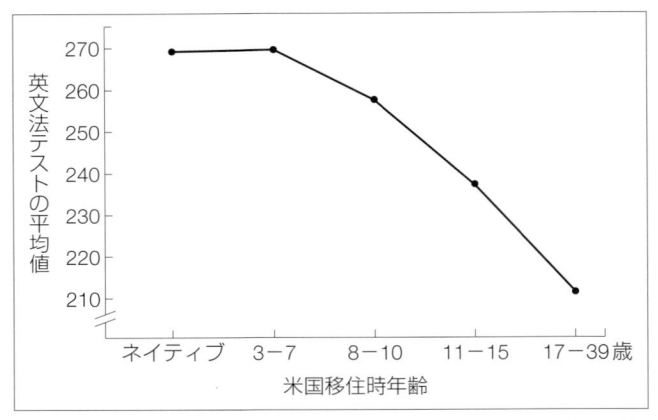

図 5-1-15　米国移住時の年齢に伴う英文法テストの結果[37]
（図は文献 25）より引用）

活において英語を使用することに致命的な問題はなく，普通に暮らしていくことができる．こうした点について正確な理解をしないと，「英語の勉強は幼少の頃から始めないと意味がない」といった誤った信念を植えつけかねない．

あくまで敏感期・感受期

　これまで紹介してきたように，一部の脳部位に関する可塑的な変化や，特定の能力を伸ばすことについては，生後初期の経験が大きなインパクトを与えるような印象を受ける．しかしながら多くの研究者は，少なくとも人間についていえば生後初期だけがさまざまな能力を形作る決定的な期間，すなわち臨界期であるとは考えていない．確かに，幼い頃の脳は成人の脳に比べてより感受性が高く，経験に応じて変化しやすい性質をもつであろう．しかしそれはあくまで相対的にそうした性質が高いというだけのことであり，敏感期・感受期ともいうべき程度のものと思われる．むしろ多くの研究者たちは，私たちの脳が"生涯にわたって"，すなわち高齢になったとしても，可塑的に変化する余地があるということにこそ脳の素晴らしさがあると考える．

　図 5-1-16 は，シナプス密度の増加のピークが視覚野と前頭葉で全く異なっていることを示している[38]．すでに図 5-1-10 で示したように，視覚野におけるシナプス密度のピークは生後１年前後にある．これに対して前頭葉の場合，

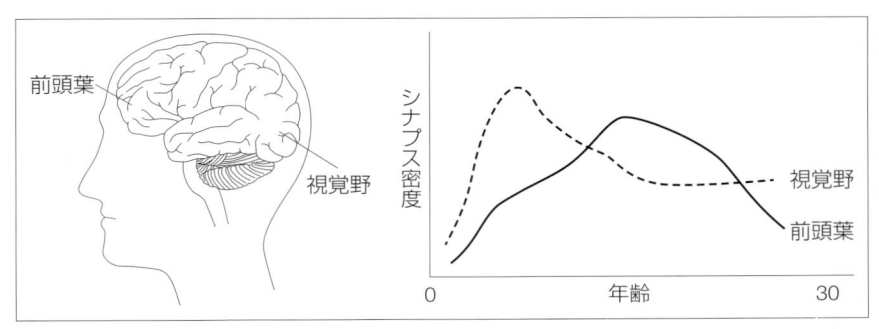

図 5-1-16　シナプス密度の年齢に伴う変化は一次視覚野と前頭葉で異なる[38]
（図は文献 39）より引用）

思春期の終わり頃まで発達し続ける．前頭葉は私たちの意思決定や行為の計画，反応の選択と抑制，そして感情のコントロールなど，私たちを特徴づけるうえで非常に重要な脳部位である．こうした脳部位における神経回路網が思春期の段階まで時間をかけて成熟していくことを考えると，発達初期の経験だけで能力が決定される確率は，動物に比べるとかなり低いと考えるほうが妥当であろう[25]．

　実際，大人になってから楽器の演奏を練習し始めたとしても，その練習は脳活動に確かな痕跡を残すことができる．本節の冒頭で脳の可塑性についての比喩的説明を紹介した Pascual-Leone は，これまで楽器演奏の訓練をしたことがない 38 歳から 51 歳の成人を対象にして，ピアノ演奏の練習が脳活動に及ぼす効果について検討した[40]．その結果，1 日 2 時間ずつの練習をたった 5 日間繰り返しただけでも，指の運動に関わる大脳皮質一次運動野が拡大することを示した．詳細は以下のとおりである．

　練習した演奏は，右手の 5 本指で「ドレミファソファミレ」の音を 1 秒間に 4 回のペースで打鍵するという単純なものであった．参加者に求められたことは，それぞれの打鍵の長さを一定にし，なおかつ打鍵の感覚を一定に保つことであった（1 秒間に 4 回の打鍵のため，0.25 秒間隔の打鍵が理想値）．実験では比較対象として，2 時間ピアノ演奏をするものの内容は参加者に任せる群（コントロール A 群）と，1 つのキーのみを押し続ける群（コントロール B 群）を設定した．図 5-1-17a は，各群の参加者において打鍵の間隔が 0.25 秒という

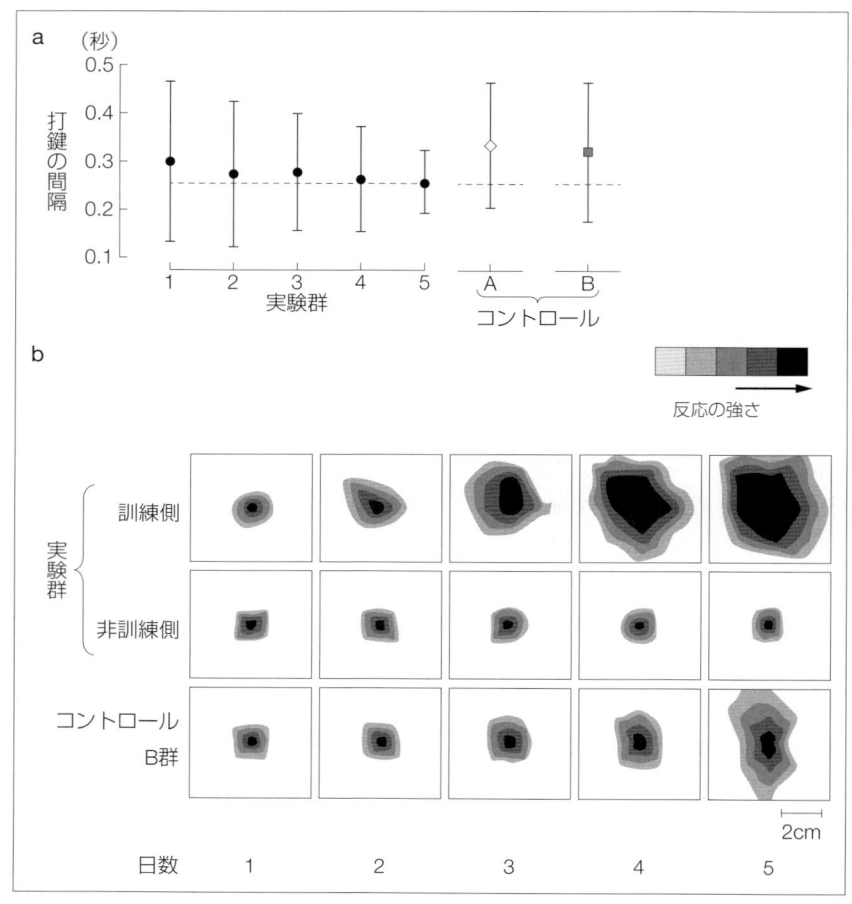

図 5-1-17 ピアノ演奏の訓練に関する研究[40]
　　　　a：実験群では，5日間の練習により打鍵の間隔が0.25秒（1秒間に4回の打鍵）に近づいた．
　　　　b：中指の屈筋で測定したMEPに基づく大脳皮質運動野の指の支配領域の大きさ．5日間の練習によりその支配領域が拡大した．

理想値にどれだけ近づいたかを示している．これによると，5本指で練習した実験群では5日間の練習によって打鍵間隔が理想値に近づいていることがわかる．さらに練習が脳活動に及ぼす影響を検討するため，大脳皮質一次運動野に対して位置を少しずつずらしながらTMS（第4章第1節を参照）を呈示し，中

指の屈筋・伸筋のMEPを惹起させる領域がどの程度広いかを検討した．その結果，実験群の右手については練習経過に伴ってMEPを惹起させる脳領域が拡大していることがわかった（図5-1-17b）．こうした効果は，練習をしていない実験群の左手や，コントロール群ではみられなかった．以上の結果から，たった5日間の練習であっても，確かな演奏プログラムのもとで練習をした群では，指の動きに関する脳の可塑的な変化が起こったと解釈できる．

なお，「脳が可塑的に変化した」という表現は，「経験（練習）前とは異なった状態に変化し，かつ昔の状態に戻らない」ことを意味するものの，「変化した状態が永続的に続く」ということを意味してはいない．ある研究[41]では，生まれて初めてジャグリングを行う20代の男女を対象に，3カ月にわたってジャグリングを練習してもらった時点と，その後で逆に一切ジャグリングをせずに3カ月経過した時点での脳活動について比較検討した．その結果，3カ月の練習でジャグリングがうまくなることで，運動の視知覚に関わるといわれている2つの脳部位，すなわち中側頭葉（MT野/V5野）と頭頂間溝後部について，その大きさが増大することがわかった（図5-1-18）．その一方，ジャグリングをやめて3カ月経過すると，その大きさに一定レベルの減少がみられた．たとえ苦労して新しい動作を学習し，脳内にその動作を遂行するための神経回路網ができ上がったとしても，その動作を実践することをやめてしまえば，「入力が少ないシナプスは必要ないものとして刈り込まれる」という原理のもと，機能的再構成がなされていく．

ニューロリハビリテーション

脳の可塑性について考慮すれば，リハビリテーションとは，訓練という経験をとおして脳に機能的再構成・再構築を起こす機会を提供する場ともいえる．脳の仕組みに立脚してリハビリテーションを行う立場を，総称的にニューロリハビリテーションという．脳に損傷が起こり，損傷部位の神経細胞が再生しなくても，非損傷部位には"偉大な潜在能力"（文献42），p155）がある．訓練という経験をとおして，非損傷部位が新たなる神経回路網を形成することで，脳損傷により失われてしまった機能の新たな担い手となることができる．

脳障害後のリハビリテーションによって脳に可塑的な変化を起こし，失われた機能が回復することを示唆する研究も次第に増えている．たとえば，リスザ

a

頭頂間溝後部
中側頭葉

b

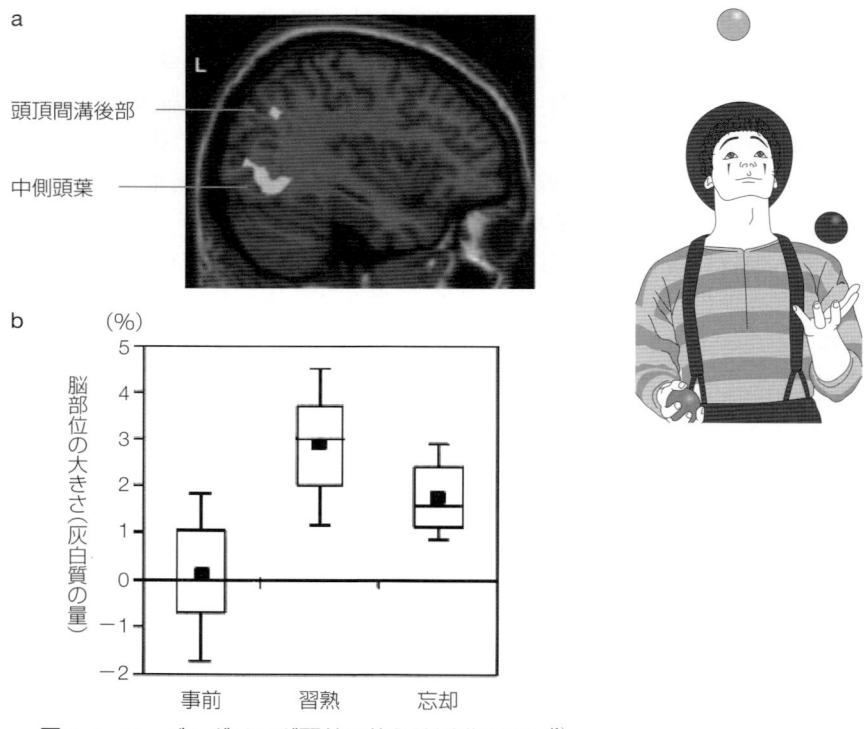

図 5-1-18 ジャグリング習熟に伴う脳活動の変化[41]
　　　　a：ジャグリングに習熟することで，運動の視知覚に関わる2つの脳部位が高くなった．
　　　　b：ジャグリング開始前，習熟後，3ヵ月の忘却期間後の脳部位の大きさ（灰白質の量）．

ルの大脳皮質一次運動野に対して人工的な虚血状態を作り，梗塞を起こさせたうえで，麻痺した手指で訓練を継続的に行うと，運動野における手指の領域が拡大した（図 5-1-19）[43]．この結果は，逆に訓練しないで放置しておくと，運動野における手指の領域が縮小した結果とは対照的であった．また人間を対象とした研究においても，脳梗塞の患者がリハビリテーションによって麻痺していた右手を再び使えるようになると，本来その制御に関わる左の（つまり対側の）一次運動野だけでなく，右の一次運動野も動作遂行時に動員されること[44]や，慢性期の脳卒中患者において麻痺した腕を積極的に使えるような訓練を施すこ

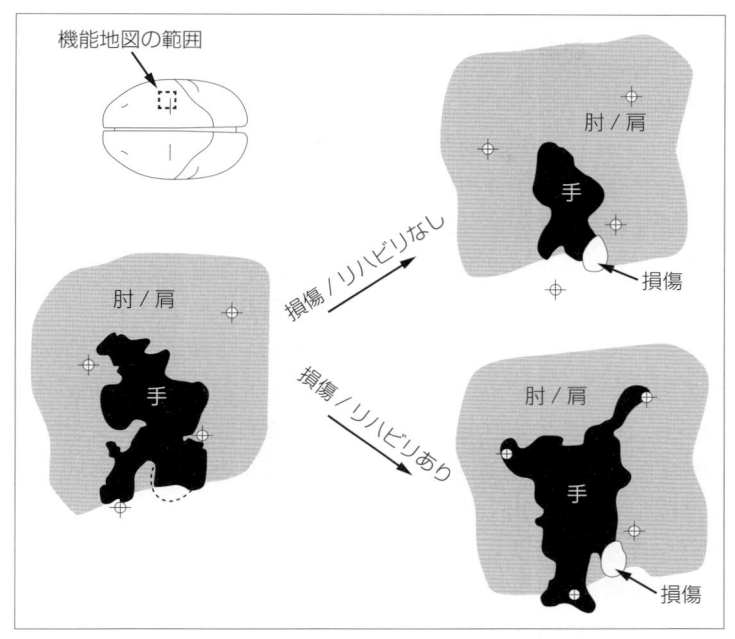

図 5-1-19 リスザルの一次運動野における脳梗塞前後の手の支配領域[43]
訓練（リハビリテーション）を行えば，損傷前には使われなかった領域にまで手の支配領域が拡大したが，訓練をしないと手の領域が縮小した（図は文献より 46）引用）．

とで，TMS によって麻痺した腕から導出される MEP の振幅が大きくなること[45]がわかっている．

こうした実験的な研究成果はいずれも，ニューロリハビリテーションという考え方の妥当性を後押しするものである．ただし，中澤公孝（東京大学）が鋭く指摘しているように，「ニューロリハビリテーションという分野は，その理論は神経科学に基盤を持ち強固であるが，新しいがゆえに，個々の技法の効果については科学的な検証が追い付いていない感がある（文献 46，まえがきより）」ということについては，十分な注意が必要であろう．すなわち，たとえその理論的バックグラウンドとして十分な研究成果があったからといって，それは決して運動支援として用いるさまざまな訓練（介入）の効果を科学的に保証する

ものではない．個々の訓練について科学的な妥当性を得るためには，その訓練を対象として地道な検証を繰り返し行っていかなくてはならず，当然その検証には膨大な時間がかかる．「今この瞬間にリハビリテーションの現場で実践している訓練」についての科学的な根拠を得るために，セラピスト自身が何年もの時間を研究に費やすというのは，多くのセラピストにとって現実的ではない．こうした問題を打開するためには，文字どおり研究の専門家である研究者がこうした問題を理解し，セラピストと真に有益な関係を気づきながら，科学的根拠を与えるための活動をすべきであると著者は信じている．

　脳の可塑性に関する豊富な研究は，私たちの脳が生涯にわたって変化する特性について明らかにし，リハビリテーションについても大きな可能性を与えた．しかしながら，私たちのすべての能力が生後与えられるさまざまな刺激によって形作られているわけではない．私たちの能力の少なくとも一部は，遺伝的な要因により規定される．出生時の脳は完全に白紙の状態であるのではなく，遺伝子が神経システムのさまざまな構成要素となる蛋白質を指定することで，神経回路網の基本構造を決定することにも，一定の理解が必要である[47]．なお遺伝子はあくまで蛋白質生成のための関連情報をもつDNA配列からなるものにすぎず，その発現自体が環境要因を含めたさまざまな要因で規定されるということも，合わせて重要な事実であろう[48]．

引用文献

1) Schmidt RA, et al：Motor control and learning：a behavioral emphasis（3rd Ed）．Human Kinetics, 1999
2) Kantak SS, et al：Learning-performance distinction and memory processes for motor skills：A focused review and perspective. *Behav Brain Res* 228：219-231, 2012
3) Rossetti Y, et al：Prism adaptation to a rightward optical deviation rehabilitates left hemispatial neglect. *Nature* 395：166-169, 1998
4) Malone LA, et al：Thinking about walking：effects of conscious correction versus distraction on locomotor adaptation. *J Neurophysiol* 103：1954-1962, 2010
5) 森岡　周：運動学習．樋口貴広，他：身体運動学　知覚・認知からのメッセージ．三輪書店，2008，pp 194-242
6) 山本裕二：全身協応運動の獲得：motor-action 論争を踏まえて．杉原　隆，他（編）：スポーツ心理学の世界．福村出版，2000，pp 12-26
7) 三嶋博之：エコロジカル・マインド―知性と環境をつなぐ心理学．NHKブックス，2000
8) Bernstein NA：The coordination and regulation of movements. Pergamon Press, 1967
9) Vereijken B, et al：Free(z)ing degrees of freedom in skill acquisition. *J Mot Behav* 24：

133-142, 1992
10) 門田浩二, 他：動作の観察 1：力学的観察と評価. 麓　信義（編）：運動行動の学習と制御―動作制御へのインターディシプリナリー・アプローチ. 杏林書院, 2006, pp 11-32
11) 村瀬　豊, 他：ボウリングのキネシオロジー. 体育の科学　23：654-659, 1973
12) 工藤和俊：運動スキル研究におけるダイナミカルシステムアプローチ. 日本スポーツ心理学会（編）：最新スポーツ心理学―その軌跡と展望. 大修館書店, 2004
13) Schmit JM, et al：Deterministic center of pressure patterns characterize postural instability in Parkinson's disease. *Exp Brain Res*　168：357-367, 2006
14) Negahban H, et al：Non-linear dynamical features of center of pressure extracted by recurrence quantification analysis in people with unilateral anterior cruciate ligament injury. *Gait Posture*　31：450-455, 2010
15) Ferrufino L, et al：Practice of contemporary dance promotes stochastic postural control in aging. *Front Hum Neurosci*　5：169, 2011
16) Vereijken B：The complexity of childhood development：variability in perspective. *Phys Ther*　90：1850-1859, 2010
17) Fetters L：Perspective on variability in the development of human action. *Phys Ther*　90：1860-1867, 2010
18) Fetters L, et al：Kicking coordination captures differences between full-term and premature infants with white matter disorder. *Hum Mov Sci*　22：729-748, 2004
19) Lee DN, et al：Regulation of gait in long jumping. *J Exp Psychol Hum Percept Perform*　8：448-458, 1982
20) Elliott D, et al：The control of goal-directed movements：Correcting errors in the trajectory. *Hum Mov Sci*　18：121-136, 1999
21) 小田洋一：脳の可塑性のメカニズム. 乾　敏郎, 他（編）：認知発達と進化. 岩波書店, 2001, pp 144-163
22) ジョン・ダウリング（著）, 安田　肇（訳）：脳は生まれか育ちか　脳科学入門. 青土社, 2006
23) ノーマン・ドイジ（著）, 竹迫仁子（訳）：脳は奇跡を起こす. 講談社インターナショナル, 2008
24) 狩野方伸：経験を積み重ねて作られる神経回路. 井原康夫（編）：脳はどこまでわかったか. 朝日新聞社, 2005, pp 139-158
25) 永江誠司：教育と脳　多重知能を活かす教育心理学. 北大路書房, 2008
26) Huttenlocher PR, et al：Synaptogenesis in human visual cortex-evidence for synapse elimination during normal development. *Neurosci Lett*　33：247-252, 1982
27) 津本忠治：早期教育は本当に意味があるのだろうか. 井原康夫（編）：脳はどこまでわかったか. 朝日新聞社, 2005, pp 27-50
28) Lorentz K：The evolution of behavior. *Sci Am*　119：67-78, 1958
29) Hess E：Imprinting in Animals. *Sci Am*　198：81-90, 1958
30) ジャック・メレール, 他（著）, 加藤晴久, 他（訳）：赤ちゃんは知っている―認知科学のフロンティア. 藤原書店, 1997
31) 新井邦二郎（編）：図でわかる発達心理学. 福村出版, 1997
32) Blakemore C, et al：Development of the brain depends on the visual environment. *Nature*　228：477-478, 1970
33) Held R, et al：Movement-produced stimulation in the development of visually guided behavior. *J Comp Physiol Psychol*　56：872-876, 1963

34) Wiesel TN, et al：Single-cell responses in striate cortex of kittens deprived of vision in one eye. *J Neurophysiol*　26：1003-1017, 1963
35) 粟屋　忍：形態覚遮断弱視．日本眼科学会誌　91：519-544, 1999
36) Elbert T, et al：Increased cortical representation of the fingers of the left hand in string players. *Science*　270：305-307, 1995
37) Johnson JS, et al：Critical period effects in second language learning：the influence of maturational state on the acquisition of English as a second language. *Cogn Psychol*　21：60-99, 1989
38) Huttenlocher PR, et al：Regional differences in synaptogenesis in human cerebral cortex. *J Comp Neurol*　387：167-178, 1997
39) サラ・ブレイクモア，他（著）・乾　敏郎，他（訳）：脳の学習力―子育てと教育へのアドバイス．岩波書店，2006
40) Pascual-Leone A, et al：Modulation of muscle responses evoked by transcranial magnetic stimulation during the acquisition of new fine motor skills. *J Neurophysiol*　74：1037-1045, 1995
41) Draganski B, et al：Neuroplasticity：changes in grey matter induced by training. *Nature*　427：311-312, 2004
42) ランドルフ・ヌード：リハビリで脳が変わる．久保田競ら（編）：脳から見たリハビリ治療―脳卒中の麻痺を治す新しいリハビリの考え方．講談社，2005, pp 91-155
43) Nudo RJ, et al：Role of adaptive plasticity in recovery of function after damage to motor cortex. *Muscle Nerve*　24：1000-1019, 2001
44) Frackowiak RSJ：The cerebral basis of functional recovery. Franckowiak RSJ, et al (eds)：Human Brain Mapping. Academic Press, San Diego, 1997, pp 275-299
45) Liepert J, et al：Treatment-induced cortical reorganization after stroke in humans. *Stroke*　31：1210-1216, 2000
46) 中澤公孝：歩行のニューロリハビリテーション―歩行の再獲得をめざした理論と臨床．杏林書院，2010
47) マイケル・I・ポズナー，他（著），無藤　隆（監修）：脳を教育する　Educating the Human Brain．青灯社，2012
48) OECD 教育研究革新センター，他（編著）：脳からみた学習―新しい学習科学の誕生．明石書店，2010

第2節 効果的な運動学習を目指して

練習のスケジュール

練習にバリエーションを取り入れる：多様性練習

　動作スキルの学習においては，同じ練習をひたすら繰り返すよりも（ブロック練習），若干のバリエーションを加えて練習させるほうが（多様性練習またはランダム練習），保持や転移の成績が高いことが知られている（図5-2-1）．ここでいうバリエーションとは，動作スキルの遂行時に決定されるべき各種パラメータを練習中に変化させるという意味である．たとえば歩行中の障害物をまたいでもらう課題の場合，障害物の位置や高さを変えながら練習してもらうことになる．上肢動作であれば，形状の異なる物体に対して把持動作練習をしてもらったり，文字の大きさを変えて書字動作を練習してもらったりすることを指している．仮に3種類のバリエーション（A, B, C）をもたせて練習をしてもらう場合，Aについてしっかり練習してからB, Cと移行するというブロック練習より，練習初期からACB, CAB, といったランダムな順序で練習する多様性練習のほうが，効果的な運動学習を導くという．

　練習する立場からすれば，習得すべき動作を繰り返すブロック練習のほうが，1つの動作に集中できて，しっかりと練習できている実感をもてるかもしれない．しかし，スポーツ科学領域をはじめとした運動学習研究を中心に，多様性練習こそ運動学習に有益であることを示唆する研究が数多く報告された．その詳細はレビュー論文を参照されたい[3,4]．当初は，レバーの上下動作などの単純な動作において，決められた振幅やタイミングで動かすことを学習させる研究がほとんどであったが，最近ではより実践的な課題においてその効果を検証するものも少なくない（図5-2-2）[5]．

　なぜ多様性練習が効果的なのかについては，いくつかの説明がある．代表的な考え方の1つが，「多様性練習が効果的なのは，複数の動作に共通するルール

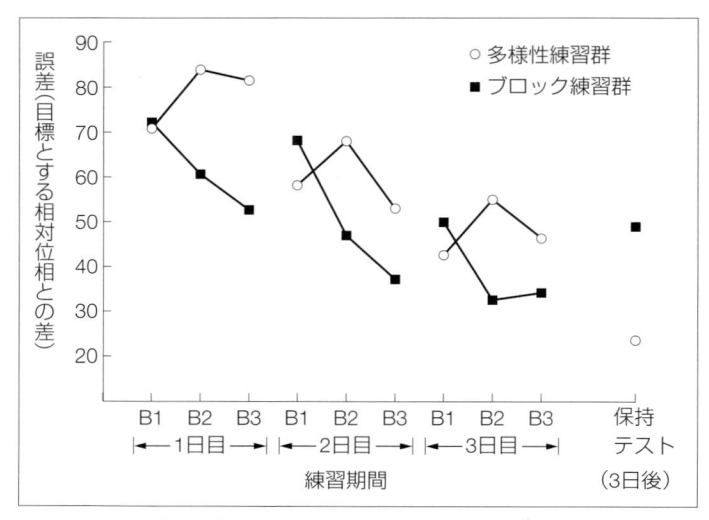

図 5-2-1　多様性練習の効果を示した研究事例[1]

両手を協調的に動かすことを学習目標とする課題．縦軸の値は目標とする協応パターンからの誤差を示すため，値が小さいほど成績が良いことを示す．3つの協調パターンを学習するうえで，ブロック練習と多様性練習のどちらが効果的かを検討したところ，練習中はブロック練習のほうが成績が良いものの，3日後の保持テストにおいては，多様性練習のほうが成績が良いことがわかった（図は文献2)より引用）．

を学べるからだ」という考え方である．こうした考え方は，精緻化仮説（elaborative processing hypothesis）とも呼ばれる[2]．この考え方は，そもそも運動の記憶とは類似する複数の動作に共通するルールの記憶であるという運動のスキーマ理論から派生している[6]．残念ながらスキーマ理論そのものについては多くの批判もあり，現在ではどちらかといえば古典的な理論と位置づけられている．しかしながら，毎試行わずかに異なる動作を練習することで，動作間の類似性を検討する認知情報処理を行うことの効果については，今もなお有益な説明概念としてその妥当性が検証されている[7]．

別の考え方として，忘却再構成仮説（forgetting and reconstruction hypothesis）とも呼ばれる考え方もある[2]．この考え方によれば，ブロック練習のように同じ運動を繰り返す場合には，ワーキング・メモリ（第3章第2節参照）に

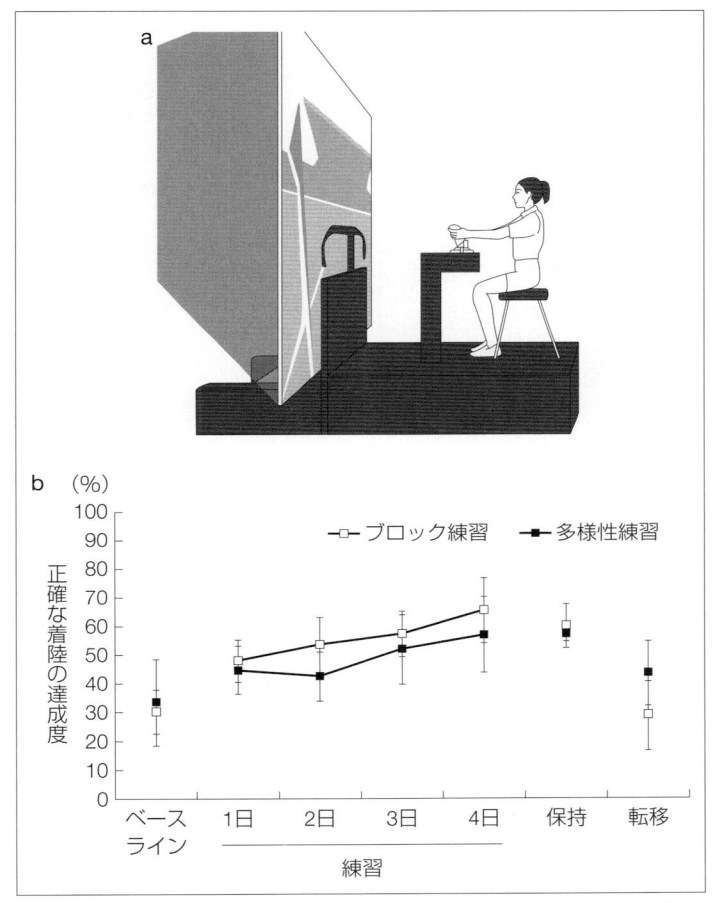

図 5-2-2 フライトシミュレータを用いた多様性練習の効果の検討[5]

a：飛行機の着陸シーンが大型スクリーンに映されるシミュレータを用いて，一般対象者がランディングゾーンに正確に着陸することを練習した．

b：試行ごとにランディングゾーンの幅や目線の高さが変わる多様性練習と，1つの条件を繰り返すブロック練習を比較したところ，転移の成績において多様性練習の効果が認められた．

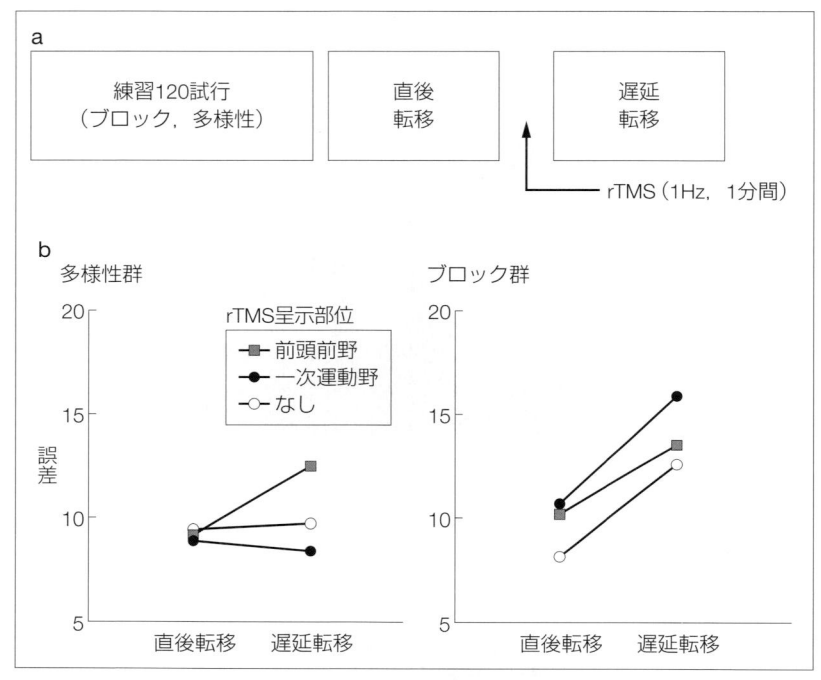

図 5-2-3　多様性練習の効果の背景にある脳活動の検討[9]
　a：レバーの上下動作のパターンを習得する課題を用いて，直後転移後に rTMS を 10 分間，一次運動野と背側前頭前野に呈示した．
　b：転移課題におけるエラーの大きさ（関連する条件だけを抜粋）．多様性練習条件では背側前頭前野に rTMS を呈示した群で遅延転移の成績が悪くなった．一方ブロック練習では一次運動野に rTMS を呈示した群で特に遅延転移の成績が悪くなった．

ある運動計画をそのまま実行するだけだが，多様性練習のように毎試行異なる動作を行えば，ワーキング・メモリ内で実行した計画を消去し，次に行う動作の計画を実行するための認知情報処理を行う必要がある．これが運動の記憶定着を促進するという考え方である．

　2 つの考え方はいずれも，「練習中に動作遂行のために実行される認知情報処理量が多いほど，学習が促進される」という点ではアイディアを共有している．多様性練習の効果に関わる脳活動を検討した最近の研究成果は，こうしたアイディアの妥当性を一部支持する（**図 5-2-3**）[8,9]．ある研究ではレバーの上下動

作を適切な振幅とタイミングで行う課題を対象に，多様性練習とブロック練習の効果を比較した[9]．練習および直後転移の評価が終了した直後に，TMS を 1 秒間に 1 回の割合（1 Hz 周期）で特定の脳部位に対して TMS を連続的に 10 分間呈示し（repeated TMS：rTMS），一時的にその活動を抑制させた．その結果，背側前頭前野に TMS を連続呈示してその活動を抑制すると，多様性練習がもたらす転移の効果が消失することがわかった．逆に一次運動野に TMS を連続呈示してその活動を抑制すると，ブロック練習における転移の成績がさらに悪くなることもわかった．この結果から，多様性練習の効果に関わるのは背側前頭前野であり，ブロック練習に関わるのは一次運動野である可能性が示唆された．背側前頭前野は動作の企画も含めたさまざまな認知情報処理に関わるため，「練習中に動作遂行のために実行される認知情報処理量が多いほど，学習が促進される」という上記説明を支持する結果と考えられる．

このほか，多様性練習が効果的なのは，「学習に最適な情報を選択する確率を高めるためだ」という考え方もある[5]．すなわち，学習初期はどのような情報に基づいて学習をすべきかわからないため，ともすれば誤った情報を参考に学習しているかもしれない．学習初期に同じ条件をひたすら繰り返すブロック学習の場合，学習に最適な情報を見出す確率を低くさせてしまうので，結果として学習した内容が保持・転移できないかもしれない．この考え方は生態心理学の考え方に基づいている（生態心理学については，拙著[10]を参照されたい）．生態心理学においては，行為の遂行に重要な知覚情報をピックアップしていくには（すなわち最適な知覚情報に対して注意が向けられるには），一定の学習経験が必要であるという考え方がある[11,12]．多様性練習はそうしたきっかけを与えるのに有益と考えるのである．

■ 支援者が与えるフィードバックの頻度 ■

学習者が練習を通して動作スキルを向上させるためには，個々の動作遂行後に得られるフィードバック情報に基づき，実際の動作が目標の動作から逸脱しているかという誤差情報を検出し，次に行う動作の企画に活かす必要がある．このフィードバック情報には内在的なものと外在的なものとがある．内在的フィードバック情報（intrinsic feedback）とは，スキルを遂行すれば自動的に得られる情報である．たとえばバットでボールを打った時の飛球コースや，手

の感触などの情報が内在的フィードバック情報に該当する．外在的フィードバック情報（extrinsic feedback）とは，スキルの遂行後にいわば人為的に外部から得られる情報である．たとえば選手がバットでボールを打った直後に，支援者が「今のバッティングは素晴らしい」とか，「ミートのタイミングが少し遅い」などとコメントすれば，それが外在的フィードバック情報となる．

　学習初期においては，学習者が内在的フィードバック情報だけで動作の結果の良し悪しを判断するのは困難な場合が多いであろう．そこで，運動支援者が適切な外在的フィードバック情報を与えることで，学習の効率を上げることが期待されている．運動学習領域の研究では，こうした外在的フィードバック情報のことを「結果の知識（knowledge of results：KR）」と呼び，運動学習の効果を高めるための最適なKRの与え方について，さまざまな検討を行ってきた．

　直感的には，運動支援者が個々の動作に対して正確なKRを与えれば，学習者が目的とする動作と実際の動作の誤差を正確に把握し，効率のよい学習が促されるように感じるであろう．ところが，少なくとも学習効果の保持や転移という観点からいえば，KRは毎試行後に与えられる場合よりも，何試行かに一度与えられた場合のほうが学習に効果的であることがわかった[13~16]．ある研究[14]では，レバーの上下動作を適切な振幅とタイミングで動かす課題の練習時に，毎試行KRが与えられる群（100％群）と練習期間全体のKR頻度が50％になるよう調整された群（50％群）を設定し，その学習効果を比較検討した．なお50％群の場合，常に2試行ごとに1回のタイミングでKRを与えるのではなく，学習初期はKR頻度を多くして，徐々に少なくするという方法を採用した（reduced frequency）．その結果，練習の1日後に測定した遅延保持のテストにおいて，50％群のほうが誤差が少ないという結果が得られた（**図 5-2-4**）．

■ 丁寧すぎるは諸刃の剣：KRの2面性 ■

　直観に反して，KRを与えすぎるとかえって学習の向上に寄与しないという結果は，何を意味するのであろうか．こうした結果を説明するものに，ガイダンス仮説（guidance hypothesis）がある[18]．この仮説によれば，確かにKRは学習者の動作を修正するうえで大変有用だが，その影響力が非常に強いことがときとして問題となる．すなわちあまり頻繁に与えられすぎると，学習者がKRに過度に依存してしまい，KRが得られない場面（たとえば，スポーツ競技にお

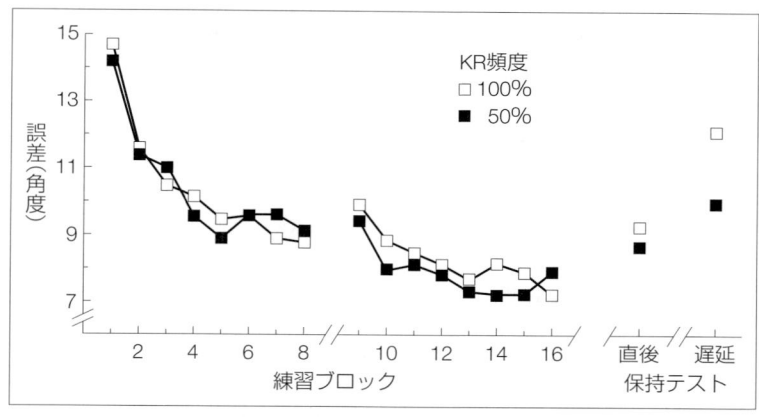

図 5-2-4　練習中の KR 頻度が運動学習に及ぼす影響[14]　(図は文献 17)より引用)

ける試合場面や，リハビリテーション終了後の患者の日常生活場面など）において，そのパフォーマンスを維持できない結果を導く懸念があるという．

工藤孝幾（福島大学）は，KR が学習にもたらすこの 2 面性を「丁寧すぎるは諸刃の剣」と表現した[19]．すなわち，「KR は練習者がスキルを遂行するうえで極めてわかりやすい手がかりを提供するが，しかしそれは同時に，事前にやり方を工夫してみることや，スキル遂行状況や結果をもとに次の試行のことを考えてみることなど，スキルを獲得することで本来学習者自身が行わなければならない情報処理活動を抑制してしまう (p35)」．こうした考え方は，学習者自身が動作の遂行についてさまざまな認知情報処理を行うことが重要と考える意味では，多様性練習の考え方と類似している．

運動支援の場面では，いつも運動支援者が動作の良し悪しを判断して伝えるのではなく，学習者（支援対象者）自身に考えてもらうきっかけを与えることが重要なのかもしれない．KR 頻度に関する研究成果は，運動支援者が練習のすべてに口を挟むのではなく，ときには見守ることの重要性を示している．そのほかの基礎的研究成果に基づけば，たとえ毎試行 KR をフィードバックするとしても，動作終了直後ではなく少しだけ時間を空けてフィードバックすれば（すなわち学習者自身に動作結果について考える時間的余地を与えてあげれば），保持や転移の成績は低下しないという[20]．また，個々の動作について KR

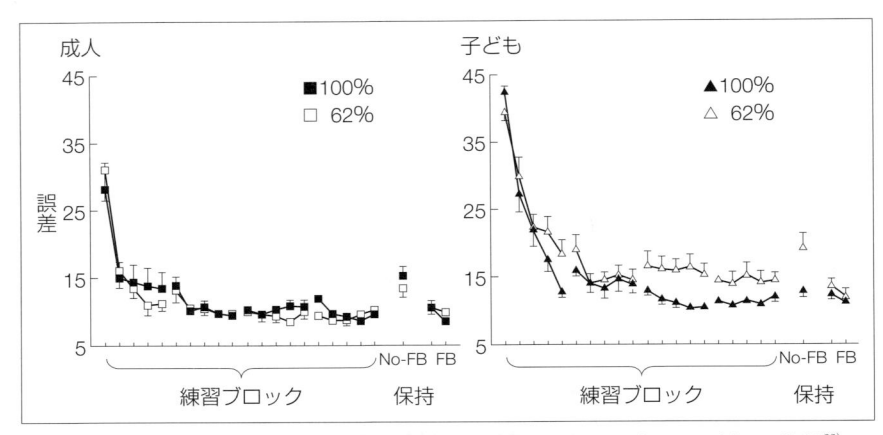

図 5-2-5　練習中の KR 頻度の効果に関する成人と子ども（8〜14 歳）の比較[22]
フィードバックが与えられない通常の保持テスト（No-FB）の場合，成人では KR 頻度が低いほうが誤差が少なかったが，子どもの場合には KR 頻度が低いほうが誤差が大きかった．ただし，その直後にフィードバックを与えた条件で保持テストを実施したところ（FB），いずれの群においても KR 頻度の違いによる差はみられなかった．よって KR が与え続けられる状況ならば，練習中の KR 頻度が低かったとしてもその悪影響は少ないと考えられる．

を与えるのではなく，ある程度の試行数を終えたのち（たとえば10試行），その試行全体的な特徴としてどのようなことがいえるかを要約してフィードバックしてあげたほうが，保持や転移の成績が良いという報告もある[21]．効果的な KR の与え方については関矢[17]に詳しい．

　ただし，小学生程度の子どもを対象とした場合，KR 頻度を低く設定することは，必ずしも学習の向上に寄与しないという報告もある（**図 5-2-5**）[22,23]．成人と比べて子どもの場合，内在的な情報に基づき動作結果の正確性を正しく判断したり，事前にやり方を工夫したりすることが1人では困難なため，こうした現象が起きるのかもしれない．子どもの例に限らず，内在的フィードバック情報に基づく動作修正が困難と思われる対象者については，KR を段階的に減らすペースを緩やかにすること（たとえば100％，90％，80％…）などの工夫が必要かもしれない[22]．

学習の特殊性

練習した内容はどの程度汎化するか

　動作の練習をとおして学習された内容は，どの程度汎用性が高いであろうか．多様性練習のセクションで紹介した運動のスキーマ理論[6]に基づけば，運動の記憶とは類似する複数の動作に共通するルールの記憶である．つまり，ルールが適用できる範囲の動作については，学習された内容が汎用的に利用できるはずである．しかしながら実際には，学習された内容の汎用性にはかなりの制約があり，練習と異なる状況では学習された内容が活かされないことを示す研究が数多くある．練習した内容にあまり汎用性がないという現象は，学習の特殊性（specificity of learning）または練習の特殊性（specificity of practice）と呼ばれる．学習（練習）の特殊性を示す研究としては，たとえばある運動動作を単一の条件で学習すると，転移課題として少しだけ条件を変えた場合に，必ずしもその成績が良くないことなどが挙げられる[5, 24]．またパーキンソン病患者など一部のリハビリテーション対象患者においては，特に学習した内容が汎用化されにくいのではないかと指摘する研究もある[25]．

　スポーツ競技熟練者の知覚特性を調べた研究は，学習の特殊性についてさまざまな情報を提供している．クレー射撃では，時速100 kmを超えるスピードで自分から遠ざかる方向に飛んでいく直径たった11 cmのクレーを，飛んでいく方向も事前に知らされない状況下で照準を合わせ，散弾銃で射抜くことを目指す．こうした状況でクレーを正確に射抜くためには，高速で飛んでいくクレーを的確に捕らえる視覚能力が必要であることは，想像に難くない．しかしながら，クレー射撃選手のさまざまな視覚能力を検討した研究によれば，選手の視力や動体視力，色覚などの視覚的特性は，あくまで一般対象者と変わらない程度であった[26]．つまり，クレー選手たちは基礎特性としての視覚能力が優れているのではなく，クレー射撃の場面でのみ発揮される視覚能力を，練習をとおして研ぎ澄ませていると考えられる．

　図5-2-6は，野球のバッター，テニス選手，および一般対象者における反応の素早さを2つの観点から測定したものである[27]．1つは，視覚刺激が出たら素早くボタンを押すという単純反応時間，もう1つは，視覚刺激の位置により素早くボタンを押す場合（Go）と押さない場合（No-Go）を押し分ける選択反

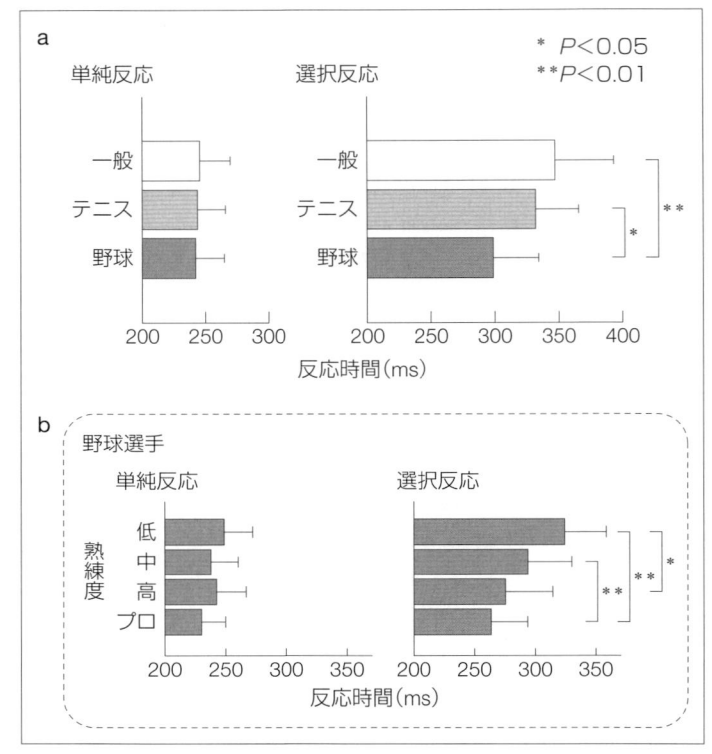

図 5-2-6　a：スポーツ熟練者（野球，テニス）における視覚刺激に対する単純反応時間と選択反応時間（Go/No-Go）[27]　野球のバッターは選択反応時間においてのみ反応時間が有意に短かった．
b：**野球選手の熟練度と反応時間**　プロの選手に加えて，高校・大学の野球部選手をレギュラー選手（高），控え選手（中），出場の少ない登録選手（低）を対象とした．選択反応時間においては熟練度に応じて反応時間が短くなった．
（図は文献 28）より引用）

応時間（Go/No-Go 反応時間ともいう）であった．その結果，選択反応時間において野球のバッターの反応が有意に早く，逆に単純反応時間においては対象による違いがみられなかった．さらに選択反応時間については，野球競技の熟練度が高いほど反応時間が短いことがわかった．野球のバッターは，ボールのコー

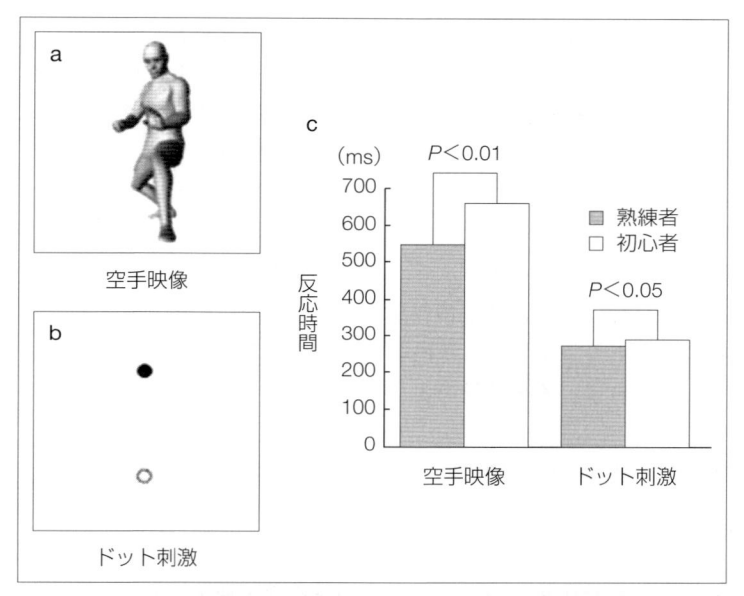

図 5-2-7 2種類の刺激に対する空手熟練者・初心者の選択反応時間[29]
熟練者はいずれの刺激に対しても有意に素早い反応を見せたが，空手のビデオ映像を呈示した場合のほうがより顕著であった．
（図は文献 28）より引用）

スや球種によってバットを振るべきか止めるべきかという判断を日常的に行っている．テニス選手も相手のサーブに対して素早く反応することが求められるものの，ラケットを振るべきか止めるべきかについての素早い判断は求められない．このような日常的な訓練の違いが，選択反応時間の結果に反映されたものと解釈できる．

図 5-2-7 は，空手選手を対象にした反応時間研究の事例である[29]．参加者は空手選手の映像における突きが上段にくるか中段にくるかを判断する課題（競技模倣課題）と，単純な光刺激の呈示が画面の上か中心かを判断する課題（単純反応課題）を行った．その結果，いずれの場合も空手選手の熟練者は初心者よりも反応が素早かったものの，空手選手の映像を用いたほうがその差が顕著であった．選手にとって身近な映像を用いる場合，突きの動作が起きる前の準備動作の段階で，突きがどちらの方向に来るのかを予測できるため，熟練者の

能力が顕在化されやすいものと考えられる．

　これらの結果はいずれも，スポーツ競技熟練者の卓越した能力がスポーツ競技に近い状況でのみ発揮されうること，すなわち学習の特殊性の現象を示している．第4章第2節では，バレエとカポエイラという2つのダンス熟練者群について，自分が熟練したダンスの映像を観察している場合にのみ，ミラーニューロンシステムを含む脳部位に高い活動することを紹介した（図4-2-6参照）．時空間的に類似した特性を示すダンス競技間であっても，自分が精通しないダンス競技については優れた認知情報処理が駆動しないことを示す知見であり，動作の練習をとおして学習された内容が，一般に予想されるよりも汎用性が低い形態で記憶されている可能性を示している．

▆▆▆　アメフト選手の隙間突破能力にみる学習の特殊性　▆▆▆

　著者はかつて，アメリカンフットボール選手が防具（ショルダーパッド）を着用したうえで密集を巧みに突破できる能力について実験を行った経験がある．ここで得られた成果はやはり，学習の特殊性を顕著に示した[30]．

　この研究では体育館内に2つのバルーンを設置し，バルーンの間にできる狭い隙間を利用して，試合場面において密集内に生じるスペースを疑似的に再現した（図5-2-8a）．参加者（アメフト選手，ラグビー選手，その他の競技を行うコントロールの3群）は，ショルダーパッドの有無それぞれの条件において，バルーンにぶつからないように走って通り抜けること，または歩いて通り抜けることが求められた．隙間の大きさはショルダーパッド（または肩幅）の0.8〜1.2倍と非常に狭いことから，接触を避けるためには，隙間を通過するタイミングに合わせて体幹を回旋する必要があった．

　隙間を通り抜けた際の体幹の回旋角度は図5-2-8bのとおりである．隙間を走り抜ける条件の場合，アメフト選手における回旋角度はコントロール群における回旋角度に比べて有意に小さかった．すなわち，アメフト選手の接触回避は非常に無駄のない体幹の回旋によって実現されていた．この結果は，アメフト選手がショルダーパッドのサイズと隙間の幅の空間関係を正確に知覚して走り抜けていることを示唆している．

　ところが同じ隙間を"歩いて"通り抜けてもらった場合，アメフト選手と他の参加者グループとの間に有意な行動の差がみられなかった．すなわち，走り

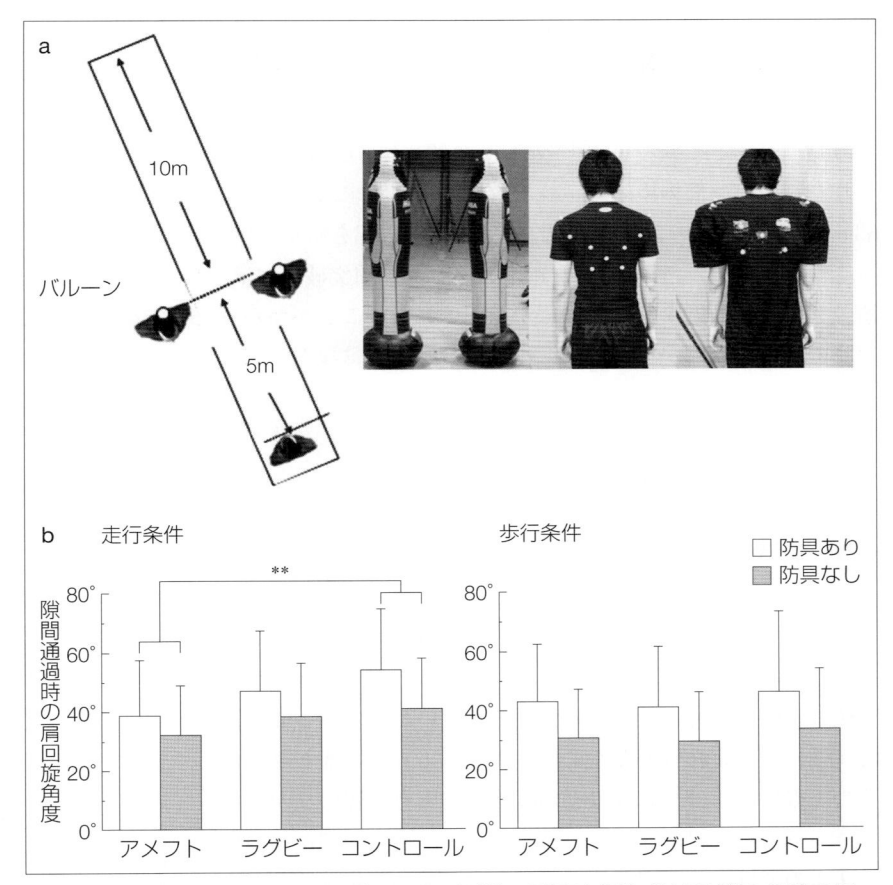

図 5-2-8 アメリカンフットボール選手が狭い隙間を通り抜ける際の体幹の回旋行動[30]

a：実験風景．2体のバルーンを使って隙間を作った．ショルダーパッド（幅63 cm）の装着時は非装着時よりも数十 cm 広いスペースが必要になる．
b：ショルダーパッドの着用・非着用時において隙間を通り抜けた際の体幹の平均回旋角度．

走行条件では，アメリカンフットボール選手はコントロールの選手に比べて，無駄のない回旋で接触を回避した（＊＊：$P<0.01$）．これに対して歩行条件ではグループ間の違いはみられなかった．

抜ける際にみられたアメフト選手のアドバンテージが，歩いて通り抜ける条件では消失してしまった．さらに，アメフト選手の身体イメージについて評価してみると，ショルダーパッドのサイズに関するイメージは，決して正確ではなかった．実験では，ショルダーパッドの幅，および肩幅について，5m先に設置されたバルーン間の距離で正確に再生するよう求めたところ，アメフト選手は63cmのショルダーパッドの幅を平均6cmも幅を狭く評価していた．

　これらの結果から，アメフト選手の優れた隙間突破能力は実際の競技と同様，間隙を走って通過する場合にしか発揮されないことがわかった．すなわち，走行時の優れた能力が歩行時に汎化されるわけではなかった．さらに，選手がショルダーパッドと隙間との空間関係を正確に知覚して行動できるのは，必ずしも防具に対する正確なイメージ（いわゆる拡張された身体イメージ）により支えられているわけではなかった．

■■■ 環境設定の重要性：運動支援への示唆 ■■■

　これまで紹介してきたスポーツ競技者の研究事例から，競技者の卓越した能力は練習した状況のなかでこそ発揮される能力であり，必ずしもその汎用性は高くないことを示している．このような学習の特殊性の事実を考えると，運動支援者は練習環境を設定するにあたり，いわゆる本番の状況を想定し，その状況に近い環境を練習のなかに取り入れる工夫が必要と思われる．スポーツ競技者の支援であれば，試合に近い環境の要素を練習のなかに加えていくことになる．歩行の再獲得に対する支援であれば，安全な訓練室の環境だけで歩行を訓練するのではなく，実環境の要素を取り入れた環境，たとえば路面がデコボコしていたり，ほかの歩行者がいたり，あるいは荷物を持って歩くような状況を訓練のなかのある局面に取り入れることになる．

　あくまで経験的事例であるが，スポーツ競技においては練習環境を考慮することの重要性を示唆するエピソードが比較的多くある（いずれのエピソードも，選手たちとの私的交流から得たコメントに基づく）．打ちっ放しのゴルフ練習場では，ゴルフのスイングやアプローチにおける距離感覚などを練習することができる．しかし常に練習場の2階からアプローチを練習しているゴルファーのなかには，本番のコースに出たときに，その感覚がなかなかつかめないことがあるという．バスケット競技の場合，通常の学校では壁に取り付けられてい

るバスケットに向かってシュートをしている．大きな大会で試合をする場合，バスケットがアリーナの中央に設置されることがあるが，こうした環境での試合経験が少ない場合，距離感がつかめずにシュート確率が低くなることもある．こうしたことは，ダーツの競技の選手でも経験されるらしい．

　一般にリハビリテーションにおける運動支援の場合，安全な環境下で訓練が行われることが最優先される．特に歩行訓練の場合には，対象者が絶対に転倒することがないよう，環境設定の安全性について細心の注意を払うであろう．しかしながら，日常の歩行環境が多様性に満ち，さまざまな危険性をはらんでいることを考慮すれば，少なくともリハビリテーションの最終局面においては，日常環境で起こりうるさまざまな環境を考慮したうえでの訓練を検討する必要があるのではないだろうか．千里リハビリテーション病院の吉尾雅春は，かつてある講演にて，「リハビリの病院だからこそ，バリアフリーではなくバリアを作る」ことが，病院設計の理念であったと述べた（Senstyle主催「脳卒中フォーラム」2010年9月4日）．吉尾のこうした理念は，学習の特殊性に関する基礎研究の成果により，間接的にサポートされている．

　このセクションの締めくくりとして，道免和久による学習の特殊性と歩行のリハビリテーションに関するコメント[31]を紹介したい．「病院のリハビリ室で歩行訓練を行うことが，屋内歩行能力につながる可能性は高いが，屋外歩行能力までの汎化能力はないと考えるべきであろう．また，高い歩行能力を獲得した患者でも，病院の理想的な環境だけで長期間歩行訓練を繰り返した後に初めて家で歩くと，足底のわずかな摩擦の違いによって転倒してしまう危険がある．学習段階で入力の多様性を考慮すべき理由はここにある（p181）」．

引用文献

1) Tsutsui S, et al：Contextual interference in learning new patterns of bimanual coordination. *J Mot Behav*　30：151-157, 1998
2) 筒井清次郎：運動行動の理論．麓　信義（編）：運動行動の学習と制御―動作制御へのインターディシプリナリー・アプローチ．杏林書院，2006，pp 109-121
3) Schmidt RA, et al：Motor control and learning：a behavioral emphasis（3rd Ed）. Human Kinetics, 1999
4) Shea CH, et al：Schema theory：a critical appraisal and reevaluation. *J Mot Behav*　37：85-101, 2005
5) Huet M, et al：The education of attention as explanation of variability of practice effects：

learning the final approach phase in a flight simulator. *J Exp Psychol Hum Percept Perform* 37：1841-1854, 2011
6) Schmidt RA：A schema theory of discrete motor skill learning. *Psychol Rev* 82：225-260, 1975
7) Kantak SS, et al：Learning-performance distinction and memory processes for motor skills：A focused review and perspective. *Behav Brain Res* 228：219-231, 2012
8) Kantak SS, et al：Neural substrates of motor memory consolidation depend on practice structure. *Nat Neurosci* 13：923-925, 2010
9) Kantak SS, et al：Transfer of motor learning engages specific neural substrates during motor memory consolidation dependent on the practice structure. *J Mot Behav* 43：499-507, 2011
10) 樋口貴広, 他：身体運動学　知覚・認知からのメッセージ．三輪書店，2008
11) Fajen BR, et al：Learning to control collisions：the role of perceptual attunement and action boundaries. *J Exp Psychol Hum Percept Perform* 32：300-313, 2006
12) Michaels CF, et al：Higher order and lower order variables in the visual perception of relative pulling force. *J Exp Psychol Hum Percept Perform* 24：526-546, 1998
13) Lai Q, et al：Generalized motor program (GMP) learning：Effects of reduced frequency of knowledge of results and practice variability. *J Mot Behav* 30：51-59, 1998
14) Winstein CJ, et al：Reduced frequenct of knowledge of results enhances motor skill learning. *J Exp Psychol Learn Mem Cogn* 16：677-691, 1990
15) Chiviacowsky S, et al：Reduced frequency of knowledge of results enhances learning in persons with Parkinson's disease. *Front Psychol* 1：226, 2010
16) Badets A, et al：The role of knowledge of results frequency in learning through observation. *J Mot Behav* 36：62-70, 2004
17) 関矢寛史：運動学習における付加的情報と注意．麓　信義（編）：運動行動の学習と制御―動作制御へのインターディシプリナリー・アプローチ．杏林書院，2006, pp 123-147
18) Salmoni AW, et al：Knowledge of results and motor learning：a review and critical reappraisal. *Psychol Bull* 95：355-386, 1984
19) 工藤孝幾：合理的な練習を目指して―反復練習の工夫．杉原　隆, 他（編）：スポーツ心理学の世界．福村出版，2000, pp 27-39
20) Swinnen SP, et al：Information feedback for skill acquisition：Instantaneous knowledge of results degrades learning. *J Exp Psychol Learn Mem Cogn* 16：706-716, 1990
21) Yao WX, et al：Motor skill acquisition and retention as a function of average feedback, summary feedback, and performance variability. *J Mot Behav* 26：273-282, 1994
22) Sullivan KJ, et al：Motor learning in children：feedback effects on skill acquisition. *Phys Ther* 88：720-732, 2008
23) Goh HT, et al：Movement pattern and parameter learning in children：effects of feedback frequency. *Res Q Exerc Sport* 83：346-352, 2012
24) Ranganathan R, et al：Motor learning through induced variability at the task goal and execution redundancy levels. *J Mot Behav* 42：307-316, 2010
25) Onla-or S, et al：Determining the optimal challenge point for motor skill learning in adults with moderately severe Parkinson's disease. *Neurorehabil Neural Repair* 22：385-395, 2008
26) Abernethy B, et al：Visual characteristics of clay target shooters. *J Sci Med Sport* 2：1-19, 1999

27) Kida N, et al：Intensive baseball practice improves the Go/Nogo reaction time, but not the simple reaction time. *Brain Res Cogn Brain Res*　22：257-264, 2005
28) 樋口貴広, 他：スポーツにおける脳のはたらき：多様なアプローチ. 体育の科学　56：430-436, 2006
29) Mori S, et al：Reaction times and anticipatory skills of karate athletes. *Hum Mov Sci*　21：213-230, 2002
30) Higuchi T, et al：Athletic experience influences shoulder rotations when running through apertures. *Hum Mov Sci*　30：534-549, 2011
31) 道免和久：運動学習とリハビリテーション. バイオメカニズム学会誌　25：177-182, 2001

第6章

コミュニケーション

第1節 コミュニケーションの心理学

運動支援とコミュニケーション

■■■ コミュニケーションをとおして学ぶこと ■■■

　運動支援者にとってコミュニケーションを学ぶことは，接客技術としての話術や相槌の打ち方を学ぶことだけを意味するのではない．もちろん人に携わる仕事として，会話に関する最低限の知識をもつことは必要である．しかしコミュニケーションの知識が運動支援にもたらすことはより包括的なものである．また，ここでいうコミュニケーションとは，言語的コミュニケーションだけを指しているわけではない．態度や観察可能な心理・生理反応をとおして知りうること，すなわち非言語的なコミュニケーションも，対象者の状態を知るうえで有益な情報である[1]．本章では以下のような内容を中心に，コミュニケーションと運動支援の問題について考えていきたい．

- 言葉を使った意思疎通は想像以上に誤解が生じやすく，細心の注意が必要であること．
- 経験に基づく思い込みによって目の前の状況を冷静に判断できない場合があること．
- たとえ自発的・自律的な態度で運動の学習に取り組む意欲がもてない対象者がいたとしても，その人の立場に立ち，それを理解しようとする姿勢が必要であること．
- 対象者のうまくできないことへの苛立ち，やりたくない気持ちや心身の痛みなどに共感でき，なおかつその共感の気持ちを，コミュニケーションをとおして対象者に示すことが，円滑な運動支援を考えるうえで欠かせないこと．

■■■ 言葉による意思疎通の難しさ ■■■

　私たちは言葉をとおして，対象者にその日の訓練プログラムの内容や意義を伝える．また，対象者の体調や訓練プログラムに対する意思などを確認する意味でも，対象者が話す言葉のメッセージは重要である．私たちは日常生活において，言葉を使って当たり前のように他者とコミュニケーションをとっている．しかしながら，言葉は必ずしも万能ではない．

　「丸の上に三角を描いてください」というリクエストに対して，読者諸氏はどのような図形を描くであろうか．著者自身はある本で初めてこのリクエストを見た時[2]，誰もが必ず図6-1-1のように描くと想像していた．しかしながら実際には，このリクエストに応える方法はほかにいくつも存在する．図6-1-2は，著者が大学の講義などにおいて過去5年間にわたり，1,000名以上の受講生に描いてもらった図形のなかから抜粋した事例である．確かに大多数の受講生は図6-1-1のような図を描いていた．ただほかにも，丸の上に三角を重ね描きする事例や，丸と三角の間に大きなスペースを空ける事例，三角形の頂点を下に描く事例など，さまざまな方法でリクエストの内容に対応できることがわかる．大学の講義ではこのほかにも「大小2つの四角形を重ねて描いてください」というリクエストにも挑戦してもらった．すると，おおよそ3つの描き方に収束したものの，もはや特定の描き方が過半数を超えることはなかった（図6-1-3）．

　この図形描画の事例をとおして伝えたかったことは，どんなに単純なメッセージでも，すべての聞き手が同じメッセージとして受け取るわけではないということである．動作訓練をしてもらう際，運動支援者からの言葉による情報伝達が欠かせない場合がある．というのも，ある動作をただやみくもに繰り返せば高い学習効果が得られるとは限らず，その動作をどのように実践するかを理解するかが，ポイントになる場合があるからである．同じように動作を練習したとしても，重要なポイントにしっかりと注意を向けられたかどうかにより，運動学習に大きな影響を与えることがある[3~5]．スポーツ熟練者の優れた特性を検出できる課題であっても，眼をどのように動かしてもらうかの説明次第では，その効果は消失してしまう[6]．長年の経験がある運動支援者であれば，こうしたことを十分に理解したうえで，個々の動作訓練についてどのような説明が有益かについて熟慮し，最適な言葉を選んで説明をしているであろう．

　しかしながら図形描画の事例でわかるように，どんなにシンプルな言葉を

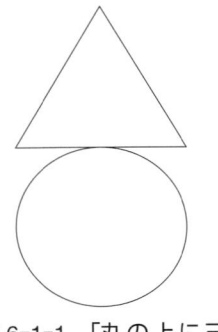

図 6-1-1 「丸の上に三角」の典型的なイメージ例

図 6-1-2 「丸の上に三角」と聞いて描かれた例
バリエーションに富んだ絵が描かれたことがわかる.

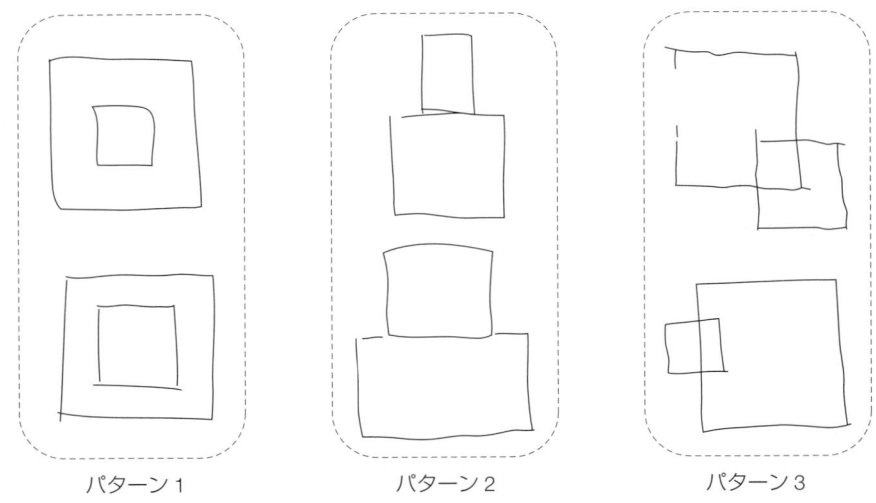

パターン 1　　　　パターン 2　　　　パターン 3

図 6-1-3 「大小 2 つの四角形を重ねて描く」というリクエストに対して描かれた例
その描かれ方はおよそ 3 つのパターンに収束した.

使っても，また多くの人に共通理解を促す言葉であっても，受け手によっては全く異なるメッセージとして受け取る場合がある．こうした事実は運動支援者にとっても大変示唆的である．たとえば標準化された検査や評価バッテリーの場合，実施前に対象者に対してどのように説明するかについても，ある程度ルール化されていることが多い．確かに対象者によって説明内容を変えないことは，大人数を客観的に評価するためにはとても重要なことだろう（大学入試センター入試はその典型である）．しかし客観的な評価をするうえで最も本質的なことは，説明が同一であることではなく，対象者が同一のルールや方法に基づきその検査を実施することにある．運動支援者の意図を確実に伝えるためには，適切な説明をすることに加え，その意図を理解したかどうかについて，確認する術をもつことが重要である．

経験がもたらす落とし穴：ステレオタイプ的思考

私たちは長年の経験をとおして，ある特性をもつ集団がどのような集団であるかについて，一定の知識体系をもつ．そしてその知識体系を，その集団に属する他者の理解に役立てる．たとえば肩に痛みを抱えるバドミントン選手が来院すれば，話の詳細を聞く前からすでに，その痛みがどのような状況により生じたのか，またその痛みの病巣がおよそどの辺にありそうかについて，ある程度の絞り込みができるセラピストすらいることだろう．このように経験に基づいて他者の特性を推察することは，他者を理解する際にいちいち膨大な情報処理をしなくてすむ点，つまり「思考の節約」[7]ができる点で，私たちにとって非常に有益な機能である．思考の節約の過程は，より学術的には情報の一般化による認知的効率化（parsimony）と呼ばれる[8]．しかしながら，経験に基づくこうした見立てを過信しすぎると，目の前にいる他者の個人的特性（すなわち，集団全体に共通した特性とは別にもっている特性）を見誤り，適切な支援ができない事態が発生するかもしれない．このように，経験に基づく思い込みにより状況を見誤る事態のことを，ここではステレオタイプ的思考と呼ぶ．

ステレオタイプ（stereotype）とは，「日本人はメガネをかけている」「痩せている人は神経質」「黒人は皆踊りがうまい」といった，ある特定の集団に対する過度に単純化し，画一化し，固定化したイメージのことをいう[8]．いわゆる「固定観念」「先入観」「紋切り型の発想」の学術的な呼び名がステレオタイプであ

る．ステレオタイプはその内容自体が常に誤っているというわけでない．また偏見（prejudice）と違って，誰かを否定したり中傷したりするための否定的イメージでもない．問題なのは，ステレオタイプに基づいて特定の集団を過度に単純化して認識してしまうことが，ときに大きな誤解や軋轢につながるということである．

　私たちは気づかないところで，日常生活のなかでこうしたステレオタイプ的思考にとらわれていることがある．ここでも図形描画の事例と同様，大学の講義において受講生からレポートとして提出してもらった事例に基づき，私たちによくありがちなステレオタイプ的思考を考えてみたい（あくまで学生が考えたステレオタイプと認識いただければ幸いである）．「"最近の若い者は"というベテランの人の発想」「東大生はみな優秀だ」「欧米商品は高品質で高価格，日本以外のアジア系商品は低品質で低価格」「ゆとり世代は能力が低い」「若白髪を見ると『苦労しているね』といわれる」「都会の人は冷たく，田舎の人は優しい」「茶髪や金髪の若者は不真面目」「外国人顔（ハーフ）の人は英語がペラペラ」．学生の事例とはいえ，類似したステレオタイプ的思考に侵されていることを自覚した読者諸氏も皆無ではないだろう．

　こうしたステレオタイプ的思考が，ときにトラブルや失敗を引き起こす．入院患者に取り付ける心電図計のなかには，患者の寝返りなどで電極が剥がれ，異常な波形を示すものもある．こうした状況に慣れてしまい，「心電図の異常波形はノイズによる場合が多い」というステレオタイプをいったん形成してしまうと，実際に起こってしまった患者の心電図異常を見逃す危険性がある[2]．またスポーツの国際試合の場合，「アフリカ人は日本人に比べて本能的な個人技や身体能力が優れ，逆に訓練された組織力は日本人のほうが勝る」といったステレオタイプがあるかもしれない．確かにこうした発想は全般的には正しいように思われるし，試合対策のうえで有益な場合もあるであろう．しかし，あまりにステレオタイプにとらわれるあまり，「焦って球をキープできなかった．こういう相手だと（体のぶつかり合いで）つぶされると一人ひとりが思っていたから」（大久保嘉人選手，当時神戸）のように，ステレオタイプ的思考が本来の実力発揮を妨げることにもつながりかねない（朝日新聞，2010年6月8日，21世紀のサムライ論，第4部「日本の『力』を問う」）．

　いったんステレオタイプが形成されると，それを取り除いたり修正したりす

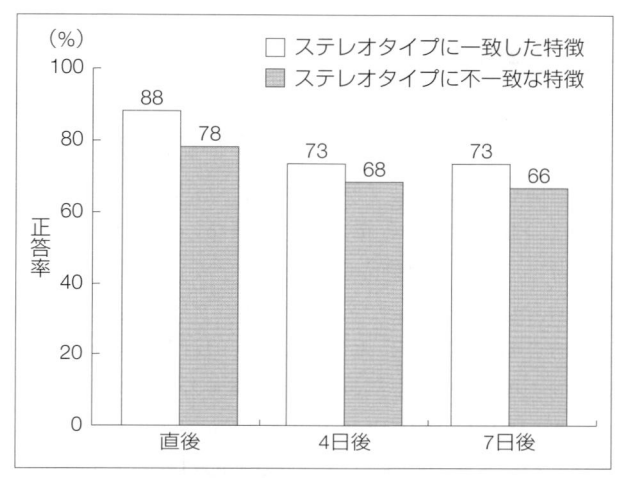

図6-1-4 女性の映像を観察後，映像中に登場した対象や特徴を正しく記憶しておく課題[10]

司書またはウェイトレスというステレオタイプに一致した特徴は，不一致な特徴よりも正確に記憶されていることがわかった．この傾向は観察後1週間経過しても続いた．（図は文献7）より引用）

るのは容易ではない．というのも一度ステレオタイプが形成されると，私たちはそれに合致する情報だけを選択的に取り込む傾向があるためである[9]．ある研究では，女性と食事している様子のビデオ映像を観察してもらう際，「この女性は司書です」と説明する場合と，「この女性はウェイトレスです」と説明される場合を比較し，映像中のどのような特徴が記憶されるかを比較検討した[10]．その結果，司書と説明された場合には司書のイメージに合う特徴（眼鏡をかけている，本棚があるなど）がより多く記憶され，ウェイトレスと説明された場合にはウェイトレスのイメージに合う特徴（恋愛小説を贈り物で受け取る，など）がより多く記憶された（図6-1-4）．さらにこうした傾向は，ビデオ映像の観察から1週間たっても継続していた．この結果から，全く同一の映像を観察したとしても，その女性がどのような女性であるかについての情報に基づいて，異なる女性ステレオタイプが形成され，そのステレオタイプに沿った情報が選択されて記憶されることを示している．こうした選択的な認知情報処理が，一

度形成されたステレオタイプをさらに強固にしている．

限られた時間のなかで多くの対象者に対して運動支援を実践していかなければいけない場合，運動支援者はステレオタイプに基づき，自らの認知情報処理に過度に負担をかけずに対象者を理解していかざるをえないことがある．この行為自体は思考の節約，すなわち一種の適応的行為であるので，それ自体が誤っているとかミスにつながるという類のものではない．しかしながら，「○○という障害をもつ患者は，○○の機能が弱いから」とか，「○○さんはいつも訓練プログラムに消極的だから」といったステレオタイプに過度にとらわれすぎると，障害の背後にある真の問題や，対象者のなかで起こったわずかな変化を見逃してしまい，効果的な運動支援ができない懸念がある．この点については十分な理解が必要である．どんなに限られた時間のなかでも，言語的・非言語的コミュニケーションをとおして，目の前にいる対象者の現状を理解するプロセスが欠かせない．

対象者の恐怖・不安の状態を探る

恐怖・不安状況下での動きは変化する

運動支援者は，対象者が動作訓練に対して不安や恐怖を感じていないかについて，コミュニケーションをとおしてしっかりと見極める必要がある．恐怖や不安を感じている時の動作は，いくつかの点で平常とは異なる．たとえば立位姿勢バランスを維持することに対して恐怖感を感じている状態では，そうでない状態と比べて姿勢制御の様式が異なる[11]．こうした事実を実験的に明らかにする方法として，高所で立位姿勢バランス課題を行ってもらうという方法がある[12,13]．（図6-1-5）．図のような状況では，万が一落下してしまうかもしれないという恐怖心から，上体をできるだけ後傾させるような姿勢制御がなされる．こうした姿勢の調節は，意識的なレベルでの姿勢調節の結果と考えられている．たとえばある研究では，高所で姿勢を意識的にコントロールしたと回答した人ほど，上体を後傾させてバランスをとっていることを明らかにした[12]．私たちは恐怖や不安を感じると，普段は無意識的にコントロールしているような動作であっても，意識的に制御しようとする傾向があると考えられている．いわば過剰な意識的制御である[14~16]．意識的に制御することにより，動きの一つひと

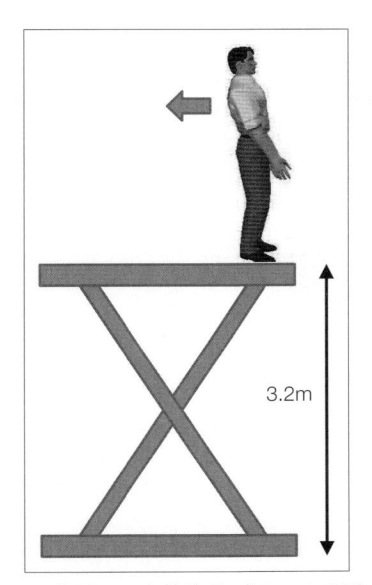

図6-1-5　高所での立位姿勢バランス実験の例[12]
立位バランスに対する恐怖心を人工的に作り出し，その影響について検討する.

つを注意深くモニターして動かす事態が発生するため，第3章第2節で述べたように，これが運動のパフォーマンスや学習に悪影響を及ぼしかねない[17].

恐怖・不安状況下で運動の自由度が拘束される

恐怖や不安を感じている時は，運動の自由度が拘束されたような動きがみられることもある.以下に紹介するのは，著者がかつて博士論文作成のために行った研究である[18].実験課題はバッティング動作を模した上肢課題であった.実験参加者は回転レバーを操作して画面上のバットをコントロールし，落下してくるボールをタイミングよく打つことで，的の中心を狙った（図6-1-6a）.120試行の練習後（30試行×4ブロック），3試行連続して的を外した場合にペナルティを課す状況（不安喚起条件）でこの課題を実施した.各ブロックにおける動きの一貫性を比較するため，バッティング動作を特徴づける5つのイベントを設定し（図6-1-6b），各ブロックにおいてイベントの発生時間の相関係数を

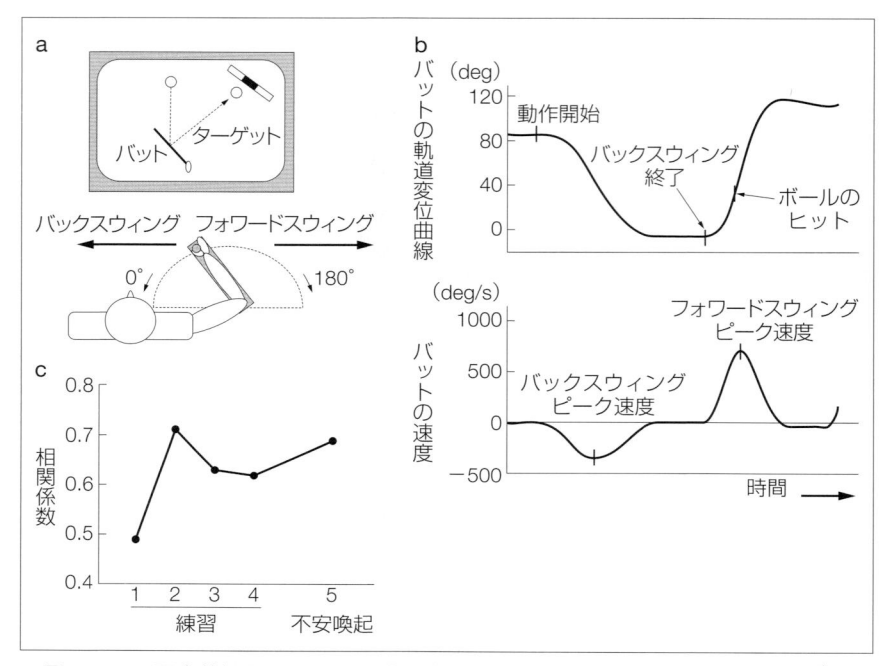

図 6-1-6　不安状況下において運動の自由度が拘束される可能性を示した例[18]
　　　　　a：バッティング動作を模した上肢課題．一度バックスウィングをした後で画面上を落下してくるボールをタイミングよく打ち，的の中心を狙った．
　　　　　b：バッティング動作における出現タイミングを測定した5つの動作ポイント．
　　　　　c：練習および不安喚起条件下における各タイミング間の相関係数の平均値．
　　　　（図aとbは文献19)より引用）

算出した．もし参加者が常に同じ動きを繰り返すならば，各イベントは各試行で常に同じタイミングで発生するため，相関係数は高くなる．一方，もし動きが試行間で柔軟に変化するならば，各イベントが発生するタイミングは常に異なるため，相関係数は低くなる．

　実験の結果，各ブロックにおける相関係数は図 6-1-6c のようになった．まず，的当ての成績が統計的に有意に向上した第2ブロックにおいて，相関係数が高くなり，その後徐々に相関係数が低くなった．この結果は，学習に伴う運

動の自由度の固定と解放の考え方に沿うものであった（第5章第1節参照）．すなわち参加者は学習初期は自由度を固定することで成績を向上させ，その後徐々に動作の柔軟性を獲得することで，たとえばバックスウィングの結果次第でボールを打つ動作を修正するといった動作遂行が可能になったと推察される．そして，失敗に対してペナルティが課される不安喚起条件では，再び相関係数が高くなった．恐怖や不安を感じる場面では，筋緊張などによって柔軟な動作遂行が困難になるため，自由度を拘束し（すなわち目的の達成に寄与すると思われる運動軌道を1つ選択し），それを正しく再現しようとする方略に切り替えた可能性がある．

恐怖・不安の情報処理

歩行中の転倒事故などで大怪我した経験のある人については，怪我から回復後，たとえ本人が自覚をしていなくても，怪我をした環境と類似した環境において無意識的のうちに生体に恐怖反応が生じているかもしれない．ある研究によれば，恐怖症の人に対して，本人が気づくことができないほど瞬間的に恐怖喚起刺激を呈示した場合でも，生体に恐怖反応が生じる場合がある[20]．この研究にはヘビ恐怖症者，クモ恐怖症者，一般対象者（コントロール）が参加した．4種類の写真を用意し，それぞれマスクありとマスクなしの条件で参加者に呈示した（図6-1-7）．マスクあり条件の場合，写真呈示直後に中性的なマスク刺激が呈示されるため，実験参加者は何の写真が呈示されたかを認識することができない．一方，マスクなしの条件では何の写真が呈示されたかをほぼ正確に認識できる．恐怖反応を測定するため，指先の発汗量（皮膚コンダクタンス反応：以下，SCR）を測定した．私たちは恐怖感が高まると，手のひらに微量の汗をかく（精神性発汗）．SCRは指先に装着した電極に低電圧を負荷した時に流れる電流量を測定するもので，発汗量が多いほど（すなわち恐怖感が高いほど）大きな値を示す．結果は図6-1-8のとおりとなった．マスクあり・なしの両条件において，ヘビ嫌いの人はヘビの写真に対して皮膚コンダクタンスが高くなり，クモ嫌いの人はクモの写真に対して皮膚コンダクタンスが高くなった．これらの結果から，恐怖喚起刺激がたとえ無意識下で呈示されたとしても，脳がそれを検知し，生体反応を引き起こしてしまうことがわかる．

図6-1-9は，視覚的に入力された恐怖刺激が扁桃体に到達して発汗などの恐

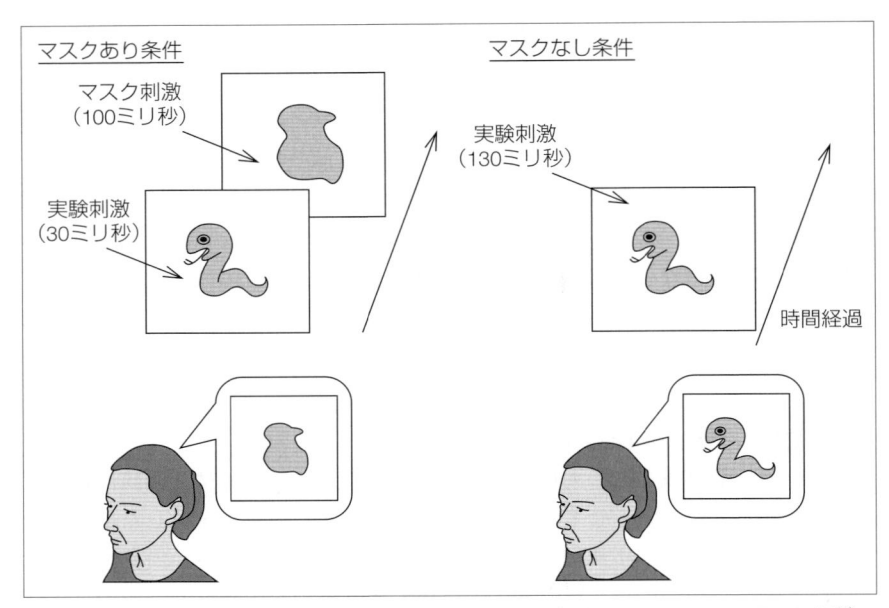

図 6-1-7　恐怖喚起刺激に対して潜在的な情報処理がなされることを示した例[20]
マスクあり条件では恐怖喚起刺激が呈示されたことが自覚できない.

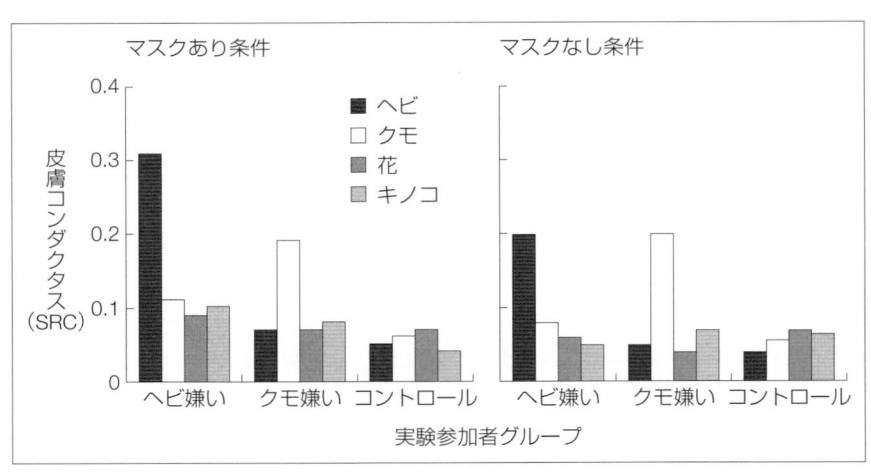

図 6-1-8　潜在的（マスクあり）・顕在的（マスクなし）な恐怖喚起刺激の呈示に対する恐怖反応[20]

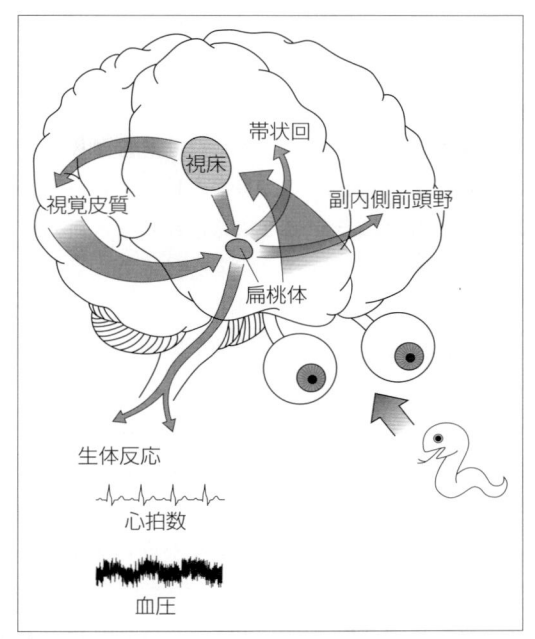

図 6-1-9　視覚的に捉えた恐怖喚起刺激が不安や恐怖の生体反応を起こすまでの情報処理経路（図は文献21）より改変引用）
前頭前野を介する経路は，視覚対象が何であるかを自覚したことで起きる恐怖・不安反応に関わる．一方前頭前野を介さずに直接的に扁桃体へ到達する経路は，無意識下で生じる恐怖・不安反応に関わる．

怖反応を起こすまでの2つの情報処理経路を模式的に示したものである．1つの経路は，入力情報が視床を介して直接的に扁桃体へ到達する経路である．こうした経路は入力に対して素早く反応するための経路である．先に紹介した無意識的な恐怖反応も，こうした経路に基づく処理と考えられる．もう1つの経路は，視床の後に前頭前野を経由して扁桃体へ到達する経路である．この経路の場合，目の前の刺激が何かをはっきりと認識し，それが脅威を与えうるものであると判断することで，生体に恐怖反応が生じる．

　この後者の経路，すなわち認識を伴う経路もまた，病理的な恐怖反応を引き起こす原因となりうる．たとえば原因不明の意識障害や呼吸困難などを経験し

た人が，その際の自覚症状として心拍数の激しい高まりやめまいを体験したとする．するとその後は，ほんの少しの心拍の高まりやめまいを経験するだけでも，また同じ問題が生じるのではないかとパニック状態になってしまい，激しい恐怖反応が喚起されることがある．こうした状態を予期不安という．私たちの心臓はいつでも拍動しているし，姿勢も常に揺れているため，それ自体は決して異常反応ではない．普段はそうした状態に注意を向ける必要がないため，自覚されていないだけである（無自覚的な姿勢動揺については第3章第2節を参照）．こうした正常な生体反応に対して過度に注意を向けると，それが自覚され，異常が起きたように感じてしまい，恐怖反応としての心拍の高まりやめまいを引き起こすという矛盾した状態につながる．

　本来，恐怖や不安の感情反応は，目の前にある状況が危険な状況であることを警告し，その状況に適切に対処する行動を動機づけるための適応的な反応である．つまり，恐怖や不安の感情反応それ自体は私たちに必要な機能である．逆に感情に関わる脳の経路が破壊されて恐怖や不安の感情反応が表出されない患者の場合，理性的どころか反社会的な行動しかとれないケースもみられる[22]．したがって運動支援者は，言語的・非言語的コミュニケーションをとおして対象者の恐怖や不安の状態に気づき，特にそうした反応が慢性的に高いケースについては，こうした反応を一定レベルにコントロールすること（いわゆるストレスマネジメント）についても配慮しながら，運動支援を実施していく必要があるだろう．

引用文献

1) ピーター・ブゥル（著）・市河淳章，他（訳）：姿勢としぐさの心理学．北大路書房，2001
2) 小松原明哲：ヒューマンエラー．丸善，2003
3) Binkofski F, et al：Neural activity in human primary motor cortex areas 4a and 4p is modulated differentially by attention to action. *J Neurophysiol* 88：514-519, 2002
4) 井口義信，他：脳波・筋電図の臨床　注意の焦点の脳内表現　選択的注意によるヒト一次体性感覚野の可塑的変化．臨床脳波 47：372-377, 2005
5) Sacco K, et al：Reorganization and enhanced functional connectivity of motor areas in repetitive ankle movements after training in locomotor attention. *Brain Res* 1297：124-134, 2009
6) Uchida Y, et al：Origins of superior dynamic visual acuity in baseball players：superior eye movements or superior image processing. *PLoS One* 7：e31530, 2012
7) 上瀬由美子：ステレオタイプの社会心理学—偏見の解消に向けて．サイエンス社，2002

8) 今城周造:社会心理学―日常生活の疑問から学ぶ.北大路書房,1993
 9) 石田　潤,他(編):ダイアグラム心理学.北大路書房,1995
10) Cohen CE: Person categories and social perception: Testing some boundaries of the processing effects of prior knowledge. *J Personal Soc Psychol* 40: 441-452, 1981
11) Carpenter MG, et al: Influence of postural anxiety on postural reactions to multi-directional surface rotations. *J Neurophysiol* 92: 3255-3265, 2004
12) Huffman JL, et al: Does increased postural threat lead to more conscious control of posture? *Gait Posture* 30: 528-532, 2009
13) Adkin AL, et al: Postural control is scaled to level of postural threat. *Gait Posture* 12: 87-93, 2000
14) Masters RSW: Knowledge, knerves, and know-how: the role of explicit and implicit knowledge in the breakdown of a complex motor skill behavior. *Br J Psychol* 83: 343-358, 1992
15) 樋口貴広:試合場面でのパフォーマンスの低下:ハイブリッドシステムが崩れるとき.杉原　隆,他(編):スポーツ心理学の世界.福村出版,2000,pp40-51
16) Malhotra N, et al: Conscious monitoring and control (reinvestment) in surgical performance under pressure. *Surg Endosc* 26: 2423-2429, 2012
17) ガブリエル・ウルフ(著),水藤　健,他(訳):注意と運動学習―動きを変える意識の使い方.市村出版,2010
18) Higuchi T, et al: Freezing degrees of freedom under stress: kinematic evidence of constrained movement strategies. *Hum Mov Sci* 21: 831-846, 2002
19) 樋口貴広:緊張場面で起こること.畑山俊輝(編):感情心理学パースペクティブズ.北大路書房,2005,pp 101-115
20) Öhman A, et al: "Unconscious anxiety": phobic responses to masked stimuli. *J Abnorm Psychol* 103: 231-240, 1994
21) 森岡　周:リハビリテーションのための神経生物学入門.協同医書出版社,2013
22) アントニオ・R・ダマシオ,他:生存する脳　心と身体の神秘.講談社,2000

第2節 対話コミュニケーション

共感するこころ・やる気を引き出す力

■ できない・やりたくない気持ちを受け止める ■

　本書の冒頭「はじめに」において，ジル・ボルト・テイラーの書[1]を引用しながら，支援対象者の気持ちを理解し共感すること，また共感していることを患者にうまく伝えることが，効果的に運動を支援するための第一歩であることについて説明した．ここではこうした意義について，やや遠回りな説明ではあるが，デザインの話題を題材にして再度強調したい．

　電卓と携帯電話の数字配列は，順序が逆であることにお気づきだろうか（図6-2-1）[2]．一般に私たちはそれぞれの機器の配列に慣れており，こうした違いにすら気がつかない人も多い．ただし携帯電話の配列に慣れている若い世代の中には，コンビニやスーパーのバイトでレジ打ちをする際，打ち間違えをすることがあるそうだ．こうした問題を防止する意味では，どちらかの配列に統一する，すなわちユニバーサルデザインにしてしまえばよいだろう．しかしそれぞれの機器に慣れ，問題なく使っている私たちにとっては，むしろその配列を変えられることのほうが一時的には大きな混乱の原因となるため，デザイン統一を簡単には歓迎しないであろう．

　パソコンのキーボードについても，人間工学的にタイプしやすいキーボード配列を極めれば，いくらでもその配列を微調整することができるだろう．しかし，こうした微調整は決してユーザーには受け入れられない．せっかく"指が覚えた"キーボード配列を，また一から覚え直さなくてはならないからである．どんなにコンピュータ端末の形態が進化してもキーボード配列が変わらないのは，すでに私たちがそれに慣れていることで"最良のデザイン"になってしまったからである．慣れに基づくデザインの好ましさは，ときに客観的・科学的見地からみたデザインの好ましさを凌駕するのである[2,3]．

図 6-2-1　携帯電話と電卓の数字配列はなぜか違う（文献 2）に基づき著者が作成）

　実は運動に対する好ましさにも，この慣れの要素が重要な意味をもつ．慣れている運動とはすなわち習熟した運動であり，心的努力をしなくても自動的に遂行される運動である．これがある日，リハビリテーションの場面でセラピストから「客観的・専門的見地からみて正しい運動」を習得するように提案されたとしよう．たとえば歩行中の膝の痛みがひどい高齢者において，その痛みの原因がその歩き方にある場合，セラピストは力学的・解剖学的にみて膝に負担の少ない正しい歩き方を提案することになる．もちろんこうした歩き方を習得してもらうことは，痛みの問題を改善するうえで必要なことであり，最終的にはこの高齢者にも実践してもらう必要のある歩き方である．しかしながらこの高齢者にとっては，今まで心的努力を必要とせず歩けていたのに，心的に努力しながら1歩1歩足を動かすことは，ともすれば膝の痛みと等しいほどの心的苦痛となるかもしれない．脳卒中などの障害により歩くことを一から再学習する患者の場合，歩くことに伴う心的負担はさらに想像を絶するものとなるであろう．

　こうした苦しみが，ときにリハビリテーションに対する前向きな気持ちを奪ってしまうことは想像に難くない．セラピストに求められているのは，個々

の支援対象者がもつこうした苦しみや気持ちを共感的に理解し，支援対象者と同じ視点で一緒にリハビリテーションへ取り組むという姿勢である．久保克彦が指摘するように[4]，「全く新しい習慣を身につけるならまだしも，長く続けてきた習慣を一度壊して，そのうえで新しい習慣を獲得していくことはとても大変なことである（p41）」．その苦しみや困難に共感しつつ，自己実現的な意欲をサポートすることが，セラピストには求められている．このような苦しみは，糖尿病で極端な食事療法に突然取り組まなくてはいけない高齢者にも当てはまるだろう．たとえ食事療法に伴う苦しみそのものが運動のリハビリテーションと直接関係ないとしても，支援対象者がこうした苦しみを抱えているならば，そうした苦しみにも理解を示すことも必要かもしれない．「この人は自分のことをわかってくれている」という認識が，セラピストとの意欲的な交流やリハビリテーションに対する自律的な行動を引き出すきっかけになりうるからである．

応答に表れる6つの態度

ここで，運動支援場面における自身の応答の仕方にどのような態度が表現されているのかを考えてみたい[4,5]．以下に挙げる例題は，栄養士向けに作られた資料を参考にして，著者が作成した仮想事例である．

今，リハビリテーションの場面において対象者にその日の運動訓練プログラムを提案したところ，対象者が「私はリハビリになんか全然取り組む気はないし，歩けなくたって構わない」と発言したとする．こうした発言に対してどのように応答するだろうか．わかりやすさの観点からやや極端な例となるが，その応答は以下のどの例に近いであろうか．

①「そうですか，ではリハビリに取り組む気になったら是非一緒に頑張りましょう」
②「でも今リハビリしないと本当に歩けなくなってしまうかもしれませんので，頑張ってみませんか？」「本当に歩けなくなってもよいのですか？」
③「リハビリに取り組む気になれないのですね．お疲れなんでしょうかね」
④「リハビリの何がそんなに嫌なのですか？」
⑤「そうですよね，確かにリハビリに積極的に取り組むのは大変ですよね」
⑥「そうなんですか，なかなかリハビリに積極的な気持ちになれないのです

表 6-2-1　応答に現れる 6 つの評価態度 (文献 4) より引用)

①逃避的態度	相手の発言に対して，自分はかかわろうとせずにその場面から逃避しようとする態度
②評価的態度	相手の発言に対して，その発言の適・不適，善・悪などを判断して，それを相手に伝える態度
③解釈的態度	相手の発言に対して，自分が一方的な解釈をして，その解釈を相手に返すという態度
④調査的態度	相手の発言に対して，自分から質問をして発言内容を問いただす態度
⑤支持的態度	相手の発言に対して，相手がそのような気持ちを抱いても当然であると，同調したり支持したりする態度
⑥理解的態度	相手の発言に対して，相手のことをもっと理解しようとして，「あなたが発言されたことをこのように理解するのですが，これで間違いないでしょうか」と，もう一度問い返すような態度

ね」

　ここに挙げた 6 つの例はそれぞれ，表 6-2-1 に掲載した 6 つの態度[5]を反映している．①は一見したところ丁寧に応対しているものの，「リハビリに興味がないのなら私は関係ない」という気持ちが少なからず含まれる（逃避的態度）．②は特にセラピストと対象者の間に上下関係がみられる場面（大人が子どもに対する場面，先生が学生に対する場面など）において，それではいけないといった善悪の評価を表現している（評価的態度）．③は相手を思いやっているように聞こえる発言ではあるが，本当の意味で対象者がなぜリハビリに積極的になれないかを深く考えて発言したものではない（解釈的態度）．特にこうした解釈が，対象者の真に感じていることとかけ離れていた場合，「この人は私のことをわかってはくれない」として対象者は心を閉ざしてしまうかもしれない．④のような質問は，発言に対してこちらがやや不満に思っている場合になされることが多い（調査的態度）．対象者の気持ちを理解するためには，⑤のように相手の気持ちにいったん理解を示す態度（支持的態度）や，⑥のように発言した内容をきちんと理解し，さらにその内容を深く知ろうとすることを示す態度（理解的態度）が推奨されている[5]．

小さな成果に気づき承認する力

運動支援を効果的に行うためには，対象者が訓練プログラムに対してどの程度積極的であるかというモチベーションの要素も欠かせない．モチベーションを高めていくうえでの1つの原動力となるのが，運動支援者からの承認，すなわち努力が認められたり褒められたりすることである．他者からの承認は努力に対する社会的な報酬であり，その行動を強化することにつながる[6]．たとえ顕著な成長や目的の達成がみられなくても，承認できる小さな成果はいくつもあり，そうした小さな成果を見逃さないことが重要である．たとえば自発的に課題に取り組めたこと，失敗を次に活かそうと努力したことなどが，承認に値する小さな成果の一例である[7]．

昔から「人は褒めると成長する」といわれる．最近，こうした現象が運動学習においても観察できることが報告された[8]．この研究では，30秒間でキーボードのキーを決められた順にできるだけたくさん押すということが求められた．3つの参加者グループのうち第1のグループでは，練習終了後に自分のパフォーマンスが他者からポジティブに評価されていることが伝えられた．第2のグループではそうした評価が別の参加者になされていることが伝えられた．第3のグループでは評価の操作は行わなかった．

練習の翌日に，練習したキー押しをどの程度早く実施できるか（保持テスト）を測定した．その結果，練習終了直前の成績からの伸び率という観点では，第1のグループの成績の伸び率が有意に高いことがわかった（図6-2-2）．この結果を解釈するうえで重要だったのは，ただでたらめにキー押しをするという別の課題では，グループ間の差がみられないという結果であった．つまり，保持テストにみられた成績の伸び率は，単に褒められたことによってこの実験全般に対するモチベーションが上がった効果ではなく，練習した内容の学習・記憶に対する効果であると推察できる．

コーチング

コーチングとは

このセクションでは，支援対象者の気持ちを共感的に理解しながら，対象者のモチベーションを高めることを目指すコミュニケーションスキルとして，

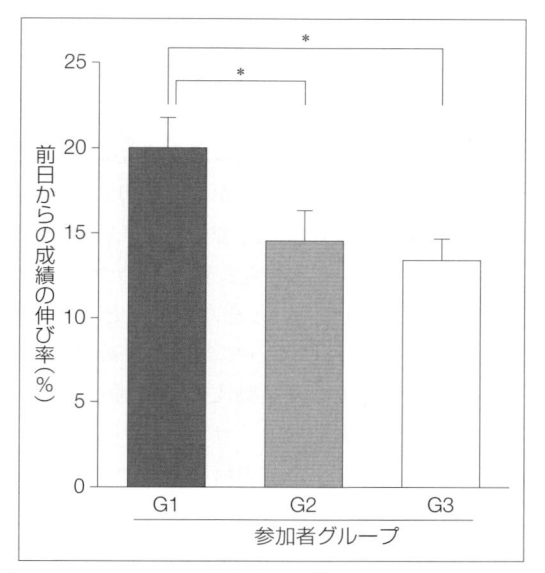

図 6-2-2　褒めることによる運動学習効果[8]
練習の成績を他者から褒められたグループ (G1) は，他者が褒められているのを観察したグループ (G2) やコントロールのグループ (G3) に比べて，前日からの成績の伸び率が有意に高かった ($P<0.05$)．

コーチング (coaching) の概念を紹介する．ここで紹介している内容は，特定の文章に対して引用がなされているものを除けば，コーチングに関する優れた概説書[7,9~16]を総合的にまとめた内容である．

　コーチングでは，支援対象者のもつ自己実現（目標の達成，問題の克服など）を，コミュニケーションをとおして専門家の立場からサポートすることを目指す．コーチングは「質問型のコミュニケーション」を主たる支援手段とする点が，従来の運動支援の方法とは異なっている．一般的な運動支援の場合，運動支援者が専門的見地からその日の訓練方法などを決定し，提案する．つまり「今日は○○をしてみましょう」という支援者からの提案からその日の訓練プログラムが始まる．こうした従来型のサポートを，コーチングの領域では便宜的にティーチング (teachig) と呼ぶ．これに対してコーチングの場合，自己実現のために最低限必要な知識を有している対象者については，提案をする代わりに「今日はどうしたいですか？」とか，「目標を達成するためにまず何から始めた

らよいと思いますか？」といった質問をし，その日のプログラムを対象者自身に主体的に考えてもらうように促す．

コーチングにおいてこうした質問型のコミュニケーションを採用する理由がいくつかある．まず，従来のように運動支援者が考えるプログラムをルーチン作業としてこなすことで，対象者の気持ちが置き去りにされることを極力避けたいという狙いがある．次に，自分の意志で決定した主体的な行為にはやりがいと責任が伴うという期待もある[9]．さらに質問型のコミュニケーションの場合，対象者は運動支援者から言われたことをただ黙々とこなすわけにはいかず，自然と発言量が増えていく．これによって支援者との間の双方向的な対話コミュニケーションが生まれ，対象者が運動支援者に対して意見を言いやすい雰囲気を作りやすいという期待もある．

コーチングの語源は，ハンガリー北部の村にあるコチュ（Kocs）で作られていた高級な自家用四輪馬車とのことである[7]．ここから，コーチという言葉が「大切な人をその人が望むところまで送り届ける」という意味の動詞に派生した．さらに19世紀のオックスフォード大学にて，大学の個別指導をする家庭教師をコーチと呼ぶようになった．その後コーチという言葉がスポーツの指導者を指す言葉として使われるようになった．

コミュニケーションスキルとしてのコーチングという概念が運動支援の世界に広まるに至った1つのきっかけは，テニスのレッスンプロであるガルウェイの著書「インナー・ゲーム」の出版である[17,18]．ガルウェイによれば，コーチの仕事とは，選手を2人の自分（セルフ）に分け，この2つのセルフが協力できるように調整することにある．2人の自分とは，善悪の判断を行うセルフ1（the teller）と，「身体の知恵」[11]ともいうべきセルフ2（the doer）である．コーチは，選手のこころのなかでセルフ1が暴走すること，すなわち自分のミスに対して自己非難したり逆に過剰に意気込みすぎたりすることがないように手助けをする存在である．いい換えれば，プレイ中に個々のパフォーマンスの善悪を判断するのではなく，こころを集中し，自分がもっているイメージを用いてなすがままプレイできるように選手を導くことが，コーチの仕事である．その後，ガルウェイのもとで学んでいたウィットモアがガルウェイの教えを体系化し，コーチングとしてその考え方を広めた[19]．

現在コーチングはさまざまな領域で活かされている．代表的な例としては，

医療従事者が患者の積極的な態度を引き出すことを目指して利用する例や，職場のなかで上司が部下との円滑な交流を目指して利用する例がある．なお通常コーチングでは支援者を「コーチ」，支援対象者を「クライアント」と呼ぶが，本書ではこれまでと同様，それぞれ運動支援者，支援対象者としていく．

コーチングとティーチングの使い分け

　運動支援におけるコミュニケーションのなかにコーチングを導入したからといって，従来型のティーチングがいっさい必要なくなるわけではない．コーチングのセクションの冒頭部でも触れたように，対象者の主体的な判断に重きを置くコーチングが最大限に効果を発揮するのは，対象者が目的達成のために最低限必要な知識を有している場合である．初めて運動支援者のもとに訪れた対象者に対して「今日はどうしたいですか」と尋ねても，対象者は「それがわからないからここに来たのです」としか思えないであろう．

　さらに，たとえ対象者が十分な知識を有していた場合でも，状況に応じてコーチングとティーチングを使い分けるという考え方もある．図6-2-3は，対象者の状況に応じてどのように両者を使い分けるべきかについて，1つの考え方を模式的に示したものである[7]．これによれば，訓練プログラムに対するモチベーションは非常に高いものの，目的達成のために必要な知識が欠けているなど課題対応能力が低い対象者については，積極的にティーチングを行っていく．コーチングの目的の1つが対象者のモチベーションを引き出すことにあることを考えれば，すでにモチベーションが高い対象者については，ティーチング一辺倒でなくとも高い成果が得られるかもしれない．一方，課題達成能力は十分高いけれどもモチベーションが低いケース，たとえば国家試験のために猛勉強しなければいけないことはわかっているが，どうしても今それを始める気にならないケースや，禁煙や食事制限をすることが急務であると承知していても，今すぐそれをやめることができないケースにおいては，無理やり訓練をさせてもそれ自体が対象者の自律的な行動に結びつく可能性は，必ずしも高くない．したがって極端な場合には，サポートの時間の多くを動作訓練にあてるのではなく，できない気持ちに寄り添い，共感し，信頼できるパートナーとしての関係性を築く時間にあてることも視野に入れる．

　以上のような極端なケースを除けば，あとは状況に応じてコーチングと

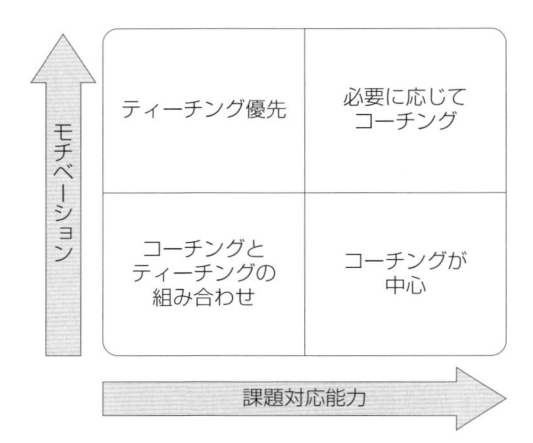

図 6-2-3　コーチングとティーチングの使い分けに関するアイディア[7]

モチベーションの高さと課題対応能力（訓練に対する知識など）に基づき総合的に判断する.

（縦軸：モチベーション，横軸：課題対応能力）
- 左上：ティーチング優先
- 右上：必要に応じてコーチング
- 左下：コーチングとティーチングの組み合わせ
- 右下：コーチングが中心

ティーチングを使い分けることになる．こうした使い分けの発想は，少なくとも実践的な観点から大変有用である．確かにコーチングに基づくサポートによりすべての対象者が自発的に，なおかつ自律的にその日の訓練プログラムを提案し，実践できるのならば，コーチングのみに基づくサポートは理想的であろう．しかし実際の運動支援場面においては，必ずしもすべての対象者がコーチングに基づく運動支援者の投げかけに対して自発的・自律的な反応をするわけではないと思われる．リハビリテーション場面のように限られた時間のなかで着実に動作訓練を実施しなくてはいけないケースや，一度に集団スポーツの選手をサポートする場面のように自発的・自律的な反応に個人差が生じうるケースの場合，運動支援者の裁量によってティーチングに重きを置いた指導に切り替えるというアイディアは，否定されるべきものではないと著者は考えている．

未来に希望をもたせる表現

コーチングでは，質問型のコミュニケーションを実践するうえでの望ましい質問スタイルや表現方法について，さまざまなヒントが与えられている．質問は大別して，クローズドクエスチョンとオープンクエスチョンとがある．クロー

ズドクエスチョンとはYes-No形式で回答できる質問である．一方，オープンクエスチョンとはいわゆる5W1H方式の質問であり，回答者が自由な形式で回答できるものの，きちんと考えないと整然とした回答ができない質問である．コーチングの場合，質問をとおして対象者に深く考えてもらうことを狙っているので，核となるのがオープンクエスチョンであることは自明である．ただしオープンクエスチョンは，初対面の相手から矢継ぎ早になされたり，自分の知らないことに対してなされたりすると，対応に窮して混乱が生じるものである．したがって実践的な対話のなかでは，オープンクエスチョンとクローズドクエスチョンを織り交ぜる形でコミュニケーションがなされていく（図6-2-4）[7]．

表6-2-1に示した④の調査的態度を思い出してほしい．一見したところ質問形式のコミュニケーションのようにみえても，実は運動支援者の対象者に対する不満の気持ちを表しただけの表現がある[4]．たとえば学校の部活動における運動支援の場合，生徒が先生の指示どおりに動いてくれないことへの苛立ちとして，「いったい何度言ったらわかるんだ？」「何が問題なんだ？」「やる気はあるのか？」と発言することがあるかもしれない．職種によらず，上司が部下に対してこのような趣旨の発言をしてしまうことは珍しいことではない．コーチングを理解すると，こうした発言は決して対象者との双方向的なコミュニケーションを目指したものでないことがよくわかる．

また，同じ内容を質問しているはずなのに，表現の仕方次第でポジティブに聞こえるかネガティブに聞こえるか，未来に希望をもたせる促しか，それとも過去のミスに対する叱責かについての印象が変わることがある．コーチングを実践するうえで望ましい質問形式の原理原則は，「否定より肯定，過去より未来」である．たとえば，歩行中に生じるひざの痛みについて，「これ以上痛みがひどくならないようにするはどうしたらよいと思いますか？（否定）」と聞くよりは，「今後痛みが改善してもっと楽に歩けるようになるためにはどうしたらよいと思いますか？（肯定）」と聞いたほうが，よりポジティブに，また未来に希望をもたせる内容として質問することができる[12]．また，いつも遅刻してばかりいる部活動の学生に「どうしていつも遅刻ばかりしてくるの？（過去）」と聞くよりは，「これから遅刻をしないために，明日から何ができると思う？（未来）」と聞いたほうが，過去のミスに対する叱責のニュアンスが薄まる．このように表現方法に一定の配慮をするだけで，運動支援者として伝えるべきメッセージ

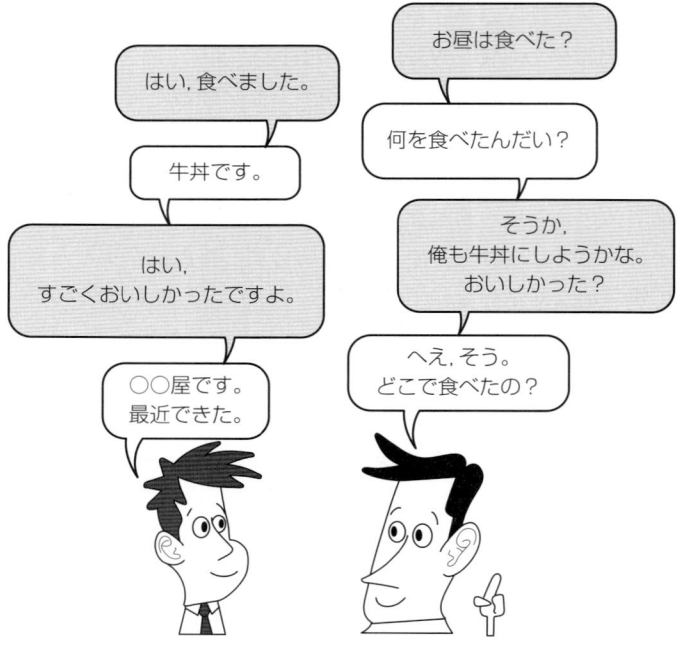

図6-2-4 クローズドスキルとオープンスキルを織り交ぜて会話をしている例（文献7)より引用）

そのものを変えることなく，運動支援者が対象者に対して共感的に接していることを間接的に伝えることができる．

共感する力

　運動支援者の質問に対して対象者が回答をしたら，今後は運動支援者がその回答を受容していることを言語的・非言語的コミュニケーションをとおして伝え，目的達成に向けたさらなる深い思考へと導いていくことになる．ここで求められる力が，いわゆる"聞く（聴く）力"，すなわち傾聴力である．コーチングやカウンセリングの概念では，相手の話を積極的な姿勢で"聴くこと（listen)"を，受動的に耳に入ることも含めて"聞くこと（hear)"と分けて考える．しかし，最近阿川佐和子の「聞く力」（文春新書）が2012年のベストセラーとなったこともあり，一般語としては"聞く"という言葉にも積極的に聴くこと

の意味が含まれていくものと思われる．

　聴くという言葉がもつ意味は深い．ある側面では，聴くこととは相手の回答をあるがままの形で取り入れること，すなわち，ステレオタイプ的思考（第6章第1節参照）に邪魔されることなく話を聴くことである（ゼロポジション）．しかし別の側面では，聴くこととは単に言葉尻を捉えるのではなく，発言の奥にある対象者の想いを受け止めることでもある．仮に対象者が「別にうまくならなくてもよいから練習なんてしたくない」と発言した場合，「この対象者は練習する気がないのだな」と安直に受け止めてしまうのは，聴いていることにならない．対象者のやりたくない気持ちを受け止めながら，練習する気になれない背景に何があるのかについても共感する姿勢や，練習に対して前向きになるためのきっかけ作りとして，何ができるかを探っていく姿勢も求められる．

　さらに，ときには質問に対する沈黙でさえ，聴く対象となる．仮に運動支援者からの質問に対して沈黙が長く続いたとしても，そうした時間のなかで対象者は自分の思考を整理しているかもしれない．こうした思考の過程で生じる沈黙は，自分の考えを深める意味で必要なものである．運動支援者が性急に答えを出すように促したり，サービス精神として（あるいは沈黙を嫌って）いたずらに話しかけたりすることは避けなくてはならない．しかし，質問に答えるのがあまりに困難で，沈黙せざるをえないような場合には，質問の仕方を変えたり，より答えやすい内容の質問に切り替えてコミュニケーションを深めてから再挑戦したりするなど，工夫を施していくことになる．

　聴くことのなかには，聴いていることを対象者に示すことも含まれる．聴く際の姿勢，うなずき，発言内容の繰り返し（オウム返し）は，対象者に対してこちらが積極的に聴いていることを示すための基礎的な技術である．さらに，積極的に相手と同じ事柄を作り出していく姿勢（ペーシング）も，聴いている姿勢を示すことに有益である．たとえば対象者と視線の高さを合わせること（小さな子どもや車いすに座っている患者に対しては，膝を折って話すこと）や，相手が喜びの感情で話しているときには，こちらの応答にも喜びの情感を込め，逆に悲しみの感情で話しているときには，こちらの応答にも悲しみの情感を込めるといったことが，代表的なペーシングの技術となる．

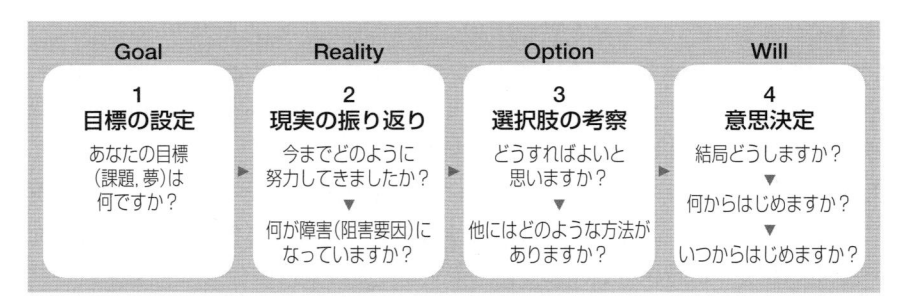

Goal	Reality	Option	Will
1 目標の設定 あなたの目標（課題，夢）は何ですか？	2 現実の振り返り 今までどのように努力してきましたか？ ▼ 何が障害(阻害要因)になっていますか？	3 選択肢の考察 どうすればよいと思いますか？ ▼ 他にはどのような方法がありますか？	4 意思決定 結局どうしますか？ ▼ 何からはじめますか？ ▼ いつからはじめますか？

図 6-2-5　GROW モデル[20]（文献 9）より引用）

GROW モデルに基づく実践例

　コミュニケーションの進め方を考えていくうえで，GROW モデルという考え方が参考になる[13,20]．GROW モデルは，目標（Goal），現実（Reality），選択肢（Option），意思決定（Will）の頭文字をとって命名されたものであり，質問型コミュニケーションをとおしてこの 4 つの事柄を順序立てて確認していくのが，理想的なコミュニケーションの進め方であることを示している（図 6-2-5）[9]．表 6-2-2 は，リハビリテーションの場面において GROW モデルに基づくコミュニケーションの進め方の例として，諏訪茂樹により示されたものである[9]．雨で膝が痛むときの歩行訓練を考えるという目標（G）に対して，現状のやり方（R）を確認したうえで，どんな方法が可能か（O）を考えてもらっている様子がわかる．この際，「雨が降ったらその日はやめてしまう」のように必ずしも有益ではないと思われる選択肢についても，いったんはその発言を受け止めていることがわかる．そのうえで，他の選択肢を模索してもらい，最終的に意思決定（W）をしてもらう．

　もちろん実際の運動支援場面において，これほどわずかなコミュニケーションのなかで GROW のプロセスすべてを確認できるケースは，そう多くはないであろう．しかしながら，GROW モデルを理解することで，現在の対話は意思決定に至るどの段階のものかを巨視的に分析することができる．こうした分析により，次のプロセスに進むための具体的なアイディアを考えることができ，少しでも短い時間での意思決定に貢献しうると期待される．

表6-2-2 GROWモデルに基づくリハビリテーション場面での会話例（文献9）より改変引用）

　　リハビリのために，歩行器を使って廊下を回っている男性利用者に対して，援助者が声をかけました．
…こんにちは．精が出ますね．1日どれぐらい歩くのが目標なのですか？　　　　　　　　　　　　　　　　　　　　　　　…………G
「毎日の目標は，廊下を1周すること」
…それはすごいですねー．どれぐらい実行できていますか？　………R
「ほぼ毎日だけど，たまに嫌になるときがあってね」
…どういうときに，嫌になるのですか？
「雨の日．関節が痛むと，おっくうになって…」
…それは嫌になりますよね．どうすればいいと思いますか？　………O
「そうだなー．とにかく我慢して続けるのも1つだけど…」
…我慢する以外に，何かないですか？
「我慢せずに，今まで通り雨の日はやめてしまう」
…なるほど，それもそうですね．毎日が雨でもないし．でも，ほかにないですか？
「そうだなー．今まで通りとやめてしまうの間を取って，半周だけ回る方法もあるなー」
…それもいいですね．結局，どうしますか？　　　　　　　　………W
「とりあえず，雨で関節が痛むときは，半周だけ回ることにするよ」
…そうですか．天気予報によると，明日は雨だということですが….
「じゃあ，明日からやってみるよ．明後日に晴れたら1周半にするかな．晴れた日は調子がいいから」

運動支援は誰のもの？

　本章をまとめるにあたり，コーチングの定義について再度触れたい．コーチングでは支援対象者のもつ自己実現を，コミュニケーションをとおしてサポートすることを目指すと説明した．またそうした取り組みのなかで，従来型のティーチングとは違い，運動支援者の考えを指示することを極力避けることについても触れた．著者がコーチングについて大学で講義した際，講義後に回収するミニレポートのなかで，はっとさせられるコメントがあった．それは，「コーチングは質問という手段をとっているものの，結局は指導者・支援者の考えに合うゴールに対象者を先導しているだけであり，指導による押しつけと何も変わらない」という内容であった．
　たった1名の学生の認識とはいえ，著者がこうした誤解を与えてしまった1つの要因には，コーチングが「"支援対象者のもつ"自己実現」をサポートする

ために用いるという点について，確かな説明ができなかったことがあると反省している．「運動支援場面における目標・自己実現とは何か」と問われたら，自ずとそれは「以前よりも運動がうまくなること」や「スポーツ競技のなかでよい成績をあげること」と考えてしまう．もし対象者自身がこうした目標をしっかりともっていれば，目標達成に向けたコーチングの実践は，決して運動支援者の考えの押しつけではない．しかしたとえば学校の部活動においては，さまざまな経験をとおして運動を継続することに迷いが生じている学生もいるかもしれない．もしかするとこうした学生にとっては，運動を継続することではなく別の目標に向かうことこそが，真の自己実現への道であるかもしれない．こうした学生に対して，せっかくここまで頑張ってきたから継続すべきだとか，その学生がチームの勝利に不可欠だといった運動支援者の判断により，運動継続に向けた努力としてコーチングを実践しているとすれば，この学生の指摘が的を射たものになりかねない．コーチングの実践がいつの間にか運動支援者の実績を上げるためのツールとなっていないかを自己分析しながら，適切な利用をしていく必要があるだろう．

引用文献

1) ジル・ボルト・テイラー（著），竹内　薫（訳）：奇跡の脳．新潮社，2009
2) ヘンリー・ペトロスキー：使い勝手のデザイン学．朝日新聞出版，2008
3) 樋口貴広：環境が引き出すヒューマンエラー：アフォーダンスの考え方．技術協会（編）：ヒューマンエラー対策事例集．技術協会，2013，pp 19-27
4) 久保克彦：栄養カウンセリングのための基本的技術．石井　均（編）：栄養士のためのカウンセリング論．建帛社，2002，pp 33-62
5) 柏木哲夫：臨死患者ケアの理論と実際．日本総研出版，1980
6) Steers RM, et al：The role of task-goal attributes in employee performance. *Psychol Bull* 81：434-552, 1974
7) 土岐優美：コーチングのツボがわかる本：日本一わかりやすいコーチングの超入門．秀和システム，2007
8) Sugawara SK, et al：Social rewards enhance offline improvements in motor skill. *PLoS One* 7：e48174, 2012
9) 諏訪茂樹：対人援助のためのコーチング．中央法規出版，2007
10) 石井　均（編）：栄養士のためのカウンセリング論．建帛社，2002
11) ジョセフ・オコナー，他（著），杉井要一郎（訳）：コーチングのすべて：その成り立ち・流派・理論から実践の方針まで．英治出版，2012
12) 奥田弘美，他：かがやくナースのためのパーフェクトコーチングスキル．学習研究社，2006
13) スティーブン・パーマー（編著），堀　正（監修）：コーチング心理学ハンドブック．金子

書房，2011
14) 出江紳一：リハスタッフのためのコーチング活用ガイド．医歯薬出版，2009
15) 山田和宏：スタッフの早期戦力化とやる気を高めるコーチング技法．クインテッセンス出版，2007
16) 野呂瀬崇彦：薬局で活用するコーチング・コミュニケーション．じほう，2006
17) ティモシー・ガルウェイ（著），後藤新弥（訳）：新インナーゲーム：心で勝つ！―集中の科学．日刊スポーツ出版社，2000
18) Gallway T：The inner game of tennis. Random House, 1974
19) ジョン・ウィットモア（著），清川幸美（訳）：はじめのコーチング．ソフトバンクパブリッシング，2003
20) Whitmore J：Coaching for performance：growing people, performance and purpose. Nicholas Brealey, 2002

おわりに

　前作「身体運動学　知覚・認知からのメッセージ」が出版されてから，約4年半の月日が経過した．前作の出版がよいきっかけとなり，この4年半の間，講演等の活動をとおして実に多くの運動支援者の方々と多角的に交流する機会を頂戴した．そうしたなかで得た貴重な情報や人のつながりが，著者の研究に対する取り組み，ならびに研究成果の社会還元を考えるうえで，欠くことができないものとなっている．本書の出版はこうした4年半の情報の蓄積を形にし，またそのなかで折に触れて出会った方々の成果やご発言を紹介することで，感謝の気持ちを記したいという想いに基づくものである．前作に引き続き本作を執筆する機会をお認めいただいた三輪書店代表取締役の青山智氏，ならびに執筆内容に対する具体的なアドバイスから，執筆活動のモチベーションを維持して下さるお言葉まで，多角的にご尽力いただいた濱田亮宏氏に，深く感謝申し上げる．

　本書の出版も含め，現在の研究活動の大きなターニングポイントは，前作の出版であった．その出版に際し多大なるご尽力をいただいた畿央大学の森岡周氏に改めて謝意を表したい．この4年半のなかで，理学療法士に向けた情報発信団体であるSenstyle主催の研修会には何度も講演の機会を頂戴し，多くの出会いを得ることとなった．Senstyle主催者の国中優治氏，ならびに米々田宣久氏に感謝を申し上げる．前作および本作にて一貫して主張している「知覚・認知から身体運動の問題を考える」ことについて，京都大学の山田実氏は，著者との共同研究として，高齢者の転倒予防に実際に役立ちうることを実証してくれた（第3章第2節参照）．その功績に敬意を表したい．

　最後に，著者のもとで大学院生として現在研究をしてくれているスタッフ（川崎翼，渡邊塁，三戸部純子，位崎史弥，大平雅弘，安田真章，室井大佑，高橋美紗江，敬称略），ならびにかつてのスタッフ（安田和弘，落合寛，藤懸大也，吉田啓晃，北山聖也，敬称略），助教の福原和伸氏に感謝の気持ちを記したい．現役スタッフは本書執筆においても，細部にわたるチェックや的確なコメントをとおして多大なる貢献をしてくれた．また，かつてのスタッフたちが共同で

研究してくれたデータの多くが論文公表されており，本書の内容を彩るうえで大いに役に立った．こうして共に研究をしてくれる仲間がいるからこそ，現在の研究活動が成立している．彼らと共に，またここから新たなる研究活動を始め，運動支援に対する具体的な貢献を考えていきたい．

2013 年 6 月吉日

首都大学東京

樋口貴広

索　引

―――――― **欧文** ――――――

Berg のバランススケール　69
Fitts の法則　143
fMRI　139, 141, 173, 180
Go/No-Go　216
　―――― 課題　118
GROW モデル　252
KR　212
MEP　142, 164, 172, 201, 203
π 数　50, 51
TMS　141, 164, 169, 172, 173, 180,
　200, 203, 211

―――――― **あ** ――――――

アウェアネス　17
明るさの同時対比　11
意識的制御　132, 232
移動性固視　71
運動　136
　――――イメージ　viii, 136, 160
　――――学習　166, 178, 244
　――――観察　160
　――――自由度　181
　――――ばらつき　183
　――――誘発電位　142
　――――，眼球　61, 64, 183
エビングハウスの錯視　33
遠位空間　48
遠心性コピー　23, 76
奥行き知覚　8
オプティックフロー　41, 71, 97

―――――― **か** ――――――

外在的フィードバック情報　212

ガイダンス仮説　212
学習の特殊性　55, 94, 215, 218
可塑性　188, 201
眼球運動　61, 64, 183
観察学習　160
感情反応　89
疑似的空間無視　100
機能的核磁気共鳴断層画像法　139
機能的磁気共鳴画像法（fMRI）　viii
逆説的歩行　95
協応構造　182, 184, 186
教示　94
近位空間　48
筋感覚的運動イメージ　137, 144, 147,
　150
経頭蓋的磁気刺激法　141
結果の知識　212
顕在的注意　86
幻肢痛　23
高齢者　42, 43, 55, 80, 113, 116, 117,
　119, 122, 123, 148, 149
コーチング　244
固視　60
コミュニケーション　iv, 226

―――――― **さ** ――――――

錯視　3, 33
サッカード　59, 80
視覚　vi, 2, 14, 17, 27, 32, 194, 215
　――――運動イメージ　138, 147
　――――充填　8
　――――注意　61
視支点　74
視線　59, 70, 78, 94
　――――行動　59, 88, 124
シナプス　190, 198

自由度　233, 235
周辺視野　66, 74, 78
主観的反応　viii
主観的輪郭　10, 13, 98
熟練者　74, 88, 180, 186, 215, 218
　　───群　166
障害物回避　115, 119, 122
身体　18
　　───意識　17
　　───イメージ　18, 220
　　───外部への注意　128, 129
　　───感覚　16, 95
　　───軸感覚　18
　　───内部への注意　128
水平垂直錯覚　35
スウィンギング・ルーム　41
スキーマ理論　208
すくみ足　74, 96
ステップ動作　35, 120
ステレオタイプ　229, 251
ストループ課題　109, 118
生態心理学　50, 211
脊髄損傷者　149
ゼロポジション　251
選好注視　vii
潜在的注意　86
選択的注意　86, 107

━━━━━━━ た ━━━━━━━

体性感覚　17
多義的図形　14
多様性練習　207
知覚運動ループ　23, 24
注意　65, 211
　　───障害説　98
中央実行系　110, 117, 120
注視　60
中心視野　80
ティーチング　245
適応的歩行　68, 69
手引き指導　175

デュアルタスク　28, 107, 119, 126
転移　178, 212
トレイル・メイキング課題　111, 120

━━━━━━━ な ━━━━━━━

内在的フィードバック情報　211
ニューロリハビリテーション　189, 201
ニューロン　188, 190
脳性麻痺児　63
脳卒中　24, 72, 76, 78, 80, 115, 116, 138, 145, 149, 150, 169, 183
　　───患者　97, 114
脳の可塑性　179
脳の機能局在論　188

━━━━━━━ は ━━━━━━━

パーキンソン病患者　54, 74, 95, 114
半側空間無視　45, 46, 48, 97, 99, 102
反応機構　68, 69
反応時間　108, 114, 126, 154, 215, 217
皮質脊髄路　142, 149, 168
非注意性盲　91
ピノキオ錯覚　21, 25
フーリエ解析　130
プリズム順応　44, 179
ブレイン・マシン・インターフェイス　137
フレーザーのらせん　5
分割的注意　86, 107, 120
文脈　11, 13, 18
ペーシング　251
ベルンシュタイン問題　182
片麻痺患者　16, 55, 64, 72, 76, 78, 80, 138, 145, 149, 183
方向転換　59, 76
歩行　59, 64, 66, 67, 94, 96, 99, 119, 144, 148, 220, 221
　　───，逆説的　95
　　───，適応的　68, 69

保持　178,212,244
ポジトロン断層画像撮影法　139
ボディイメージ　18
ポンゾ図形　3

━━━━━ ま ━━━━━

マルチ・ターゲット・ステッピング課題　123
ミューラーリアー図形　3,33
ミラーセラピー　23,24
ミラーニューロンシステム　137,161,169,173
メンタルプラクティス　136,143,144,161,173
メンタルローテーション　151
盲点　7
モチベーション　iv,244
モデリング　160

━━━━━ や ━━━━━

有効視野　65

予期機構　68,69
予期的制御　68,69
予測機構　68,69

━━━━━ ら ━━━━━

ラバーハンド・イリュージョン　22,23
ランダム練習　207
リーチング　33,35,49,182,186
　───動作　76
立位姿勢バランス　27,114,116,156,185,186,232
　───課題　113,126,129
臨界期　193,198

━━━━━ わ ━━━━━

ワーキング・メモリ　110,208

著者略歴

樋口　貴広（ひぐち　たかひろ）

1973 年	長崎県に生まれる
1996 年	東北大学文学部卒業
1998 年	東北大学文学研究科博士前期課程修了　修士（文学）
2001 年	東北大学文学研究科博士後期課程修了　博士（文学）
2001 年	東北大学文学研究科　講師（研究機関研究員）
2002 年	横浜国立大学エコテクノロジー・システム・ラボラトリー　講師（研究機関研究員）
2003 年	日本学術振興会特別研究員
2004 年	University of Waterloo（Canada）客員博士研究員
2006 年	首都大学東京人間健康科学研究科　助教
2008 年	首都大学東京人間健康科学研究科　准教授

代表著書（共著）
1. 日本スポーツ心理学会（編）：最新スポーツ心理学—その軌跡と展望．大修館書店，2004
2. Lee AV（ed）：Psychology of Coping. Nova Science, New York, 2005
3. 麓　信義（編）：運動行動の学習と制御—動作制御へのインターディシプリナリー・アプローチ．杏林書院，2006
4. 日本スポーツ心理学会（編）：スポーツ心理学事典．大修館書店，2008
5. 樋口貴広，森岡　周（著）：身体運動学—知覚・認知からのメッセージ．三輪書店，2008

運動支援の心理学—知覚・認知を活かす

発　行	2013 年 6 月 10 日　第 1 版第 1 刷
	2014 年 12 月 31 日　第 1 版第 2 刷Ⓒ
著　者	樋口貴広
発行者	青山　智
発行所	株式会社　三輪書店
	〒113-0033　東京都文京区本郷 6-17-9
	☎ 03-3816-7796　FAX03-3816-7756
	http://www.miwapubl.com
装　丁	柳川貴代
印刷所	三報社印刷株式会社

本書の内容の無断複写・複製・転載は，著作権・出版権の侵害となることがありますのでご注意ください．

ISBN 978-4-89590-443-8 C 3047

JCOPY ＜(社)出版者著作権管理機構　委託出版物＞

本書の無断複写は著作権法上での例外を除き禁じられています．複写される場合は，そのつど事前に，(社)出版者著作権管理機構（電話 03-3513-6969，FAX 03-3513-6979，e-mail：info@jcopy.or.jp）の許諾を得てください．

■ ストレッチングのすべてがここにある!!

ストレッチングの科学
Science of Stretching

鈴木 重行（名古屋大学大学院教授　理学療法士）

　私たちは、日常的に何気なく行われているストレッチングが、かえって筋緊張を亢進し痛みを悪化させ、その結果、関節可動域やパフォーマンスを低下させる可能性があることを理解しているだろうか？

　本書では、ストレッチングの種類や生理学的・解剖学的基礎知識、適応となる病態などの基礎的事項に加え、世界中の論文から各ストレッチングの評価指標や効果についてまとめ、紹介している。これまでストレッチングに関する数々の手技や知識を打ち出してきた著者の集大成であり、身体機能の改善に関わるすべての職種の基礎力・臨床力を向上させる1冊である。

■ 主な内容

第1章　ストレッチングの種類
　大分類
　　1.バリスティック・ストレッチング
　　2.スタティック・ストレッチング
　リハビリテーション領域,スポーツ領域で用いられるストレッチング
　　1.IDストレッチング
　　2.PNFストレッチング
　　3.ダイナミック・ストレッチング
　実験研究で用いられるストレッチング
　　1.コンスタントアングル・ストレッチング
　　2.サイクリック・ストレッチング
　　3.コンスタントトルク・ストレッチング

第2章　ストレッチングのための基礎知識
　解剖学的知識
　生理学的知識

第3章　ストレッチングの対象となる病態生理
　関節可動域制限
　疼痛
　筋損傷
　筋萎縮

第4章　ストレッチングの評価指標
　関節可動域
　静的トルク
　動的トルク
　スティフネス
　最大発揮筋力
　Angle at peak torque
　Rate of force development
　表面筋電図（動作筋電図・誘発筋電図）
　超音波画像
　パフォーマンス（スプリントタイム・ジャンプパフォーマンス）
　痛み

第5章　ストレッチング効果の検証
　健常者
　　1.関節可動域に対する効果
　　2.静的トルク,動的トルクに対する効果
　　3.スティフネスに対する効果
　　4.筋力に対する効果
　　5.筋電図への影響
　　6.パフォーマンスに対する効果
　　7.その他
　高齢者
　　1.関節可動域に対する効果
　　2.動的トルク,スティフネスに対する効果
　　3.筋力に対する効果
　　4.パフォーマンスに対する効果
　病態
　　1.関節可動域に対する効果
　　2.静的トルク,動的トルクに対する効果
　　3.スティフネスに対する効果
　　4.筋力に対する効果
　　5.筋電図への影響
　　6.パフォーマンスに対する効果
　　7.疼痛に対する効果
　　8.障害度スコアに対する効果
　　9.Modified ashworth scale（MAS）に対する効果
　　10.粘弾性に対する効果
　ストレッチング方法による効果の違い

第6章
　関節可動域制限,筋損傷に対するストレッチングの効果
　　—動物モデルを用いたメカニカルストレス応答に関する研究の紹介
　骨格筋の糖代謝に対するストレッチングの急性効果
　　—細胞伸張培養技術を用いたメカニカルストレス応答機構に関する研究の紹介

● 定価（本体3,200円+税）A5　頁250　2013年　ISBN 978-4-89590-439-1

お求めの三輪書店の出版物が小売書店にない場合は、その書店にご注文ください。お急ぎの場合は直接小社へ。

〒113-0033
東京都文京区本郷6-17-9　本郷綱ビル

三輪書店

編集 ☎03-3816-7796　FAX 03-3816-7756
販売 ☎03-6801-8357　FAX 03-6801-8352
ホームページ：http://www.miwapubl.com